Chip Heath y Dan Heath

Switch

Chip Heath es profesor de Comportamiento Organizacional "Thrive Foundation for Youth" en la escuela de negocios de la Universidad de Stanford. Dan Heath es un *senior fellow* en el Centro para la promoción del empresariado social (CASE, por sus siglas en inglés) de la Universidad de Duke. Juntos, son los autores del bestseller nacional *Made to Stick: Why Some Ideas Survive and Others Die.* Escriben una columna regular en la revista *Fast Company,* y han aparecido en *Today, Morning Edition* de NPR, MSNBC y CNBC, así como en las revistas *Time, People* y *U.S. News and World Report.*

Switch

Chip Heath y Dan Heath

Switch

Cómo cambiar las cosas cuando cambiar es difícil

Traducido por Ana García Bertrán

Vintage Español
Una división de Random House, Inc.
Nueva York

PRIMERA EDICIÓN VINTAGE ESPAÑOL, ABRIL 2011

Copyright de la traducción © 2011 por Ana García Bertrán

Todos los derechos reservados. Publicado en los Estados Unidos de América por
Vintage Español, una división de Random House, Inc., Nueva York, y en Canadá
por Random House of Canada Limited, Toronto. Originalmente publicado en
inglés en EE.UU. como *Switch: How to Change Things When Change Is Hard* por
Broadway Books, un sello de Crown Publishing Group, una división de Random
House, Inc., Nueva York, en 2010. Copyright © 2010 por Chip Heath y Dan Heath.
Esta traducción fue originalmente publicada en España por Gestión 2000, un sello
de Centro Libros PAPF, S. L. U., Grupo Planeta, Barcelona.

Vintage es una marca registrada y Vintage Español y su colofón son marcas de
Random House, Inc.

Información de catalogación de publicaciones disponible en la Biblioteca del
Congreso de los Estados Unidos.

Vintage ISBN: 978-0-307-74235-3

www.vintageespanol.com

Impreso en los Estados Unidos de América
10 9 8 7 6 5 4 3 2

*Para nuestras esposas,
Susan y Amanda,
que lo cambiaron todo*

Switch

Sumario

Tres sorpresas sobre el cambio

1.

Un sábado del año 2000, unos cuantos aficionados al cine confiados acudieron a una sala de las afueras de Chicago, a la sesión de las 13.00, para ver *Payback*, de Mel Gibson. Les invitaron a palomitas[1] y a un refresco y les pidieron que al finalizar la película se quedaran unos minutos para responder a unas preguntas sobre la tienda del cine. Estos aficionados estaban participando, sin ser consciente, en un estudio sobre los hábitos alimentarios irracionales.

Las palomitas que les ofrecieron tenían algo especial. Eran asquerosas. De hecho, habían hecho todo lo posible para que lo fueran. Las habían hecho cinco días antes y estaban tan pasadas que crujían cuando te las comías. Más tarde, uno de los participantes, las comparó con las virutas de poliestireno que se utilizan para embalar, y otros dos, olvidando que habían sido gratis, pidieron que les devolvieran el dinero.

A algunos les dieron las palomitas en un cubo de tamaño mediano, y a otros en un cubo grande, el típico cubo que parece que antes había sido una piscina desmontable. Todos recibieron un cubo de palomitas, de modo que no tuvieron necesidad de compartir. A los investigadores responsables del estudio sólo les interesaba una cosa: ¿comerían más los que tuvieran el cubo más grande?

Los cubos eran tan grandes que nadie se podía acabar su ración individual. Pero la pregunta de la investigación era un poco más es-

---

[1] **Palomitas.** Para docenas de estudios ingeniosos sobre conductas alimentarias, ver Brian Wansink (2006), *Mindless Eating*, Nueva York: Bantam Dell. El estudio de las palomitas está en las pp. 16-19.

pecífica: ¿comería más el que tenía una cantidad inacabable mayor de palomitas que el que tenía una cantidad inacabable menor?

Los investigadores pesaron los cubos antes y después de la película, para saber exactamente la cantidad que había comido cada uno. Los resultados fueron sorprendentes: los que tenían los cubos más grandes habían comido un 53% más de palomitas que los que tenían los cubos medianos. Esto es equivalente a 173 calorías más y a meter la mano dentro del cubo aproximadamente 21 veces más.

Brian Wansink, autor del estudio, dirige el *Food and Brand Lab* de la Cornell University, y describió los resultados en su libro *Mindless Eating:* «Hemos hecho otros estudios con palomitas, y los resultados siempre han sido los mismos, aunque hayamos cambiado los detalles. Da igual que los participantes sean de Pennsylvania, Illinois o Iowa, y da igual el tipo de película proyectada; todos nuestros estudios sobre palomitas siempre han llevado a la misma conclusión. La gente come más cuando tiene un recipiente más grande. Y punto».

Ninguna otra teoría explica el comportamiento. Estas personas no comían por placer —¡las palomitas estaban rancias y duras!—. No les movía el deseo de acabar su ración —ambos cubos eran demasiado grandes para terminárselos—. Da igual que tengan hambre o que estén llenos. La ecuación siempre es la misma: recipiente más grande = comen más.

Lo mejor del caso es que se negaban a aceptar los resultados. Al finalizar la película, los investigadores hablaron con los participantes sobre el estudio del tamaño de los cubos y las conclusiones de sus investigaciones pasadas. Les preguntaron: ¿creéis que coméis más por tener un cubo más grande? La mayoría se burlaron de la idea, diciendo «estas cosas no me hacen ninguna gracia» o «sé perfectamente cuándo estoy lleno».

¡Caray!

2.

Suponga que le enseñaran los datos del estudio de las palomitas pero que no le dijeran nada del tamaño de los cubos. En el resumen de los datos podría escanear rápidamente los resultados y ver qué cantidad de palomitas había comido cada uno —algunos pocas, otros muchas, y algunos parecen estar poniendo a prueba los límites físicos del estómago humano—. Con todos estos datos a su disposición, le resultaría fácil sacar conclusiones: a algunos les gusta picar razonablemente, otros son extremadamente glotones.

Probablemente, un experto en salud pública que estudiara los mismos datos se preocuparía por los glotones: *¡Hay que motivarlos para que adopten hábitos alimentarios más sanos! ¡Hay que encontrar la manera de demostrarles lo peligroso que es para su salud comer tanto!*

Pero un momento. Si quiere que coman menos palomitas, la solución es bastante sencilla: déles cubos más pequeños. No tendrá que preocuparse por sus conocimientos o actitudes.

Verá lo fácil que es transformar un problema de cambio sencillo (reducir el tamaño del cubo) en un problema de cambio complejo (convencer a la gente de que piense de forma diferente). Y ésta es la primera sorpresa del cambio: lo que parece un problema de las personas suele ser un problema de la situación.

3.

Este libro le ayudará a cambiar las cosas. En él, vamos a considerar el cambio a todos los niveles: individual, organizativo y social. Tal vez quiere ayudar a su hermano a superar su adicción al juego. A lo mejor necesita que, en el trabajo, su equipo sea más austero, de acuerdo con las condiciones del mercado. A lo mejor le gustaría que más vecinos suyos fueran a trabajar en bicicleta.

Normalmente, estos temas se tratan por separado: por un lado, se asesora a los ejecutivos para «gestionar el cambio», se da consejo a las personas para «auto-ayudarse» y se aconseja a los activistas para «cambiar el mundo». Es una lástima, porque todos los esfuerzos de cambio tienen algo en común: para que algo cambie, alguien tiene que empezar a actuar de forma diferente. Su hermano tiene que mantenerse alejado del casino; sus empleados tienen que empezar a desplazarse en autobús. Al fin y al cabo, todos los esfuerzos de cambio tienen la misma misión: ¿puedes conseguir que la gente empiece a comportarse de una forma nueva?

Sabemos lo que está pensando: que lo normal es resistirse al cambio. Pero no es tan sencillo. Cada día nacen niños, cuyos padres, inexplicablemente, están encantados con el cambio. ¡Piense en la enorme magnitud de ese cambio! ¿Querría alguien tener un jefe que le despertara dos veces cada noche, gritando, por cualquier tontería administrativa sin importancia? ¿Y si cada vez que estrenara algo de ropa su jefe le echara un escupitajo? Y a pesar de todo, la gente no se resiste a este cambio masivo, lo acepta encantada.

A lo largo de la vida, aceptamos muchos cambios importantes, no sólo los hijos, sino también el matrimonio, una casa nueva, las nuevas tecnologías y las nuevas obligaciones en el trabajo. No obstante, algunos hábitos son completamente innegociables. Los fumadores siguen fumando y los niños siguen engordando demasiado y los maridos siguen siendo incapaces de dejar la ropa sucia en la cesta de la ropa para lavar.

Por lo tanto, hay cambios fáciles y cambios difíciles. ¿En qué se diferencian? En este libro, sostenemos que los cambios exitosos tienen algo en común. Requieren que el líder del cambio haga tres cosas. Ya hemos mencionado una de ellas: para cambiar el comportamiento de una persona, hay que cambiar la situación de esa persona.

La situación no lo es todo, por supuesto. Puedes ingresar a un alcohólico en un centro de rehabilitación, donde el nuevo entorno le ayudará a no beber. Pero ¿qué pasará cuando salga y pierda esa influencia? Puede que sus vendedores den un fuerte empujón a la productividad porque el director de ventas ha estado muy encima de ellos, pero ¿qué pasará después, cuando la situación vuelva a la normalidad? Para que cambie el comportamiento de un individuo, hay que influir no sólo en su entorno sino también en su corazón y en su mente.

El problema es este: a veces el corazón y la mente están en conflicto. Fervientemente.

4.

Considere el Clocky,[2] un reloj despertador que inventó Gauri Nanda, un alumno del *Massachusetts Institute of Technology* (MIT). No se trata de un despertador ordinario, ya que tiene ruedas. Pone la alarma por la noche, y cuando suena por la mañana, se escurre de la mesilla, empieza a recorrer la habitación, y le obliga a levantarse para pararlo. Imagínese la escena: andando a gatas por la habitación en pijama, persiguiendo y maldiciendo a un reloj que no para de correr.

El reloj le garantiza que no se dormirá. Y aparentemente es un temor bastante común, ya que en sus dos primeros años en el mercado, se vendieron más de 35.000 unidades, a 50 dólares cada una —a pesar de que el marketing fue mínimo.

El éxito de este invento dice mucho de la psicología humana. Lo que demuestra, fundamentalmente, es que padecemos esquizofrenia. Una parte de nosotros, nuestro lado racional, quiere levantarse a las 5.45, para tener tiempo suficiente para ir a correr antes de ir a la oficina. La otra parte, el lado emocional, se despierta en la oscuridad de la mañana, dormitando bajo el calor de las sábanas y las mantas, y lo único que quiere es dormir unos minutos más. Si, como nos pasa a nosotros, su lado emocional tiende a ganar estos debates internos, usted podría ser un cliente potencial del Clocky. Lo bueno del reloj es que permite que el lado racional se imponga al lado emocional. Es simplemente imposible quedarse acurrucado bajo las sábanas cuando un despertador desobediente no para de dar vueltas por la habitación.

Seamos sinceros: el Clocky no es un producto para especímenes

---

2 **Clocky.** Las estadísticas de ventas proceden de esta revista *online* del MIT: http://web.mit.edu/invent/iow/nanda.html (revisada el 20 de junio de 2009). Muchas de las ventas procedían de la propia página web de Nanda. Según el artículo, «a Nanda le sorprendió bastante que el reloj recibiera tanta atención después de colgar su descripción, junto con docenas de proyectos de estudiantes en la página web de Media Lab. Varios *blogs* y páginas webs marcadores de tendencias, como Engadget, tomaron nota del concepto del Clocky y muy pronto consiguieron miles de clientes potenciales a través de fotos y enlaces *online*». Gauri Nanda recibió el Premio Nobel de Economía Ig en 2005 por «añadir, teóricamente, muchas más horas a la jornada laboral».

sanos. Si el capitán Spock quiere despertarse a las 5.45, se despertará. Sin problemas.

La esquizofrenia es algo que llevamos muy adentro, pero no pensamos mucho en ello porque estamos acostumbrados. Cuando empezamos un régimen, nos quitamos de en medio los Cheetos y las Oreo porque nuestro lado racional sabe que cuando nuestro lado emocional tiene un antojo, es muy difícil que seamos capaces de controlarnos. La única solución posible es eliminar totalmente la tentación. (Por cierto, un estudiante del MIT se haría de oro si diseñara unos Cheetos que se desintegraran cuando la gente estuviera a régimen.)

La conclusión inevitable es ésta: nuestro cerebro no tiene una sola mente.

En psicología, la sabiduría convencional afirma que en el cerebro hay dos sistemas independientes que funcionan simultáneamente. Por una parte está el lado emocional. Es nuestra parte instintiva, la que siente dolor y placer. Por otra, está el lado racional, también conocido como sistema consciente o reflexivo. Es la parte que delibera y analiza y mira hacia el futuro.

En las últimas décadas, los psicólogos han aprendido mucho de estos dos sistemas, pero evidentemente, la humanidad siempre ha sido consciente de la tensión. Platón dijo que en nuestras cabezas tenemos un auriga que tiene que montar un caballo desbocado que «raramente responde a los azotes y a los piques combinados». Freud escribió sobre la identidad egoísta y el superego consciente —y también sobre el ego, que media entre ellos—. Más recientemente, los economistas del comportamiento han calificado estos sistemas como Planificador y Hacedor.

Pero para nosotros, la tensión que existe entre ambos se entiende mejor con una analogía que utilizó el psicólogo de la Universidad de Virginia, Jonathan Haidt,[3] en su maravilloso libro *The Happiness*

---

3 **Jonathan Haidt.** Ver Haidt (2006), *The Happiness Hypothesis: Finding Modern Truth in Ancient Wisdom*, Nueva York: Basic Books, especialmente las pp. 3-5. Haidt revisa las metáforas presentadas por Buda, Platón (incluida la cita que mencionamos) y Freud, y luego presenta su propia metáfora. Nos encanta su metáfora del Elefante/Jinete —particularmente el evidente desequilibrio de poder que hay entre los dos— y le

Hypothesis. Haidt dice que nuestro lado emocional es un Elefante y nuestro lado racional es su Jinete. Encaramado sobre el Elefante, el Jinete sujeta las riendas y parece ser el líder. Pero el control del Jinete es precario porque es muy pequeño comparado con el Elefante. Cada vez que el Elefante, de seis toneladas, y el Jinete difieran con respecto a la dirección a seguir, el Jinete perderá. No tendrá nada que hacer.

Muchos de nosotros estamos muy familiarizados con situaciones en las que nuestro Elefante se impone a nuestro Jinete. Seguro que lo habrá experimentado si alguna vez se ha dormido, ha comido demasiado, ha llamado a su ex a media noche, ha dejado de hacer algo que tenía que hacer, ha intentado dejar de fumar y no lo ha conseguido, no ha ido al gimnasio, se ha enfadado y ha dicho algo de lo que se arrepiente, ha dejado sus clases de inglés o de piano, se ha negado a hablar en una reunión porque tenía miedo, etc. Menos mal que nadie lleva la cuenta.

La debilidad del Elefante, nuestro lado emocional e instintivo, está clara: es perezoso y caprichoso, normalmente prefiere la gratificación inmediata —un helado— a la gratificación a largo plazo —estar delgado—. Cuando los esfuerzos de cambio fracasan, suele ser culpa del Elefante, ya que el tipo de cambio que queremos suele implicar sacrificios a corto plazo para obtener compensaciones a largo plazo. (Recortamos gastos hoy para tener un mejor balance de situación el año próximo. Evitamos el helado hoy para tener un cuerpo mejor el año próximo.) Los cambios suelen fracasar porque el Jinete simplemente no puede mantener al Elefante en el buen camino para llegar al destino.

El ansia del Elefante por la gratificación inmediata es lo opuesto a la fortaleza del Jinete, que tiene capacidad para pensar a largo plazo, planificar, pensar más allá del momento (todas esas cosas que su mascota no puede hacer).

Pero lo que tal vez le sorprenda es que el Elefante también tiene

---

estamos muy agradecidos por habernos autorizado a utilizarla. En *The Happiness Hypothesis*, Haidt no se concentra en el cambio, sino en la idea de que podemos aprender a ser felices a partir de la intersección de siglos de sabiduría y psicología moderna. Si quiere ser más feliz y más listo, tiene que leer este libro.

fortalezas enormes y que el Jinete tiene debilidades muy serias. El Elefante no siempre es el malo. La emoción es el territorio del Elefante. Amor, compasión, simpatía y lealtad; el instinto animal que tiene de proteger a sus hijos del dolor. Ése es el Elefante. Ese dolor tan agudo que siente cuando necesita defenderse. Ése es el Elefante.

Y más importante: si está contemplando un cambio, el Elefante es el que consigue que se hagan las cosas. Para progresar hacia un objetivo, tanto si es noble como si no, hay que tener la energía y la determinación del Elefante. Y esta fortaleza es el reflejo invertido de la gran debilidad del Jinete: que no deja de darle vueltas a las cosas. El Jinete tiende a analizar y a pensar excesivamente en las cosas. Es muy probable que conozca gente con los problemas del Jinete: un amigo que se puede pasar 20 minutos pensando qué va a cenar; un colega que puede pasarse horas pensando en nuevas ideas y que no parece capaz de llegar a ningún sitio.

Si quiere que las cosas cambien, tiene que apelar a ambos. El Jinete aporta la planificación y la dirección, y el Elefante aporta la energía. Por lo tanto, si llega a los Jinetes de su equipo pero no consigue llegar a los Elefantes, su equipo tendrá comprensión sin motivación. Si llega a los Elefantes pero no a sus Jinetes, tendrá pasión sin dirección. En ambos casos, los errores pueden resultar paralizantes. Un Elefante reticente y un Jinete que piense demasiado pueden hacer que no se produzca ningún cambio. Pero cuando los Elefantes y los Jinetes van al unísono, el cambio se puede producir fácilmente.

5.

Si el Jinete y el Elefante no coinciden en el camino a seguir, hay un problema. El Jinete puede seguir su camino temporalmente, puede sujetar las riendas con la suficiente fuerza para someter al Elefante. (Cada vez que utiliza la fuerza de voluntad, hace exactamente eso.) Pero el Jinete no puede ganar la batalla a un animal tan enorme durante mucho tiempo. Simplemente acaba exhausto.

Para ver este punto con más claridad, considere el comportamiento de unos estudiantes universitarios que participaron en un estudio sobre la percepción de los alimentos —o al menos es lo que les dijeron—. Llegaron al laboratorio con hambre: les habían pedido que no comieran durante, al menos, tres horas antes. Les llevaron a una sala que olía increíblemente bien —los investigadores acababan de hacer galletas con trocitos de chocolate. En una mesa, en el centro de la sala había dos bandejas—. En una había un surtido de chocolates, junto con las galletas con trocitos de chocolate recién hechas. En la otra había un puñado de rábanos.

Los investigadores habían preparado un texto introductorio: «hemos elegido chocolates y rábanos porque tienen gustos muy diferentes. Mañana os llamaremos para preguntaros lo que recordáis de las sensaciones gustativas que habéis experimentado al comerlos».

La mitad de los participantes podía comer dos o tres galletas y algunos chocolates, pero no podía comer ningún rábano. La otra mitad, podía comer dos o tres rábanos, como mínimo, pero ninguna galleta. Mientras comían, los investigadores abandonaron la sala, intencionadamente, no sádicamente, para inducir la tentación: querían que los pobres que sólo podían comer rábanos, se quedaran ahí, solos, mordisqueando la comida para conejos, mirando con envidia las galletas recién hechas. (Seguramente no hace falta decir que los que sólo podían comer galletas no tuvieron que hacer ningún tipo de esfuerzo por resistirse a la tentación de los rábanos.) A pesar de la tentación, todos los participantes comieron lo que les dijeron, y ninguno de los que sólo podía comer rábanos cogió ni una sola galleta. Eso es tener fuerza de voluntad.

En ese momento, oficialmente, el estudio de los gustos había concluido y entró otro grupo de investigadores para hacer un segundo estudio, supuestamente no relacionado: averiguar quién puede resolver mejor los problemas, los estudiantes universitarios o los de bachillerato. En este nuevo escenario el objetivo era conseguir que a los universitarios se les hinchara el pecho y se tomaran la próxima tarea en serio.

Les entregaron una serie de problemas en los que tenían que dibujar una complicada figura geométrica sin volver a trazar ninguna línea y sin levantar el lápiz del papel. Les dieron varias hojas para que pudieran probar una y otra vez. En realidad, los problemas estaban diseñados de tal forma que no tenían solución. Los investigadores querían ver cuánto insistirían los estudiantes en una tarea difícil, frustrante, antes de rendirse.

Los estudiantes no tentados, los que no habían tenido que resistirse a comer galletas con trocitos de chocolate, dedicaron 90 minutos a la tarea, haciendo 34 intentos bien intencionados de resolver el problema. Los que sólo habían podido comer rábanos, fueron menos persistentes. Se rindieron a los ocho minutos —menos de la mitad del tiempo empleado por los que habían comido galletas— y sólo hicieron 19 intentos. ¿Por qué abandonaron tan fácilmente?

Puede que la respuesta le sorprenda: agotaron su capacidad de autocontrol. En estudios como éste, los psicólogos han descubierto que el autocontrol es un recurso limitado.[4] Es como hacer pesas en el gimnasio. La primera vez es fácil, porque tienes los músculos frescos. Pero luego, con cada repetición adicional, los músculos se van agotando, hasta que eres incapaz de levantar la pesa. Los que sólo habían comido rábanos, al tener que resistir la tentación de comer galletas, se habían quedado sin autocontrol. Así que cuando sus Elefantes, inevitablemente, empezaron a quejarse de la dificultad del problema —*es demasiado difícil, no es divertido, no se nos da bien*— sus Jinetes no tuvieron suficiente fuerza para sujetar las riendas más de ocho minutos. Por el contrario, los que habían comido galletas, tenían un Jinete fresco, descansado, que luchó con el Elefante durante noventa minutos.

El autocontrol es un recurso limitado. Es una idea muy importante, fundamental, ya que cuando hablamos de autocontrol, no lo hacemos

---

4 **El autocontrol es un recurso limitado.** Los informes que citamos en esta sección proceden de un área de investigación interesante, iniciada en los últimos 15 años. El primero, que incluye el estudio de las galletas con pepitas de chocolate es de Roy F. Baumeister, Ellen Bratslavsky, Mark Muraven y Dianne M. Tice (1998), «Ego Depletion: Is the Active Self a Limited Resource?» *Journal of Personality and Social Psychology*, 74, 1252-1265. El estudio de la película dramática es obra de Mark Muraven, Dianne M. Tice y Roy Baumeister (1998), «Self-Control as Limited Resource: Regulatory Depletion Patterns», *Journal of Personality and Social Psychology*, 74, 774-789. Los experimentos que demuestran los problemas de autocontrol inducidos por demasiadas opciones están descritos en Kathleen D. Vohs, Roy F. Baumeister y cols. (2008), «Making Choices Impairs Subsequent Self-Control: A Limited-Resource Account of Decision Making, Self-Regulation, and Active Initiative», *Journal of Personality and Social Psychology*, 94, 883-898.

en el sentido limitado de la palabra, sino como la fuerza de voluntad necesaria para superar un vicio (tabaco, galletas, alcohol). Estamos hablando de un tipo de autosupervisión más amplio. Piense en cómo funciona su mente cuando está haciendo un comentario negativo a un empleado, o montando una estantería, o aprendiendo un nuevo baile. Es muy cuidadoso y deliberado con sus palabras o movimientos. Es como si hubiera un supervisor de guardia. Eso también es autocontrol.

Compare esto con todas las situaciones en las que no siente que están supervisando su comportamiento. Por ejemplo, cuando está conduciendo, la sensación de no recordar los últimos kilómetros de la carretera; o la fácil e inconsciente manera en la que se ducha o hace café por la mañana. Gran parte de nuestro comportamiento diario, de hecho, es más automático que supervisado, y eso es muy bueno porque el comportamiento supervisado es el difícil. Es agotador.

Docenas de estudios han demostrado la naturaleza limitada de la autosupervisión. Por ejemplo, cuando una persona tiene que tomar una decisión difícil —como pedir un ordenador nuevo o fijar la fecha de la boda— le resulta mucho más difícil concentrarse y resolver un problema. En un estudio, se pidió a un grupo que contuviera sus emociones mientras veía una película muy triste sobre unos animales enfermos. Al terminar la película, mostraron menor resistencia física que los que habían podido dejar que sus lágrimas fluyeran libremente. La investigación demuestra que agotamos nuestro autocontrol en una gran variedad de situaciones: al calcular la impresión que causamos en los demás; al enfrentarnos a nuestros miedos; al controlar nuestros gastos; al intentar concentrarnos en instrucciones simples como «no pienses en un oso blanco»; y muchas, muchas otras.

Veamos por qué esto es importante para el cambio: cuando que-

---

En el estudio del registro de las bodas, los que participaron en el experimento sólo dedicaron 12 minutos a hacer un registro simulado y, sin embargo, esa pequeña cantidad de tiempo fue suficiente para minar su autocontrol. Teniendo en cuenta que las novias se pasan meses eligiendo las invitaciones, locales para el banquete y músicas, no es de extrañar que algunas acaben convirtiéndose en unas novias caprichosas y déspotas, dispuestas a hacer lo que sea necesario para que ese día todo esté a su gusto.

remos cambiar las cosas, normalmente intentamos manipular comportamientos que se han vuelto automáticos, y cambiar estos comportamientos requiere la supervisión minuciosa del Jinete. Cuanto mayor sea el cambio sugerido, más se agotará la capacidad de autocontrol.

Y cuando la capacidad de autocontrol se agota, se agotan los músculos mentales necesarios para pensar creativamente, concentrarse, inhibir los impulsos y persistir frente a la frustración o el fracaso. En otras palabras, se agotan precisamente los músculos necesarios para hacer un cambio importante.

Por lo tanto, cuando alguien dice que el cambio es difícil porque la gente es perezosa o se resiste al cambio, está totalmente equivocado. De hecho, es todo lo contrario: el cambio es difícil porque la gente se agota. Y ésta es la segunda sorpresa del cambio: muchas veces lo que parece pereza, en realidad es agotamiento.

6.

Jon Stegner creía que la empresa para la que trabajaba, una fábrica muy importante, estaba perdiendo grandes sumas de dinero. «Creí que teníamos la oportunidad de reducir los costes de compra, no un 2%, sino algo del orden del billón de dólares en los próximos cinco años», dijo Stegner, que John Kotter y Dan Cohen citan en su libro esencial, *Las claves del cambio*.

Para conseguir estos ahorros, iban a tener que hacer un cambio muy importante en el proceso, y para que ese cambio se produjera, Stegner sabía que iba a tener que convencer a sus jefes. También sabía que nunca aceptarían este cambio tan importante a menos que creyeran en la oportunidad, y en su mayoría, no lo hacían.

Buscando un ejemplo atractivo de la mediocre política de compras de la empresa, Stegner encargó a un estudiante en prácticas que se dedicara a investigar una sola cosa: los guantes de trabajo que utilizaban la mayoría de los operarios de las fábricas de la compañía. El estudiante tenía que identificar todos los tipos de guantes utilizados en todas las fábricas de la compañía y luego averiguar lo que la compañía pagaba por ellos.

Al poco tiempo, el avispado interno informó que las fábricas estaban comprando ¡424 tipos distintos de guantes![5] Además, estaban utilizando distintos proveedores de guantes y todos negociaban sus precios. El mismo par de guantes que en una fábrica costaba 5 dólares, en otra podía costar 17 dólares.

A petición de Stegner, el estudiante recogió una muestra de cada uno de los 424 tipos de guantes distintos y la etiquetó con el precio que se pagaba por él. Después reunieron todos los guantes, los llevaron a la sala de juntas, y los dejaron sobre la mesa de conferencias. Stegner invitó a todos los presidentes de división a visitar el santuario de los guantes. Luego relató la escena:

«Lo que vieron fue una mesa grande y cara, normalmente vacía o con algún papel, llena de guantes. Cada uno de los ejecutivos observó la exposición durante un minuto. Luego dijo algo del tipo, "¿Realmente compramos todos estos guantes diferentes? Bueno, de hecho, sí, lo hacemos". "¿Estás seguro?". "Sí, estoy seguro". Luego dieron la vuelta a la mesa... vieron los precios. Se fijaron en dos guantes que parecían exactamente iguales, pero uno estaba comprado por 3,22 dólares y el otro por 10,55 dólares. Es muy raro que esta gente se quede sin palabras, sin nada que decir. Pero ese día, se quedaron ahí, con la boca abierta».

Muy pronto, la exhibición de los guantes se convirtió en una feria ambulante que visitó docenas de plantas. La reacción fue visceral: *es una locura. Estamos locos. Esto se tiene que acabar.* Al poco tiempo, Stegner consiguió el mandato de cambio que quería. La compañía cambió la política de compras y ahorró una gran cantidad de dinero. Éste fue precisamente el final feliz que todo el mundo quería (excepto, obviamente, el vendedor de guantes que había conseguido vender guantes de 5 dólares por 17 dólares).

7.

Seamos sinceros: muchos no nos habríamos arriesgado a hacer lo que Stegner hizo. Habría sido tan fácil, tan natural, hacer una pre-

5 **424 tipos de guantes.** La historia de Jon Stegner y las citas son de John P. Kotter y Dan S. Cohen (2002), *Las claves del cambio* (Deusto, 2004).

sentación enfocada únicamente al Jinete. Piense en las posibilidades: las hojas de cálculo, los datos financieros, los protocolos de reducción de costes, las recomendaciones para la consolidación de proveedores, la exquisita lógica para la centralización de las compras. Podría haber creado una hoja de cálculo en Excel que habría hecho llorar de alegría a un contable. Pero en lugar de eso, Stegner decidió extender todos los guantes sobre la mesa e invitar a sus jefes a que los vieran.

Si realmente existe algo llamado el valor del oficinista, éste es un ejemplo.

Stegner sabía que si las cosas iban a cambiar, tenía que tener a sus colegas Elefantes de su lado. Si hubiera intentado atraerles de una forma analítica, seguramente habría conseguido algunos movimientos de cabeza de apoyo, y los ejecutivos podrían haber pedido una reunión de seguimiento al cabo de seis semanas —y luego aplazarla—. El caso analítico era atractivo por sí mismo, podría haber convencido a los colegas de Stegner de la importancia de revisar el proceso de compras... el año próximo.

Recuerde que si consigue llegar a sus colegas Jinetes, pero no a sus Elefantes, tendrán dirección sin motivación. Puede que sus Jinetes consigan arrastrar al Elefante durante un tiempo, pero como hemos visto, el esfuerzo no puede durar demasiado.

Cuando se consigue llegar a los sentimientos, sin embargo, las cosas cambian. Stegner dio una buena sacudida a sus colegas. Primero pensaron, «¡estamos locos!». Luego pensaron, «podemos hacerlo». Todos podían pensar algunas soluciones para intentar resolver el problema de los guantes, y por extensión la política de compras. Esto hizo que sus Elefantes se pusieran en marcha.

No esperamos que las posibles historias de cambios multimillonarios se presenten de esta forma. El esfuerzo de cambio fue impulsado por un solo empleado, ayudado por un estudiante en prácticas. Se concentró en un solo producto. El alcance de la presentación no se correspondía en absoluto con el alcance de la propuesta. Sin embargo, la estrategia de Stegner funcionó.

Éste es el poder de hablar tanto al Jinete como al Elefante.

8.

Es verdad que un Elefante desmotivado puede arruinar un esfuerzo de cambio, pero no olvidemos que el Jinete tiene sus propios problemas. Es egocéntrico, lo analiza todo en exceso y le da mil vueltas a las cosas. Si el Jinete no está totalmente seguro de la dirección que debe seguir, tiende a guiar al Elefante en círculos. Y como veremos, esta tendencia explica la tercera y última sorpresa sobre el cambio: muchas veces lo que parece resistencia es falta de claridad.

Dos investigadores médicos, Steve Booth-Butterfield y Bill Reger, profesores de la West Virginia University, estaban pensando en la forma de persuadir a la gente de que se alimentara de una forma sana y saludable. A partir de investigaciones pasadas, sabían que el cambio era más fácil cuando el nuevo comportamiento esperado estaba tan claro como el cristal, pero lamentablemente, «alimentarse de una forma saludable» no lo estaba.

¿Por dónde empezar? ¿Qué alimentos tenían que dejar de consumir o empezar a consumir? ¿Deberían cambiar sus hábitos alimenticios del desayuno, de la comida o de la cena? ¿En casa o en el restaurante? La cantidad de maneras de alimentarse de una forma más saludable es ilimitada, especialmente teniendo en cuenta el punto de partida de la dieta estadounidense media. Éste es exactamente el tipo de situación en la que el Jinete pondrá en marcha su mente, analizando, angustiándose y sin avanzar.

A medida que los dos investigadores avanzaban en el estudio, sus pensamientos volvían a la leche. Muchos estadounidenses toman leche, y todos sabemos que la leche es una importante fuente de calcio. Pero la leche también es la principal fuente de grasas saturadas de la dieta estadounidense típica. De hecho, las cifras demostraban algo remarcable: si los estadounidenses sustituían la leche entera por leche desnatada o por leche con un 1% de materia grasa,[6] la dieta media

6 **Leche con un 1% de materia grasa.** Para la historia del desarrollo de esta campaña, ver Steve Booth-Butterfield y Bill Reger (2004), «The Message Changes Belief and the Rest Is Theory: The '1% or Less' Milk Campaign and Reasoned Action», *Preventive Medicine, 39,* 581-588. El estudio, en sí, está descrito en Bill Reger, Margo G. Wootan, Steven Booth-

alcanzaría inmediatamente los niveles de grasas saturadas recomendados por el USDA (*United States Department of Agriculture*).

¿Cómo se consigue que los estadounidenses empiecen a tomar leche baja en grasas? Asegurándose de que la tengan en sus neveras. Y esa no es una respuesta demasiado frívola. La gente se bebe lo que tiene en casa. Una familia tomará la leche baja en grasas tan deprisa como la leche entera. Por lo tanto, básicamente, el problema era mucho más simple de lo que parecía: no había que cambiar los hábitos de bebida. Había que cambiar los hábitos de compra.

De pronto, la intervención se volvió muy perspicaz. ¿Qué hábitos queremos cambiar? Queremos que los consumidores compren leche desnatada o leche con un 1% de materia grasa. ¿Cuándo? Cuando hagan la compra. ¿Dónde? Es evidente. ¿Qué más hay que cambiar? Nada, de momento.

Reger y Booth-Butterfield lanzaron una campaña en dos comunidades del oeste de Virginia, emitiendo anuncios en los medios locales (TV, periódicos, radio) durante dos semanas. A diferencia de los mensajes aburridos de la mayor parte de las campañas de salud pública, la campaña de la leche con un 1% de materia grasa era contundente y específica. Un anuncio ponía de manifiesto el hecho de que un vaso de leche entera tenía la misma cantidad de grasas saturadas ¡que cinco tiras de bacon! En una conferencia de prensa, los investigadores mostraron a los periodistas locales un tubo lleno de grasa —el equivalente a la cantidad de grasa que contenían 1,8 litros de leche entera. (Observe lo que esperan los Elefantes: una reacción del tipo *¡qué barbaridad!*)

Reger y Booth-Butterfield controlaron los datos de la venta de leche en las ocho tiendas del área de intervención. Antes de la campaña, la cuota de mercado de la leche baja en grasa era del 18%. Después de la campaña, era del 41%. Seis meses después, se mantenía al 35%.

Esto nos lleva a la última parte del modelo que caracteriza los cambios exitosos: si quieres que la gente cambie, tienes que darle una dirección muy clara, como el agua.

Butterfield y Holli Smith (1998), «1% or Less: A Community-Based Nutrition Campaign», *Public Health Reports*, 113, 410-419.

Ahora ya puede entender por qué es tan importante: para que el Jinete no le dé cien vueltas a las cosas en su cabeza.

Si le dice a una persona que tiene que llevar una vida más sana, piense de cuántas formas puede interpretarlo. Imagine a su Jinete contemplando las opciones hasta la saciedad: ¿Tengo que tomar más cereales y menos carne? ¿o al revés? ¿Tengo que empezar a tomar vitaminas? ¿Estaría bien que hiciera más ejercicio para poder atiborrarme de helados? ¿Tendría que pasarme a la Coca-Cola *light*, o es peor el edulcorante artificial que las calorías?

Muchas veces, lo que parece resistencia es falta de claridad. Antes de este estudio, podríamos haber observado a estos ciudadanos del oeste de Virginia y haber concluido que eran el tipo de gente que no se preocupa por su salud. Pero si realmente hubieran sido ese tipo de gente, ¿por qué habría sido tan fácil cambiar sus hábitos?

Si quiere que una persona cambie, no le pida que se alimente de una forma más sana. Le tiene que decir, «la próxima vez que estés en la sección de lácteos del supermercado, elige leche con un 1% de materia grasa en lugar de leche entera».

9.

Ahora ya se ha hecho una idea de las tres partes que componen el marco de trabajo que veremos en este libro, un libro que puede ayudarle en cualquier situación en la que necesite hacer un cambio de comportamiento o de hábitos:

- *Dirigir al Jinete.* Muchas veces lo que parece resistencia es falta de claridad. Por lo tanto tiene que proporcionar una dirección clara como el agua. (Piense en la leche con un 1% de materia grasa.)

- *Motivar al Elefante.* Muchas veces lo que parece pereza es agotamiento. El Jinete no puede seguir su camino, a la fuerza, por mucho tiempo. Por lo tanto, es fundamental llegar al lado emocional de las personas, arrastrar a los Elefantes hacia el camino y conseguir que cooperen. (Piense en el estudio de las galletas y los rábanos y en la mesa de la sala de juntas llena de guantes.)

- *Allanar el Camino.* Muchas veces lo que parece un problema de la persona es un problema de la situación. Llamamos a la situación —incluido el entorno que la rodea— Camino. Si allana el Camino, hará que el cambio sea más probable, independientemente de lo que pase con el Jinete y el Elefante. (Piense en el efecto de reducir el tamaño de los cubos de palomitas en el cine.)

Hemos creado este marco para facilitar el trabajo a los que no tengan demasiada autoridad o recursos. Algunas personas se pueden salir con la suya sin necesidad de autorización. Los directores generales, por ejemplo, pueden vender divisiones, contratar gente, despedir gente, cambiar sistemas de incentivos, fusionar equipos, etc. Los políticos pueden aprobar leyes o imponer castigos para cambiar el comportamiento. Los demás, no disponemos de estas herramientas (aunque, tengo que admitirlo, nos harían la vida mucho más fácil: *hijo, si esta noche no sacas la basura, estás despedido*). En este libro, no hablamos mucho de estos métodos estructurales.

Del mismo modo que somos conscientes de lo mucho que va a ayudarle este libro, también somos conscientes, y usted también debería serlo, de que este marco de referencia no es la panacea. Por una parte, es incompleto. No hemos incluido, deliberadamente, muchas reflexiones y pensamientos sobre el cambio, a fin de crear un marco de referencia que sea suficientemente simple para ser práctico. Por otra, hay un buen motivo por el que el cambio puede resultar difícil: los demás no siempre quieren lo que usted quiere. Quiere cambiar su forma de actuar, pero su opinión también cuenta. Puede engatusar, influir, inspirar y motivar, pero algunas veces un empleado preferirá perder su trabajo antes que abandonar la comodidad de sus rutinas. Algunas veces el alcohólico querrá otra copa, cualesquiera que sean las consecuencias.

Por lo tanto, no le prometemos que vayamos a hacerle el cambio fácil, pero al menos se lo haremos un poco más fácil. Nuestro objetivo es mostrarle un marco de referencia basado en décadas de investigación científica que es suficientemente sencillo para recordarlo y suficientemente flexible para utilizarlo en muchas situaciones diferentes: familia, trabajo, comunidad, etc.

Para cambiar el comportamiento, hay que dirigir al Jinete, motivar al Elefante, y allanar el Camino. Si puede hacer las tres cosas al mismo tiempo, podrá conseguir un cambio importante aunque no tenga mucho poder o muchos recursos a su disposición. Para demostrarlo, no tenemos que mirar más allá de Donald Berwick, un hombre que cambió el rostro de la medicina.

10.

En 2004, Donald Berwick,[7] médico y director general del *Institute for Healthcare Improvement* (IHI), tuvo varias ideas para salvar vidas de pacientes, un número masivo de vidas. Los investigadores del IHI habían analizado la atención al paciente con el tipo de herramientas analíticas utilizadas para evaluar la calidad de los coches que salían de una línea de producción. Descubrieron que el porcentaje de error en la atención médica era de hasta un uno de cada diez, lo cual significaba que, por ejemplo, el 10% de los pacientes no recibían sus antibióticos en el momento especificado. Se trataba de un porcentaje de error sorprendentemente elevado. Muchas otras industrias habían conseguido producir a niveles de error del 1‰, o incluso mucho mejor. Berwick sabía que la elevada tasa de error significaba que cada año morían decenas de miles de pacientes innecesariamente.

La idea de Berwick era que los hospitales podían beneficiarse de los mismos tipos de mejoras rigurosas en los procesos que habían funcionado en otras industrias. ¿No podría una operación de transplante «producirse» de una forma tan consistente y perfecta como un Toyota Auris?

Las ideas de Berwick estaban tan respaldadas por la investigación

---

7   **En 2004, Donald Berwick.** La campaña para salvar 100.000 vidas de Berwick es el tema de un estudio preparado por los colegas de Chip de la *Stanford University's Graduate School of Business.* Ver Hayagreeva Rao y David Hoyt (2008), «Institute for Healthcare Improvement: The Campaign to Save 100.000 Lives», *Stanford Graduate School of Business,* Case Study L-13. Para información adicional sobre este caso, ver el artículo de Rao y Robert Sutton (septiembre 2008), «The Ergonomics of Innovation», *The McKinsey Quarterly,* http://www.mckinseyquarterly.com/The_ergonomics_of_innovation_2197 (publicado el 17 mayo de 2009).

que eran indiscutibles, y aun así, no sirvieron de mucho. Indudablemente, no tenía mucha capacidad de forzar cambios en la industria. El IHI sólo tenía 75 empleados. Pero Berwick no se desanimó.

El 14 de diciembre de 2004 dio una conferencia en una importante convención del sector a la que asistieron un gran número de directores de hospitales. Dijo, «esto es lo que creo que tendríamos que hacer. Creo que tendríamos que salvar 100.000 vidas. Y creo que tendríamos que hacerlo el 14 de junio de 2006, es decir, dentro de 18 meses. "Algunas" no es una cifra; "pronto" no es una fecha concreta. Ésta es la cifra: 100.000. Ésta es la fecha: 14 de junio de 2006, a las 9.00».

La audiencia se quedó perpleja. El objetivo era muy ambicioso. Pero Berwick hablaba muy en serio de sus intenciones. Él y su pequeño equipo se habían propuesto hacer lo imposible.

El IHI propuso seis intervenciones muy específicas para salvar vidas. Por ejemplo, en una se pedía a los hospitales que adoptaran una serie de procedimientos probados para controlar los respiradores de los pacientes, para evitar que contrajeran neumonía, una causa de muerte innecesaria bastante común. (Uno de los procedimientos consistía en elevar la cabeza del paciente entre 30 y 45 grados, de forma que las secreciones orales no se pudieran ir por la traquea.)

Obviamente, todos los directivos del hospital estaban de acuerdo con el objetivo de salvar vidas, pero el camino para conseguir ese objetivo estaba lleno de obstáculos. Por un lado, para que un hospital redujera su porcentaje de errores tenía que reconocer que cometía un porcentaje de errores. En otras palabras, tenía que admitir que algunos pacientes morían innecesariamente. A los abogados del hospital no les hacían ninguna gracia dejar constancia de este reconocimiento.

Berwick sabía que tenía que hacer frente a la aprensión de los hospitales a admitir sus errores. En esa conferencia del 14 de diciembre le acompañaba la madre de una niña que había muerto por una negligencia médica. Ésta dijo, «estoy enfadada y al mismo tiempo triste, porque sé que si esta campaña hubiera existido hace cuatro o cinco años, Josie estaría viva... Pero estoy contenta, estoy ilusionada por formar parte de esto, porque sé que podéis hacerlo, porque tenéis que hacerlo».

Otro de los invitados a participar en la conferencia, el presidente de la *North Carolina State Hospital Association*, dijo: «durante mucho tiempo, mucha gente se ha negado a admitirlo, y ha llegado el momento de hacer lo correcto. Es tan sencillo como esto».

El IHI hizo que unirse a la campaña fuera muy fácil: bastaba con cumplimentar un formulario de una sola hoja que tenía que firmar el director del hospital. Unos dos meses después del discurso de Berwick se habían unido más de mil hospitales. Cuando un hospital se unía, el equipo del IHI le ayudaba a incorporar las nuevas intervenciones y procedimientos. Los miembros del equipo aportaban la investigación, los manuales de instrucciones por pasos y la formación. Organizaron teleconferencias para los líderes de los hospitales para compartir sus victorias y sus dificultades. Animaron a los hospitales que tuvieron sus primeros éxitos a convertirse en mentores de los hospitales que se fueran uniendo a la campaña.

La tirantez que produjo en el sistema fue considerable. Para adoptar las intervenciones del IHI, los hospitales tenían que superar décadas de hábitos y rutinas. Muchos médicos estaban molestos con los nuevos procedimientos, que percibían como demasiado limitados. Pero los hospitales que los habían adoptado estaban experimentado resultados espectaculares, y sus éxitos visibles atrajeron a más hospitales a unirse a la campaña.

Dieciocho meses después, justo en el momento exacto que había prometido volver —el 14 de junio a las 9.00— Berwick volvió a subirse al estrado para anunciar los resultados: colectivamente, los hospitales que se habían unido a la «Campaña 100.000 vidas» habían evitado 122.300 muertes y, muy importante, habían empezado a institucionalizar nuevos patrones de atención médica que iban a seguir salvando vidas y a mejorar la salud en el futuro.

Todos estaban eufóricos. Don Berwick, con su equipo de 75 personas del IHI, había convencido a miles de hospitales de que cambiaran su comportamiento, y colectivamente, habían salvado 122.300 vidas —el equivalente a lanzar un salvavidas a todos los hombres, mujeres y niños de Ann Arbor, Michigan.

Este resultado fue la realización de la visión que Berwick había articulado al finalizar su discurso 18 meses atrás, de cómo sería el mundo cuando los hospitales superaran el objetivo de salvar 100.000 vidas:

«Y, lo celebraremos. Empezando con pizza y acabando con cava. Celebraremos la importancia de lo que hemos decidido hacer, el valor de la honestidad, la alegría del compañerismo, la pericia de una operación de campo, y los resultados que obtendremos. Y nos alegraremos, porque los pacientes cuyas vidas habremos salvado no podrán unirse a nosotros, porque sus nombres no saldrán nunca a la luz. Nuestra contribución será lo que no les ocurrió. Y, aunque sean personas anónimas, sabremos que sus padres estarán en las graduaciones y las bodas que de otra forma se habrían perdido, y que sus nietos conocerán a los abuelos que no habrían conocido, y que podrán irse de vacaciones, y cumplir con su trabajo, leer libros, escuchar música, y cuidar de unos jardines que, sin nuestro trabajo, no hubieran sido más que lechos de semillas».

11.

Los grandes cambios se pueden producir.

Don Berwick y su equipo catalizaron un cambio que salvó más de 100.000 vidas, sin que Berwick ejerciera ningún poder. No podía cambiar la ley. No podía despedir a los directores de los hospitales que no estaban de acuerdo con él. No podía dar ningún tipo de compensación a los hospitales que aceptaran sus propuestas.

Berwick disponía de las mismas herramientas que nosotros. En primer lugar, dirigió a los Jinetes de su audiencia. El destino estaba claro como el agua: «"algunas" no es una cifra, "pronto" no es una fecha. Ésta es la cifra: 100.000. Ésta es la fecha: 14 de junio de 2006, a las 9.00». Pero no era suficiente. Tenía que ayudarles a descubrir cómo podían llegar hasta allí, y no podía limitarse a decir, «esforzaos más». (Recuerde «comer más sano» frente a «comprar leche con un 1% de materia grasa».) Así que propuso seis intervenciones específicas, como elevar la cabeza de los pacientes que estaban conectados a respiradores, porque sabía que podía salvar vidas. Al estar totalmente concentrado en estas seis intervenciones, Berwick se aseguró de no agotar a los Jinetes de su audiencia con cambios de comportamiento indefinidos.

En segundo lugar motivó a los Elefantes de la audiencia. Hizo que sintieran la necesidad del cambio. Muchos miembros de la audiencia conocían los hechos, pero conocerlos no era suficiente. (Recuerde, conocer no fue suficiente para los ejecutivos de la compañía de Jon Stegner. Hicieron falta muchos guantes para convencer a los Elefantes.) Berwick tenía que hacer algo más que informar, así que puso a su audiencia frente a la madre de la niña que había fallecido por causa de un error médico: «estoy segura de que si esta campaña hubiera existido hace cuatro o cinco años, Josie estaría viva». Berwick también se preocupó de motivar a todos los que habían estado en la sala durante su presentación. No les desafió a «revisar» la medicina o a «introducir la TQM[8] en la medicina». Les desafió a salvar 100.000 vidas. Esto apela al Elefante que todos llevamos dentro.

En tercer lugar, allanó el Camino. Hizo que para los hospitales fuera fácil abrazar el cambio. Piense en el formulario de una sola hoja, en las instrucciones por pasos, en la formación, en los grupos de apoyo, en los mentores. Había diseñado un entorno que aumentaba la probabilidad de aceptación por parte de los directivos de los hospitales. Berwick también sabía que la conducta era contagiosa. Utilizó la presión de sus homólogos para persuadir a los hospitales de que se unieran a la campaña. (*Los hospitales de la competencia acaban de unirse a la campaña para salvar 100.000 vidas. ¿Realmente queréis que tengan la moral por las nubes?*) Además conectó a la gente. Puso en contacto a personas que estaban luchando por implementar los cambios con personas que lo habían conseguido, para que hicieran un poco como los mentores de Alcohólicos Anónimos.

Berwick estaba creando un grupo de apoyo para la reforma del sistema sanitario.

En este libro, descubrirá cómo personas como Berwick han conseguido cambios muy importantes a pesar de tener pocos recursos y poca autoridad estructural. Descubrirá cómo un emprendedor salvó su pequeña empresa convirtiendo a sus empleados escépticos en fanáticos del servicio al cliente; cómo un estudiante recién salido de la universidad salvó una especie en peligro de extinción; cómo un

---

8 Total Quality Management (Estrategia de Gestión de Calidad Total).

directivo trazó un plan para que su colega dejara de comportarse como un estúpido; y cómo un terapeuta reformó a un grupo que maltrataba a menores.

Tanto si quiere hacer un cambio en su familia, su ONG, su empresa o en la sociedad en general, tendrá que hacer tres cosas: dirigir al Jinete, motivar al Elefante y allanar el Camino.

Dirigir al Jinete

2
Identificar las excepciones

1.

En 1990, Jerry Sternin[1] trabajaba para *Save the Children*, una organización internacional de ayuda a los niños necesitados. Le pidieron que montara una oficina en Vietnam. El gobierno había invitado a *Save the Children* al país para acabar con el problema de la desnutrición. Cuando Sternin llegó, le recibieron de una forma más bien fría. El ministro de Exteriores le dijo que no todos los miembros del gobierno apreciaban su presencia. El ministro le dijo a Sternin, «tienes seis meses para hacer algo».

Sternin viajaba con su mujer y su hijo de 10 años. No hablaban ni una palabra de vietnamita. Más tarde contó, «cuando llegamos al aeropuerto de Vietnam, parecíamos huérfanos».[2] «No teníamos ni idea de lo que íbamos a hacer». Sternin disponía de un equipo mínimo y de muy pocos recursos.

Sternin había leído todo lo que había podido sobre el problema de la desnutrición. El sentido común le decía que la desnutrición era el resultado de una serie de problemas interconectados.

Las condiciones de salubridad eran muy deficientes. La pobreza era

---

1   **En 1990, Jerry Sternin.** La historia de Vietnam es un compendio de varias fuentes. Un artículo de David Dorsey (diciembre 2000), «Positive Deviant», *Fast Company*, p. 42, introdujo por primera vez el trabajo sobre la desviación positiva de Jerry y Monique Sternin a la audiencia popular. Otros detalles son de la presentación de Jerry Sternin en el *Boston College Center for Corporate Social Responsibility* en abril de 2008 y de las entrevistas de Chip Heath a Jerry Sternin en marzo y abril de 2008 y a Monique Sternin en mayo de 2009.

2   **«Parecíamos huérfanos».** Muchas de las citas directas de esta sección son de Dorsey, «Positive Deviant».

prácticamente universal. No disponían de agua limpia. La gente del campo solía ser ignorante en el tema de la nutrición.

En opinión de Sternin, todo este análisis era TBU[3] —cierto pero inútil—. «Millones de niños necesitan urgentemente que se aborden estos temas», dijo. Si para acabar con el problema de la desnutrición había que acabar con la pobreza, purificar el agua y crear sistemas de higienización, no se conseguiría nunca. Y menos en seis meses, sin prácticamente dinero.

Sternin tuvo una idea. Viajó a los pueblos rurales y se reunió con grupos de madres locales. Las madres se dividieron en equipos y se dedicaron a pesar y a medir a todos los niños del pueblo. Luego pusieron los resultados en común.

Sternin les preguntó, «¿habéis encontrado algún niño muy, muy pobre, más grande y más sano que los demás?». Las mujeres, revisaron los datos, asintieron con la cabeza y dijeron, «*Có, có, có*». (Sí, sí, sí.)

Sternin dijo, «¿queréis decir que en este momento, es posible que en este pueblo, una familia muy pobre pueda tener un niño bien alimentado?».

—*Có, có, có.*

—Entonces vamos a ver lo que hacen.

La estrategia de Sternin consistía en intentar localizar las excepciones[4] dentro de la comunidad —esfuerzos exitosos que valía la pena emular—. Si algunos niños estaban sanos a pesar de sus desventajas, eso quería decir que la desnutrición no era inevitable. Además, la mera existencia de niños sanos ofrecía una solución práctica, a corto plazo. Sternin sabía que no podía erradicar las causas que originaban el pro-

---

3 N. de la t.: *True But Useless*, en inglés.
4 **Excepciones o puntos de luz.** El término que utiliza Sternin para definir este concepto es el de *desviaciones positivas*, que está basado en una analogía estadística. Imagine una curva de distribución normal estadística en la que la mayoría de los resultados se localizaran en torno a la media. Sternin buscaba gente en el lado positivo de la curva de distribución normal.

Aunque la metodología de la desviación positiva desarrollada por Sternin es muy útil, creemos que el término «desviación» tiende a resultar confuso o desmoralizante para los que no están familiarizados con la estadística, por lo que nosotros utilizamos la terminología de las excepciones o «puntos de luz».

blema. Pero si un puñado de niños se mantenían sanos contra todo pronóstico, ¿por qué no podían estar sanos todos los niños?

Observe que Sternin estaba intentando concentrarse en los Jinetes de las madres. La gran pregunta —«¿qué puedes hacer para que tu hijo esté más sano?»— era simplemente demasiado amplia y estaba demasiado cargada para abordarla de golpe. Las madres necesitaban dirección, no motivación. Al fin y al cabo, el Elefante de las madres va a ser motivado para conseguir que sus hijos estén más sanos. Pero ¿cómo?

Recuerde el poder de la campaña de la leche con un 1% de materia grasa, que transformó una idea abstracta (comer más sano) en práctica. Sternin decía: no vamos a sentarnos a analizar la desnutrición. Vamos a analizar lo que hacen estas madres que tienen tan buenos resultados.

En un primer momento, Sternin y las madres tuvieron que eliminar todas las excepciones que no eran «típicas». Por ejemplo, un niño podía tener un tío en el gobierno que podía enviarle comida extra. Otras familias no podrían hacer lo mismo.

Para poder detectar cuáles de estas madres que obtenían buenos resultados obraban de forma diferente, el grupo tuvo que sintetizar lo que el sentido común decía de la alimentación infantil. Así que hablaron con docenas de personas —madres, padres, hermanos y hermanas mayores, abuelos— y descubrieron que las normas de la comunidad estaban bastante claras: los niños comían dos veces al día junto con el resto de sus familias. Comían cosas que eran apropiadas para niños, alimentos suaves, puros, como arroz de la mejor calidad.

Equipados con el conocimiento de las normas, Sternin y las madres fueron a casa de estos niños y observaron cómo funcionaban, muy

---

Más adelante, en este capítulo, aplicamos el término de las excepciones a otras situaciones que implican un rendimiento positivo excepcional.

Jerry Sternin murió en noviembre de 2008. Su obra perdura a través del trabajo de Monique Sternin y la «Positive Deviance Iniatiative» de la *Tufts University*. Para un resumen del gran número de ámbitos en los que los métodos de desviación positiva han producido un cambio sustancial, ver la bibliografía incluida en http://www.positivedeviance.org/materials/bib_subj.html. La desviación positiva fue una de las «Ideas del año» destacadas por el *New York Times Magazine* en 2008.

pendientes de cualquier desviación. Su observación desveló algunas conclusiones interesantes. Por un lado, las madres cuyos hijos estaban bien alimentados, les daban cuatro comidas al día, utilizando la misma cantidad de comida que otras madres pero repartiéndola en cuatro comidas en lugar de en dos. Las dos comidas al día de la mayoría de las familias resultaron ser un error para los niños, porque sus desnutridos estómagos no podían procesar tanta comida de golpe.

El tipo de comida también era diferente. Muchos padres creían que sus hijos conocían sus propias necesidades y se alimentaban correctamente del bol comunal. Pero los niños sanos eran alimentados más activamente, de la mano de sus propios padres si era preciso. Les obligaban a comer incluso cuando estaban enfermos, lo cual no era lo habitual.

Tal vez más interesante, los niños más sanos tenían una dieta más variada. Las madres de los niños que eran una excepción, recogían pequeños camarones y cangrejos de las plantaciones de arroz y las mezclaban con el arroz de sus hijos. Los camarones y los cangrejos eran un alimento propio de los adultos y raramente se consideraban adecuados para los niños. Estas madres también les daban hojas de boniato que se consideraban un alimento de clase baja. Estas improvisaciones dietéticas, a pesar de ser tan raras o de clase baja, estaban haciendo algo increíble: añadir proteínas y vitaminas muy necesarias a la dieta de sus hijos.

Desde fuera, Sternin nunca hubiera descubierto estas prácticas. No sabía nada de las hojas de boniato. La solución fue muy naif, emergiendo de la experiencia real de los habitantes del pueblo, y por ese motivo fue inherentemente realista e inherentemente sostenible. Pero no bastaba con conocer la solución. Para que se produjera un cambio, muchas madres tenían que adoptar los nuevos hábitos de cocina.

Mucha gente, en la situación de Sternin, se hubiera muerto por hacer un anuncio, por reunir a todo el pueblo y hacerle una serie de recomendaciones. *Aquí todo el mundo: he estudiado el problema y ¡tengo la respuesta! Éstas son las cinco reglas de Sternin para combatir la desnutrición.*

Pero Sternin se negó a hacer un anuncio formal. «El conocimiento no cambia el comportamiento», dijo. «Todos conocemos psiquiatras que están locos, médicos que están obesos y consejeros matrimoniales que están divorciados». Sabía que hablar a las madres de nutrición no iba a cambiar su comportamiento. Tenían que practicar.

La comunidad diseñó un programa según el cual cada día tenían que reunirse 50 familias mal nutridas, en grupos de diez, en una choza y tenían que preparar la comida. Tenían que traer camarones, cangrejos y hojas de boniato. Las madres se tenían que lavar las manos con jabón y hacer la comida juntas. Sternin dijo que las madres actuaban según una nueva filosofía. Lo más importante fue el cambio que experimentaron, un cambio motivado por el sentido común del propio pueblo. El papel de Sternin fue únicamente el de ayudarles a ver que podían hacerlo, que podían combatir la desnutrición por sí mismas.

Al organizar estos grupos de cocina, Sternin tuvo en cuenta tanto a los Jinetes como a los Elefantes. Las madres Jinetes recibieron instrucciones muy específicas: así es como tenéis que cocinar una comida sabrosa con camarones y hojas de boniato. Y apelaron al sentimiento de sus Elefantes: la esperanza. *Realmente hay manera de conseguir que mi hija esté más sana. Y no es muy difícil, es algo ¡que puedo hacer yo misma!* Observe que el Camino también desempeñó un papel. Al haber tantas madres juntas haciendo algo, hubo mucha presión social por seguir adelante. Las clases de cocina, en efecto, cambiaron la cultura del pueblo.

Lo mejor de todo es que las excepciones resolvieron el problema del «no inventado aquí». Algunas personas dan una respuesta bastante escéptica a las soluciones «importadas». Imagínese el alboroto que se produciría si un político estadounidense propusiera que Estados Unidos adoptara el sistema sanitario francés. O viceversa. Todos pensamos que nuestro grupo es el más listo.

Al tratar de descubrir excepciones dentro de cada pueblo que estaba intentando cambiar, Sternin se aseguró de que la solución fuera autóctona. Hubiera sido mucho más difícil aplicar un plan de otro pueblo. Las madres locales habrían protestado: ellos no son como nosotros. Nuestra situación es más complicada. Estas ideas no funcionarían aquí.

Localizar excepciones, por lo tanto, resuelve muchos problemas distintos al mismo tiempo. No es raro; los esfuerzos de cambio exitosos implican la conexión de las tres partes del marco de trabajo: Jinete, Elefante y Camino. (Aunque en este libro, las explicaremos por separado, seguiremos recordándole que incluso un ejemplo del capítulo del Jinete influirá en el Elefante y en el Camino. Los conceptos raramente son exclusivos.)

Seis meses después de la llegada de Sternin al pueblo vietnamita, el 65% de los niños estaban mejor alimentados y permanecieron así. Más tarde, cuando investigadores de la *Emory University's School of Public Health*[5] viajaron a Vietnam para reunir datos independientes, descubrieron que, incluso los niños que no habían nacido cuando Sternin dejó los pueblos, estaban tan sanos como los niños a los que Sternin había atendido personalmente. Este descubrimiento proporcionó pruebas de que los cambios se habían mantenido.

El éxito de Sternin empezó a difundirse. «Cogimos los 14 primeros pueblos en diferentes fases del programa y los convertimos en laboratorios sociales. Venía gente de distintos puntos de Vietnam que quería replicar el modelo de nutrición. Cada día, acudían a esta universidad viviente, a estos pueblos, para tocar, oler, husmear, observar, escuchar. Una vez «graduados», volvían a sus pueblos, e implementaban el proceso. El programa llegó a 2,2 millones de ciudadanos vietnamitas en 265 pueblos. Nuestra universidad viviente se ha convertido en un modelo nacional para enseñar a los habitantes de los pueblos a reducir drásticamente la desnutrición en Vietnam», dijo Sternin.

No hay muchas historias tan heroicas como ésta. Sternin y su pequeño equipo de seguidores, trabajando con un presupuesto muy limitado, consiguieron dar un gran paso en la lucha contra la desnutrición. Pero lo que la hace tan especial es que no eran expertos. No tenían las respuestas. Lo único que tenían era una gran confianza en el poder de las excepciones.

---

5 **Emory University's School of Public Health.** Ver U. Agnes Trinh Mackintosh, David R. Marsh y Dirk G. Schroeder (2002), «Sustained Positive Deviant Child Care Practices and Their Effects on Child Growth in Vietnam», *Food and Nutrition Bulletin*, 23, 16-25.

2.

La parte Jinete de nuestra mente tiene muchas ventajas o fortalezas. El Jinete es un pensador y un planificador y puede trazar un plan para un futuro mejor. Pero como hemos visto, el Jinete tiene un punto débil terrible: la tendencia a dar demasiadas vueltas a las cosas. Al Jinete le gusta contemplar y analizar, y, para empeorar todavía más las cosas, casi siempre dirige sus análisis a los problemas en lugar de a las excepciones. (Seguramente recuerda haber conversado con un amigo que se pasó horas agonizando por un problema de relaciones concreto. Pero ¿recuerda alguna conversación en la que un amigo dedicara unos minutos a analizar por qué algo estaba funcionando tan bien?)

Obviamente, estas capacidades analíticas pueden ser extremadamente útiles —muchos problemas se resuelven a través del análisis—, pero en situaciones en las que es necesario un cambio, demasiado análisis puede hacer que el esfuerzo fracase. El Jinete verá muchos problemas y dedicará demasiado tiempo a evaluarlos. Volvamos de nuevo a Jerry Sternin y a la historia de Vietnam: docenas de expertos habían analizado la situación de Vietnam. Sus Jinetes habían agonizado con los problemas —el suministro de agua, la higiene, la pobreza, la ignorancia—. Habían redactado informes de situación y de investigación y habían desarrollado planes. Pero no habían cambiado nada.

En tiempos difíciles, el Jinete ve problemas por todas partes, y muchas veces se produce la «parálisis del análisis». El Jinete empieza a dar vueltas a las cosas indefinidamente, a menos que le den una dirección clara. Por eso para avanzar o cambiar, hay que encontrar la forma de dirigir al Jinete. Decirle dónde tiene que ir, cómo tiene que actuar, qué destino tiene que perseguir. Y por eso son tan importantes las excepciones, porque son la mejor opción para dirigir al Jinete cuando se está intentando introducir un cambio.

3.

«El colegio es un asco», dijo Bobby,[6] un alumno conflictivo de noveno curso que tenía que asistir a su primera sesión con el psicólogo. John J. Murphy, el psicólogo del colegio, se sorprendió al ver que Bobby no se había presentado.

Varios profesores, frustrados por su mal comportamiento, habían recomendado que Bobby recibiera ayuda psicológica. Siempre llegaba tarde, raramente hacía su trabajo, molestaba en clase y algunas veces amenazaba a otros chicos en los pasillos.

La vida familiar de Bobby también era caótica. Llevaba tiempo entrando y saliendo de centros de acogida y de centros especiales para chicos con problemas de comportamiento. Su padre y él estaban en lista de espera para recibir asesoramiento familiar. La agencia de servicios sociales local de Covington, Kentucky, observaba muy de cerca a Bobby. Cuando por fin acudió a su sesión con Murphy, estaba a punto de que le metieran en otro centro especial a causa de sus problemas en el colegio.

Murphy prácticamente no podía hacer nada al respecto. No podía hacer nada por mejorar la situación de Bobby en casa, y además el tiempo jugaba en su contra, como mucho, veía a Bobby una hora de vez en cuando. Murphy no podía recompensar a Bobby si se portaba bien o castigarle si se portaba mal. (Aunque el castigo tampoco habría funcionado. Normalmente Bobby acababa en el despacho del director a media mañana por cuestiones disciplinarias, pero su comportamiento no cambiaba.)

Ignorando el comentario de que el colegio era un asco, Murphy empezó a hablar con Bobby y le hizo una serie de preguntas muy poco comunes. Así fue como se iniciaron una serie de conversaciones entre Murphy y Bobby.

Ahora, pasando rápidamente a tres meses después: se había producido un cambio drástico. El número de días que Bobby había tenido

---

6 **«El colegio es un asco», dijo Bobby.** La historia de Bobby es de John J. Murphy (1994), «Working with What Works: A Solution-Focused Approach to School Behavior Problems», *School Counselor*, 42, 59-66.

que ir al despacho del director había disminuido un 80%. No es que Bobby se hubiera convertido en un alumno modélico, pero la mejora había sido lo suficientemente importante para evitar que los servicios sociales lo transfirieran al centro para chicos problemáticos. Bobby, un infractor crónico, se había convertido en un infractor ocasional. Y todo gracias a unas horas de conversación con un psicólogo.

¿Qué ocurrió, exactamente, en esas conversaciones?

4.

John Murphy practica la terapia breve centrada en las soluciones[7] (más brevemente, terapia centrada en la solución). La terapia centrada en la solución fue desarrollada a finales de los años 1970 por un matrimonio de terapeutas, Steve de Shazer e Insoo Kim Berg, y sus colegas del *Brief Family Therapy Center*, de Milwaukee. La terapia centrada en la solución es totalmente distinta a la terapia tradicional. En la psicoterapia clásica (piense en Toni Soprano y la Dra. Melfi, de la serie de TV *Los Soprano*), paciente y terapeuta exploran los problemas. ¿Cuál es su origen? ¿Tiene que ver con algo de la infancia? Se produce una especie de excavación arqueológica: el paciente ahonda en su mente en busca de un pensamiento enterrado, algo que pueda explicar por qué se comporta como lo hace. Excavar en el pasado lleva tiempo. Un

---

7 **Terapia breve centrada en las soluciones.** La terapia breve centrada en las soluciones (SFBT), un enfoque terapéutico relativamente nuevo, fue desarrollada por terapeutas del *Palo Alto Mental Research Institute*, donde De Shazer e Insoo Kim Berg hicieron sus prácticas. De Shazer y Berg son conocidos por su énfasis en las soluciones y en la Pregunta Milagro, que veremos más adelante. La SFBT ha sido aplicada en muchas áreas diferentes. Wallace J. Gingerich de *Case Western Reserve* mantiene una lista de los estudios SFBT en su página web: http://www.gingerich.net/SFBT/2007_review.htm. Para su revisión de la literatura en 2007, Gingerich acumuló una lista de 150 estudios, la mayoría de ellos realizados a partir de 1997, que investigaban el efecto de la SFBT en el comportamiento. La SFBT ha sido aplicada a situaciones cotidianas como problemas de pareja, acoso escolar y resultados de los niños en matemáticas. También ha sido utilizada para resolver algunos problemas más graves: individuos que maltratan a sus parejas, reos, adictos a alguna sustancia, individuos culpables de conducir bajo los efectos del alcohol, y programas de prevención de suicidios. Ver Steve de Shazer, Yvonne Dolan, Harry Korman, Terry Trepper, Eric McCollum e Insoo Kim Berg (2007), *More than Miracles: The State of the Art of Solution-Focused Brief Therapy*, Nueva York: Haworth Press, p. 157.

psicoanalista freudiano típico podría necesitar cinco años de trabajo, con una o dos sesiones semanales. (Y cinco años y 50.000 dólares después, descubres que todo ha sido culpa de tu madre.)

A los terapeutas centrados en las soluciones, sin embargo, no les importa nada la arqueología. No profundizan en busca de pistas que expliquen por qué el paciente actúa como lo hace. No les importa su infancia. Lo único que les importa es la solución al problema que tienen entre manos.

Inicialmente, la terapeuta matrimonial Michele Weiner-Davis[8] se formó como psicoanalista clásica. Como todos los psicoanalistas, creía que las experiencias de la infancia provocaban traumas no resueltos que alimentaban los problemas del presente, y ella intentaba ayudar a sus pacientes a entender de qué forma su educación había condicionado su forma de actuar en sus relaciones. Pero muchas veces no estaba satisfecha con los resultados que sus pacientes obtenían a través del psicoanálisis. En su libro *Divorce Busting*, explica por qué: «muchas veces mis pacientes confiesan, "veo que estamos reviviendo el matrimonio de nuestros padres, pero ¿qué hacemos al respecto? No podemos evitar discutir"». Descubrió que por entender un problema, no necesariamente se resolvía, que no bastaba con saber.

Inicialmente, Weiner-Davis era bastante escéptica con la terapia breve centrada en las soluciones: «parecía demasiado simple... Mucha gente, incluidos muchos terapeutas, cree que el proceso de cambio tiene que ser arduo y complicado. Quien algo quiere, algo le cuesta, suele ser la regla general». Para describir cómo cambió de opinión con respecto a la terapia centrada en las soluciones, utilizó una analogía del golf.

En un momento dado, empezó a fallarle el *swing*, así que pidió ayuda a un profesional del golf, pensando que su técnica necesitaba un replanteamiento importante. Observó que el profesional del golf no

Terapeuta matrimonial Michele Weiner-Davis. Las citas de esta sección y el ejemplo del golf son de Weiner-Davis, *Divorce Busting* (1992), Nueva York: Simon & Schuster, pp. 15-18. Éste es uno de los libros más prácticos y reveladores sobre el cambio que hemos encontrado. Incluso si tiene una buena relación de pareja, se beneficiará de la lectura de este libro.

hacía ningún tipo de análisis profundo. Nunca le dijo, «obviamente le da miedo ganar. ¿Le intimidaba su padre cuando era pequeña?». En su lugar, lo único que hizo fue sugerir una pequeña modificación: reducir la fuerza con la que sujetaba el *grip*. Al principio, se sintió un poco irritada con su consejo. No parecía lo suficientemente profundo para justificar sus honorarios. Pero luego, una vez en el campo, empezó a lanzar las bolas más lejos y más rectas. «Tal vez los pequeños cambios pueden acabar funcionando», pensó.

5.

Los terapeutas de la terapia centrada en la solución utilizan una serie de técnicas comunes para descubrir soluciones potenciales. Al principio de la primera sesión, tras escuchar los problemas del paciente, el terapeuta le hace la Pregunta Milagro:[9] ¿Le importa que le haga una pregunta un poco extraña? Suponga que esta noche se acuesta y duerme muy bien. En algún momento, en plena noche, se produce un milagro y, de repente, todos los problemas que ha traído aquí, se resuelven. Al despertarse por la mañana, ¿cuál sería la primera pequeña señal que advertiría que le haría pensar, «bueno, debe haber pasado algo, ¡el problema ha desaparecido!?».

Esto es lo que respondió a la Pregunta del Milagro, una pareja que hacía terapia con Brian Cade[10] de Sydney, Australia:

---

9 **Pregunta Milagro.** Esta versión de la pregunta es de Shazer y cols., *More than Miracles*, el libro que reunió a Shazer y Berg, los fundadores de la SFBT, con otros cuatro practicantes de la terapia centrada en las soluciones para hablar de su experiencia. Normalmente, los terapeutas de la SFBT graban sus sesiones de terapia, con el permiso de sus pacientes, para utilizarlas en la formación de nuevos terapeutas y para perfeccionar su propia técnica, y estos autores dedicaron un tiempo a revisar las cintas de vídeo de las sesiones de terapia y a preguntarse, «¿por qué preguntaste eso en ese momento?». Leer *More than Miracles* es la terapia equivalente a sentarse a ver vídeos de partidos de la Super Bowl con los entrenadores de los mejores equipos. Es una magnífica experiencia para un terapeuta o psicólogo.

10 **Brian Cade.** Las dos sesiones de terapia de Brian Cade están descritas en Kathryn Shine (24 de marzo de 2002), «C'mon, get happy», *Sun Herald*, p. 38. Ver también Cade y William Hudson, *A Brief Guide to Brief Therapy* (1993), Nueva York: Norton.

Mujer: Estaría muy contenta de poder estar tranquila, por fin. Y aún estaría más contenta por Bob, por no tener que estar siempre a la greña con él.

Cade: ¿Y qué haría entonces?

Mujer: Bueno, nos entenderíamos mejor. Escucharíamos lo que cada uno tuviera que decir.

Marido: Sí. Ahora no se puede decir que nos escuchemos demasiado. Estamos deseando dar nuestra opinión.

Cade: ¿Cómo sabrían que el otro estaba realmente escuchando?

Mujer: Por su cara, creo. Creo que tendríamos más contacto visual. (Pausas, luego risas.) Asentiríamos en el momento adecuado.

Marido: Sí. Responderíamos a lo que el otro estuviera diciendo en lugar de limitarnos a atacarle o ignorarle.

Observe que Cade insiste para que concreten: ¿Qué harían entonces? ¿Cómo sabrían que el otro estaba escuchando? La Pregunta del Milagro no obliga a describir el milagro en sí mismo; obliga a identificar los signos tangibles de que el milagro se ha producido.

Éste es otro ejemplo de la sesión de un terapeuta con un hombre que tenía un problema con la bebida:[11] «Si un milagro resolviera su problema con la bebida, ¿qué haría diferente a la mañana siguiente?». —No lo sé, no puedo imaginarlo. «Inténtelo». —Bueno, todos mis amigos beben, así que ¿qué espera que haga? «Sé que no es fácil, pero piénselo». —Bueno, hay muchas cosas. «Dígame una». —A lo mejor iría a la biblioteca y leería los periódicos. «¿En qué cambiaría su día si fuera a la biblioteca?».

Los terapeutas que se centran en las soluciones aprenden a hacer que sus pacientes se concentren en los primeros indicios del milagro —¿cuál es la primera pequeña señal que advertiría que le haría pensar que el problema ha desaparecido?— porque quieren evitar respuestas demasiado ambiciosas e inalcanzables del estilo: «mi cuenta bancaria es abultada, me gusta mi trabajo, y mi matrimonio va genial».

---

11 **Hombre con un problema de bebida.** El ejemplo es de *Harvard Mental Health Letter* (1 de septiembre de 2006), «Solution-focused therapy (métodos de psicoterapia)».

Una vez que han ayudado a sus pacientes a identificar señales específicas y claras de progreso, pasan a una segunda pregunta, que puede que sea más importante aún. Es la Pregunta de Excepción: ¿Cuándo vio un poco del milagro por última vez, aunque sólo fuera un poco?

A un alcohólico habría que preguntarle: ¿Cuándo se mantuvo sobrio durante un par de horas por última vez? O a la mujer del diálogo anterior habría que preguntarle: ¿Cuándo sintió que su marido estaba realmente escuchándole, por última vez?

Se trata de una táctica ingeniosa. Lo que el terapeuta está intentando demostrar, de una forma sutil, es que el paciente es capaz de resolver su problema. De hecho, el paciente está dando pruebas de que ya lo ha resuelto, al menos en algunas circunstancias. Por ejemplo, Brian Cade trabajó con otra madre cuyos hijos estaban fuera de control. Le hizo la pregunta de excepción: ¿Qué hubo de diferente la última vez que sus hijos la obedecieron? ¿En qué circunstancias parecen comportarse mejor?

Madre: (tras una pausa) Supongo que cuando se dan cuenta de que han ido demasiado lejos conmigo.

Cade: ¿Cómo lo saben?

Madre: Sabe, tiene gracia. Creo que cuando dejo de gritarles y reñirles y mi tono de voz se vuelve más pausado... creo que puedo hacerlo cuando me siento menos acosada, cuando siento que he hecho lo que quería hacer en lugar de pasarme el día preocupándome por las cosas que tenía que hacer. Cuando siento que no puedo con el trabajo de la casa, suelo entrar en estado de pánico.

Cade le pregunta entonces qué cree que los chicos advierten los días buenos.

Madre: Creo que parezco más tranquila.

Cade: ¿Qué más?

Madre: Seguramente les saludo con más entusiasmo y sonrío más.

Los terapeutas que se centran en las soluciones creen que hay excepciones a cada problema y que estas excepciones, una vez identificadas, pueden ser minuciosamente analizadas, como el video de una jugada en un evento deportivo. *Vamos a volver a ver esa escena, en la que las cosas le iban bien. ¿Qué sucedió? ¿Cómo se comportaba? ¿Sonreía? ¿Mantenía contacto visual?* Y este análisis puede apuntar directamente hacia una solución que es, por definición, factible. Después de todo, ha funcionado antes.

Estas excepciones son exactamente lo mismo que las excepciones de Jerry Sternin. Del mismo modo que algunos niños del pueblo vietnamita consiguieron mantenerse bien alimentados a pesar de la pobreza, hay momentos en la vida de un alcohólico, en los que se mantiene sobrio a pesar de las tentaciones. Estas excepciones son oportunidades de oro que hay que aprovechar. (Observe de nuevo, que las excepciones no sólo proporcionan dirección al Jinete, sino también esperanza y motivación al Elefante.)

¿Qué significa para usted? Puede que no tenga que combatir la desnutrición, y que no necesite terapia. Pero si está intentando cambiar las cosas, habrá excepciones en su área de visión, y si aprende a reconocerlas y a comprenderlas, resolverá uno de los misterios fundamentales del cambio: ¿Qué hay que cambiar?

Imagine que fuera director de relaciones humanas, y que estuviera animando a los directores de línea a hacer comentarios a sus empleados más frecuentemente, en lugar de reservárselos para sus revisiones de rendimiento anuales. Ha organizado un seminario de formación para diez directores para que puedan practicar el nuevo estilo recomendado de hacer comentarios en el momento, y al acabar el seminario, todos desean experimentarlo con usted.

Cuatro semanas después, empiezan a llegarle comentarios de algunos de los directores, y comprueba que sus resultados han sido variados. Dos de ellos parecen realmente transformados, excitados por la forma en que unos comentarios más frecuentes han mejorado sus relaciones con los miembros del equipo. Cinco de los directores son débilmente positivos, diciendo que lo han intentado unas cuantas veces. Dos de los directores dicen, con pesar, que han estado demasiado ocupados para intentarlo. Uno se muestra muy escéptico y cree que toda la iniciativa es una tontería.

¿Y ahora qué? Las excepciones le proporcionan un plan de acción: investigue a los dos directores exitosos. En primer lugar, compruebe si alguna de las situaciones es una anomalía. Por ejemplo, en su seguimiento, podría descubrir que uno de los directores exitosos no ha hecho más comentarios a su equipo, simplemente se les ha acercado más a menudo para charlar brevemente con ellos. El contacto social adicional le ha hecho sentirse bien pero ha molestado a los miembros del equipo, que se veían constantemente interrumpidos. Este director no es una verdadera excepción.

El otro éxito podría ser legítimo. Puede que la directora, Debbie, diseñara una hoja que le recordara que tenía que hacer comentarios a todos los empleados todas las semanas. Puede que se propusiera que el «comentario rápido» no durara más de dos minutos y que sólo afectara a un proyecto específico; no sería un referéndum sobre el rendimiento global de un empleado. Puede que estableciera un «horario de puertas abiertas» en el que los empleados pudieran entrar en su oficina y recibir comentarios rápidos sobre los proyectos en marcha.

Ahora que ha identificado las excepciones, puede intentar clonarlas. Haga que los otros directores dediquen un par de horas a copiar a Debbie, viendo con sus propios ojos cómo ha incorporado el nuevo estilo en su rutina de trabajo diaria. Haga que Debbie asista a su próximo seminario para que pueda formar a los otros directores sobre la mecánica del comentario rápido. Hable con el departamento de informática y pregúntele si hay forma de diseñar una versión más refinada de la hoja de seguimiento de Debbie.

Resultado: está dedicando el 80% de su tiempo a explorar el éxito de Debbie y a encontrar la manera de replicarlo. No está obsesionado con el director que era escéptico. No está planificando otro programa de formación con los mismos directores para revisar el material. Simplemente se está preguntando, «¿qué está funcionado y cómo podemos hacer que funcionen más cosas?». Ésta es la filosofía de la excepción, de lo que funciona, en una sola pregunta.

6.

Para las empresas, concentrarse en las excepciones, en lo que funciona, puede ser contraproducente. Richard Pascale, uno de los colaboradores de Jerry Sternin, lo descubrió en 2003 cuando aceptó hacer un proyecto de consultoría para Genentech. La compañía acababa de lanzar un fármaco llamado Xolair,[12] que se consideraba un «fármaco milagroso» para el asma. Había demostrado ser efectivo para prevenir ataques de asma en muchos pacientes. Pero seis meses después de su lanzamiento, las ventas de Xolair seguían estando por debajo de las expectativas.

Le pidieron a Pascale y a su equipo que intentaran averiguar por qué Xolair estaba funcionando tan mal. Inmediatamente empezaron a buscar excepciones y muy pronto encontraron una: dos vendedoras que trabajaban en el área de Dallas-Fort Worth estaban vendiendo 20 veces más Xolair que sus compañeros. Investigaciones posteriores revelaron que estas vendedoras utilizaban unos discursos de venta totalmente diferentes. En lugar de vender los beneficios del fármaco para la salud —que los médicos conocían perfectamente— ayudaban a los médicos a entender cómo había que administrar el fármaco. Xolair no era una píldora o un inhalador; se administraba por infusión a través de un gotero. Esta técnica era desconocida por los alergólogos y los pediatras que iban a tener que prescribir este fármaco (y por lo tanto asustaba a los Elefantes).

Era una situación de excepción típica. Como las madres vietnamitas que mezclaban las hojas de boniato con el arroz de sus hijos, estas vendedoras estaban consiguiendo resultados radicalmente diferentes con los mismos recursos que todos los demás. Una vez descubierta la «excepción», los directivos de Genentech podían ayudar a difundir la innovación por todo el equipo de ventas.

Pero no ocurrió. Y aquí es cuando una situación especial interfiere en nuestra historia de éxito. Lo que realmente ocurrió fue lo siguiente: ¡los resultados superiores de las vendedoras de Dallas-Fort Worth se

---

12 **Xolair.** El ejemplo de Xolair está descrito en Richard Pascale y Jerry Sternin (mayo 2005), «Your Company's Secret Change Agents», *Harvard Business Reviews*, pp. 73-81.

vieron con desconfianza! Los directores especularon que las vendedoras tenían una ventaja injusta, y proponían que se revisaran los territorios de ventas o las cuotas de esta pareja. (Investigaciones posteriores demostraron que las dos mujeres tenían la misma base de clientes que los demás vendedores.)

Para ser justos con los directores de Genentech, vamos a reconocer que, en realidad, había la posibilidad de que estas dos representantes fueran una simple anomalía. Pero la primera reacción de los directores a las buenas noticias fue que ¡tenían que ser malas noticias! Esta reacción es un buen recordatorio de que la capacidad del Jinete para el análisis es ilimitada. Incluso los éxitos pueden parecer problemas para un Jinete hiperactivo.

7.

Vamos a volver a Bobby, el estudiante conflictivo, porque ahora podemos empezar a entender su transformación, más bien repentina. Éste es un breve intercambio de una de las sesiones de terapia de Bobby. Observe cómo Murphy, el psicólogo del colegio, empieza haciéndole la pregunta de excepción:

Murphy: Háblame de algún momento en tu día a día en el colegio en que no suelas tener muchos problemas.

Bobby: En la clase de la Sra. Smith nunca tengo problemas, bueno, al menos no muchos.

Murphy: ¿Qué tienen de diferentes las clases de la Sra. Smith?

Bobby: No lo sé, es más simpática. Nos llevamos muy bien.

Murphy: ¿Qué hace exactamente para ser más simpática que los demás?

Murphy no estaba satisfecho con la conclusión vaga de Bobby de que la Sra. Smith era «más simpática». Así que siguió insistiendo hasta que Bobby identificó varios aspectos de la Sra. Smith y de su clase que parecían ayudarle a comportarse bien. Por ejemplo, la Sra. Smith le saludaba en cuanto entraba en clase. (Otros profesores, comprensiblemente, le evitaban.) Le ponía tareas más fáciles, que sabía que podía completar (Bobby tenía una dificultad de aprendizaje). Y cada vez que la clase empezaba a trabajar un tema nuevo, verificaba si Bobby había entendido las instrucciones.

La clase de la Sra. Smith era «una excepción» y como hemos visto, cada vez que hay «una excepción» hay que clonarla. Utilizando la clase de la Sra. Smith como modelo, Murphy dio varios consejos prácticos a otros profesores de Bobby, sobre cómo tratarle: saludarle cuando entre por la puerta. Asegurarse de asignarle trabajo que pueda hacer. Verificar que entiende las instrucciones.

Lo que Murphy había evitado, evidentemente, era practicar la arqueología. No había profundizado en la infancia problemática de Bobby, y no había intentado excavar en las fuentes de su ira y de su terquedad. Para Murphy, toda esa información había sido TBU, como diría Sternin: cierta pero inútil. La otra cosa que Murphy había evitado era el escepticismo visceral de Genentech. Las objeciones mentales hubieran podido proliferar fácilmente: *La Sra. Smith es simplemente más simpática que los otros profesores;* o *su materia es más fácil;* o *los profesores no deberían adaptar su método por un alumno problemático.* En su lugar, Murphy identificó una excepción y confió en ella.

Los profesores de Bobby estuvieron encantados de que Murphy les ofreciera pautas de actuación específicas y prometieron intentar poner en práctica sus recomendaciones. Murphy les pidió que le ayudaran a evaluar si las soluciones funcionaban haciendo un seguimiento de la actuación de Bobby en base a tres factores: (1) llegar puntual a clase, (2) finalizar las tareas en clase y (3) comportarse aceptablemente en clase. Durante los tres meses siguientes, como dijimos anteriormente, el porcentaje de veces en las que Bobby fue enviado al despacho del director por alguna infracción grave descendió un 80%. Bobby también mejoró mucho su comportamiento diario, medido teniendo en cuenta los tres factores. Antes de la terapia centrada en las soluciones, sus profesores valoraban su comportamiento como aceptable en sólo una o dos de cada seis clases al día. Después de la terapia centrada en las soluciones, pasaron a considerarlo aceptable en cuatro o cinco de las seis clases. Bobby sigue sin ser un estudiante modelo. Pero ha mejorado mucho.

8.

Observe un aspecto remarcable en el estudio del caso de Vietnam y de Bobby. En cada uno de ellos, cambios relativamente pequeños —cocinar con hojas de boniato, saludar a Bobby al entrar por la puerta— tuvieron un gran impacto para ayudar a resolver un problema grave. Se observa una asimetría clara entre la magnitud del problema y la magnitud de la solución. Problema grande, solución pequeña.

Este es un tema que verá una y otra vez. Los grandes problemas raramente se resuelven con soluciones conmensurablemente grandes. Por lo general, se suelen resolver con una secuencia de pequeñas soluciones, algunas veces en semanas, otras en décadas. Y esta asimetría explica por qué la predilección del Jinete por el análisis puede fracasar tan fácilmente.

Cuando el Jinete analiza un problema, busca una solución que se ajuste a su dimensión. Si el Jinete localiza un agujero, quiere llenarlo, y si es un agujero con un diámetro de 60 cm, busca un clavo de 60 cm.

Pero este modelo mental es erróneo. Por ejemplo, cuando los expertos estudiaron el problema de la desnutrición en Vietnam, analizaron exhaustivamente las grandes fuerzas sistémicas responsables de la misma: falta de higiene, pobreza, ignorancia, falta de agua. Seguramente también habían trazado planes sistémicos importantes para hacer frente a estas fuerzas. Pero eso es fantasía. A nadie, aparte de Sternin, se le había ocurrido preguntar, «¿qué está yendo bien en este momento?».

Al revisar la situación de Bobby en el colegio, los profesores y directores hablaban de todo lo que le iba mal: una familia rota, dificultades de aprendizaje, impulsos incontrolables. Cualquier persona normal, analizando la situación de Bobby, habría buscado una solución intensiva y compleja para resolver un problema intensivo, complejo. Pero a nadie, excepto al psicólogo Murphy, se le ocurrió preguntar, «¿qué le va bien en este momento?».

Identificar las excepciones, lo único bueno o lo único que va bien dentro de todo lo que va mal, es preguntar ¿qué está yendo bien y cómo podemos hacer que más cosas vayan bien? Parece fácil, ¿no? Sin embargo, en el mundo real, esta pregunta tan obvia casi nunca se hace.

En su lugar, la pregunta que hacemos va más enfocada al problema: ¿qué va mal y cómo podemos arreglarlo?

Esta mentalidad de querer buscar siempre los problemas es un defecto del Jinete que todos llevamos dentro. Los psicólogos que han estudiado este fenómeno —nuestra predilección por lo negativo— han llegado a algunas conclusiones fascinantes. Como ilustración de sus conclusiones, eche un vistazo a las siguientes palabras sacadas de una página web para aprender inglés en casa.[13] Todas ellas son palabras relacionadas con emociones. Hemos extraído las 24 primeras de una lista alfabética. Observe si advierte algún tipo de patrón o modelo:

AGOBIADO	ENFADADO
APRENSIVO	ENGAÑADO
ASUSTADO	ENVIDIOSO
AVERGONZADO	EUFÓRICO
CONFUSO	EXCITADO
CONSTERNADO	FELIZ
CRUZADO	FENOMENAL
DEPRIMIDO	FURIOSO
DESCONCERTADO	HORRORIZADO
DESILUSIONADO	MOLESTO
EMOCIONAL	SEGURO DE SÍ MISMO
ENCANTADO	TRAICIONADO

Éstas son las 24 palabras más comunes relacionadas con la «emoción» y ¡sólo 6 de ellas son positivas! En un estudio más exhaustivo, un psicólogo analizó 558 palabras relacionadas con la emoción —todas las que encontró en el diccionario de inglés— y descubrió que el 62% eran negativas frente a sólo un 38% que eran positivas. Es una discrepancia bastante chocante. Según una vieja leyenda urbana, los esquimales tienen 100 palabras diferentes para definir la nieve. Bueno, parece que las emociones negativas son nuestra nieve.

13 **Aprenda inglés en su casa.** Entrar en http://www.english-at-home.com/vocabulary/english-word-for-emotions/ (publicado el 17 de mayo de 2009).

Esta tendencia a centrarse en lo negativo no se limita a las emociones. En general, parece que tendemos a centrarnos en lo negativo. Un grupo de psicólogos revisó más de doscientos artículos y concluyó que, para una gran variedad de comportamientos y percepciones humanas, hay un principio general que es cierto: lo malo pesa más que lo bueno.[14]

Prueba A: si a una persona le enseñan fotos de eventos buenos y malos, se pasa más tiempo mirando los malos.

Prueba B: si una persona se entera de algo malo de otra persona, lo recuerda mucho más que las cosas buenas de esa otra persona. La gente presta más atención a lo malo, piensa mucho más en ello, lo recuerda durante más tiempo, y lo sopesa más a la hora de evaluar a la persona en su conjunto. Este patrón de conducta es tan sólido que los investigadores que estudian cómo nos percibimos a nosotros mismos le han puesto un nombre: «asimetría positiva-negativa».

Prueba C: un investigador revisó 17 estudios sobre cómo solemos interpretar y explicar los eventos que tienen lugar en nuestras vidas. Por ejemplo, cómo los aficionados a los deportes interpretan los partidos o cómo los estudiantes describen sus días en sus diarios. En muchos ámbitos —laboral, político, deportivo y personal— solemos sacar a relucir más espontáneamente —y tratar de explicarlos— los eventos negativos que los positivos.

Podríamos presentar muchas más pruebas, pero de momento daremos a los autores del estudio la última (frustrada) palabra sobre el tema: «cuando empezamos este estudio anticipamos encontrar algunas excepciones que pudieran demarcar los límites del fenómeno... [pero] no fuimos capaces de localizar ninguna esfera significativa en la que lo bueno fuera consistentemente más fuerte que lo malo [énfasis añadido]».

Lo malo pesa más que lo bueno. Como dijo Leslie Fiedler en una

---

14 **Lo malo pesa más que lo bueno.** Este documento es inusualmente largo, i233 referencias! y deprimente. Ver Roy F. Baumeister, Ellen Bratslavsky, Catrin Finkenauer y Kathleen D. Vohs (2001), «Bad Is Stronger than Good», *Review of General Psychology*, 5, 323-370. La cita final está en la p. 355.

ocasión, muchos novelistas han conseguido su fama concentrándose en problemas maritales, pero nunca ha habido una novela famosa de un matrimonio feliz.

9.

Un aspecto particular de esta tendencia a que «lo malo pese más que lo bueno» es crítico a la hora de abordar un cambio. Vamos a llamarlo focalización en el problema. Para entenderlo, considere esta situación: un día llega su hija a casa con las notas. Ha sacado un sobresaliente, cuatro notables y un suspenso. ¿A qué dedicaría su tiempo como padre?

Esta hipótesis es de Marcus Buckingham,[15] que sostiene que casi todos los padres tenderán a concentrarse en el suspenso. Es fácil empatizar con ellos: *parece que hay algo que está mal, tendríamos que intentar arreglarlo. Buscaremos un profesor. O tal vez tendríamos que castigarla; estará encerrada hasta que recupere esta nota.* Sin embargo, es muy raro el padre que diga, «cariño, has tenido un sobresaliente en esta asignatura. Realmente debes tener facilidad para esta materia. ¿Cómo podríamos aprovecharla?». (Buckingham tiene varios libros interesantes sobre cómo sacar el máximo partido de tus fortalezas en lugar de obsesionarte por tus debilidades.)

Cuando el Jinete ve que las cosas van bien, no piensa demasiado en ellas.

Pero cuando las cosas se tuercen, vuelve a concentrar toda su atención en ellas y empieza a aplicar sus habilidades para la resolución de problemas. Por lo tanto, cuando sus hijos sacan notables y sobresalientes, no piensa demasiado en sus notas. Pero cuando sacan suficientes e insuficientes, pasa a la acción. Es raro si lo pensamos, ¿no?

¿Qué pasaría si el Jinete tuviera una orientación más positiva? Imagine un mundo en el que experimentara una oleada de gratitud cada vez que tocara un interruptor y la luz de la habitación se encendiera.

---

15 **Marcus Buckingham.** Los lectores interesados en el tema pueden empezar por este libro: Buckingham (2007), *Go Put Your Strengths to Work: 6 Powerful Steps to Achieve Outstanding Performance*, Nueva York: Free Press, publicado en castellano con el título *¡No te detengas!* (Granica, 2008).

Imagine un mundo en el que cuando un marido se olvidara del cumpleaños de su mujer,[16] ella le diera un beso y le dijera, «¡durante 13 de los últimos 14 años te has acordado siempre de mi cumpleaños! ¡Es maravilloso!».

Obviamente, no es nuestro mundo.

Pero en épocas de cambio, tiene que serlo. Nuestro Jinete tiene un problema de focalización cuando tiene que concentrarse en la solución. Si es directivo, hágase esta pregunta: ¿qué proporción de tiempo dedico a resolver problemas en comparación con el que dedico a conseguir éxitos?[17]

Tenemos que pasar de resolver problemas arqueológicamente a evangelizar las excepciones positivas. No hay duda de que se puede hacer. Pensemos en Jerry Sternin. Llegó a un entorno invadido por el fracaso. Las oportunidades de análisis eran ilimitadas. Podía haberse quedado 20 años en Vietnam haciendo informes sobre el problema de la desnutrición. Pero tenía algo muy claro: incluso en el fracaso hay éxito.

Un alcohólico puede estar una hora sin beber. Tres representantes de ventas de cada 50 venden como locos. Unas cuantas madres vietnamitas, sin más dinero que las demás, consiguieron criar niños sanos.

Estos flashes de éxitos —estas excepciones— pueden iluminar la hoja de ruta para la acción y hacer nacer la esperanza de que el cambio es posible.

16 **Un marido que se olvidó del cumpleaños de su mujer.** Para complicar todavía más las cosas, suponga que el marido se hubiera olvidado de los 14 cumpleaños anteriores de su mujer, y que aun así, ella estuviera encantada porque sabía que el éxito era posible.

17 **Resolver problemas frente a aumentar los éxitos.** Otro campo en el que se ha avanzado mucho siguiendo el ejemplo de los que han tenido resultados positivos es el de la Indagación Apreciativa (AI, por sus siglas en inglés), que se concentra en analizar los éxitos en lugar de los fracasos. Por ejemplo, un practicante de la AI que esté investigando problemas de atención al cliente no preguntará, «¿qué podemos hacer para minimizar la indignación y las quejas del cliente?». En su lugar preguntará, «¿cuándo han estado los clientes más satisfechos con su servicio, y qué podemos aplicar de esos momentos de éxito?». Tom Krattenmaker, un practicante de la AI, dice, «Las historias positivas, a diferencia de los datos o las listas, estimulan la imaginación y generan excitación acerca de la compañía y de lo que es capaz de conseguir en el futuro». Ver Tom Krattenmaker (2005), «Change Through Appreciative Inquiry», en *Managing Change to Reduce Resistance*, Boston: Harvard Business School Press, pp. 49-58; la cita está en la p. 55.

3
Describir los movimientos críticos

1.

Le pidieron a un médico que echara un vistazo al historial de un paciente de 67 años que tenía dolor de cadera crónico[1] como consecuencia de la artritis que sufría. Hacía un tiempo, al paciente le habían dado medicamentos para combatir el dolor, pero no le habían hecho efecto, así que el médico se había visto obligado a considerar una opción más drástica: una operación de prótesis de cadera, que implicaba abrirle el fémur, sacar el hueso de la articulación, cortar la parte con artritis y sustituirla por un implante. La recuperación de una operación de cadera es larga y dolorosa.

Pero de pronto, el caso tomó un giro inesperado: una última revisión a los medicamentos que había estado tomando el paciente reveló que había una medicación que no había probado. El médico se enfrentaba a un dilema: ¿debería recetarle la medicación que no había probado a pesar de que las otras medicaciones habían fracasado, o debería seguir adelante y remitir al paciente a cirugía?

Este dilema, basado en casos médicos reales, fue desarrollado por el doctor Donald Redelmeir y el psicólogo Eldar Shafir, que lo utilizaron para estudiar el proceso de decisión de los médicos. Cuando a los médicos les presentaron este estudio, el 47% de ellos decidieron probar la nueva medicación, con la esperanza de ahorrar al paciente el trago de pasar por el quirófano.

---

1   **Dolor de cadera crónico.** El estudio que demuestra que, frente a dos opciones de medicación, los médicos prefieren recomendar la cirugía es de Donald A. Redelmeier y Eldar Shafir (1995), «Medical Decision Making in Situations That Offer Multiple Alternatives», *Journal of the American Medical Association*, 273, 302-305.

En una variación del dilema, a otro grupo de médicos le presentaron prácticamente los mismos hechos, salvo que en esta ocasión, el historial médico del paciente puso de manifiesto que había dos medicaciones que no había probado. Si fuera el paciente con la cadera con artrosis, estaría encantado, sin duda dos opciones no quirúrgicas eran mejores que una. Pero cuando a los médicos les presentaron las dos medicaciones, sólo el 28% decidieron probar una de ellas.

Esto no tiene ningún sentido. Los médicos estaban actuando como si tener más opciones de medicación, en cierta forma, hiciera que la medicación fuera una alternativa peor que la cirugía. Pero si el 47% de los médicos pensaba que la medicación A era preferible a la cirugía, la mera existencia de una segunda medicación no debería haberles empujado hacia la cirugía.

Lo que ocurrió fue que se produjo la llamada parálisis de la decisión.[2] Más opciones, incluso buenas, pueden paralizarnos y hacer que optemos por el plan por defecto, que en este caso era una intervención quirúrgica dolorosa e invasiva de prótesis de cadera. Este comportamiento, claramente, no es racional pero es humano.

Las decisiones son el terreno del Jinete, y como requieren supervisión y autocontrol, minan la fortaleza del Jinete. (Recuerde el estudio de los rábanos/galletas con pepitas de chocolate del Capítulo 1.) Cuantas más opciones le ofrecen al Jinete, más se fatiga. ¿Ha pensado alguna vez que ir de compras es mucho más cansado[3] que otro tipo de actividades? Ahora ya sabe por qué; son todas esas opciones. Esto

2 **Parálisis de decisión.** Parte del lenguaje de nuestra discusión sobre la parálisis de decisión apareció por primera vez en una columna que escribimos para *Fast Company* (noviembre 2007), «Analysis of Paralysis», http://www.fastcompany.com/magazine/120/analysis-of-paralysis.html (publicado el 17 de mayo de 2009).

3 **Ir de compras es mucho más cansado.** Los investigadores han demostrado que las decisiones que tienes que tomar cuando has de comprar algo merman tu autocontrol. Lo que mina tu control no es el tiempo que dedicas a la compra, sino la cantidad de decisiones que has de tomar. Ésta debe ser la causa de que los meses de diciembre sean tan malos para mantenerse fiel a un régimen de comida y bebida por ejemplo. Ver Kathleen D. Vohs, Roy F. Baumeister y cols. (2008), «Making Choices Impairs Subsequent Self-Control: A Limited-Resource Account of Decision Making, Self-Regulation, and Active Initiative», *Journal of Personality and Social Psychology*, 94, 883-898.

es importante porque tenemos demasiadas opciones a considerar. Veamos tres ejemplos reales de parálisis de la decisión:

Escena 1:[4] una charcutería selecta. El encargado de la tienda ha montado una mesa en la que los clientes pueden degustar de forma gratuita varios tipos de jamones importados. Un día, en la mesa hay seis tipos de jamones diferentes. Otro día hay 24 jamones. Como supondrá, la oferta de 24 jamones diferentes seduce a más clientes a entrar y probar las muestras, pero cuando llega el momento de comprar, no son capaces de tomar una decisión. Los clientes que sólo ven seis jamones sobre la mesa tienen ¡diez veces más probabilidades de comprar un paquete de jamón!

Escena 2: la oficina. Los empleados de una gran compañía repasan sus planes 401(k) al día para empezar a ahorrar para la jubilación. El departamento de recursos humanos les ha ofrecido muchas opciones de inversión: fondos locales, bonos municipales, sociedades de inversión inmobiliaria, fondos de mercados emergentes, fondos de mercados desarrollados, fondos de dinero, y más. Cada categoría podría tener varias opciones. (Los planes 401(k) podrían ofrecer docenas de opciones.) No obstante, cuantas más opciones, peor, ya que por cada diez opciones ofrecidas, la tasa de participación de los empleados se reduce un 2%. ¡La parálisis de la decisión impide que ahorren para su jubilación! Y como muchas compañías igualan las contribuciones de los empleados, los empleados pueden dejar pasar la oportunidad de obtener dinero gratis.

4   **Escena 1, 2, 3.** Ver Sheena S. Iyengar y Mark R. Lepper (2000), «When Choice Is Demotivating: Can One Desire Too Much of a Good Thing?» *Journal of Personality and Social Psychology*, 79, 995-1006. Ver Sheena Sethi-Iyengar, G. Huberman y W. Jiang (2004), «How Much Choice Is Too Much? Contributions to 401 (k) Retirement Plans», en Ediciones O.S. Mitchell y S. Utkus , *Pension Design and Structure: New Lessons from Behavioral Finance* (pp. 83-97), Oxford: Oxford University Press. El estudio de las citas es de Ray Fisman, Sheena S. Iyengar, E. Kamenica e Itamar Simonson (2006), «Gender Differences in Mate Selection: Evidence from a Speed Dating Experiment», *Quarterly Journal of Economics*, 121 (2), 673-697. El libro de Sheena S. Iyengar *The art of Choosing* será publicado en mayo de 2011 por Gestión 2000. Léalo.

Escena 3: un bar local. Es la noche de las citas rápidas. Solteros conocen a otros solteros en una serie de encuentros cara a cara que se prolongan durante unos cinco minutos con la esperanza de establecer una conexión romántica. Pero la parálisis de la decisión puede afectar incluso a Cupido. De los jóvenes adultos que conocen a ocho solteras, salen más parejas que de los que conocen a 20.

Conclusión: la parálisis de la decisión dificulta las decisiones médicas, de compra, de inversión y de pareja. Vamos a arriesgarnos y a sugerir que también puede afectar a las decisiones profesionales y personales.

Piense en las fuentes de parálisis de la decisión que hay en su organización. Todas las empresas tienen que elegir entre varias opciones atractivas. Aumentar los ingresos con rapidez frente a maximizar la rentabilidad. Hacer un producto perfecto frente a llevar el producto al mercado más deprisa. Ser innovador y creativo frente a optimizar la eficiencia. Si suma todos estos dilemas, tendrá una receta segura para la parálisis. Bastaron dos medicaciones para confundir la mente de los médicos. ¿Cuántas opciones tienen los suyos?

Piense en la dirección de su colegio. Cada año, los problemas y las soluciones se multiplican. Imagínese mentalmente la conversación: los impuestos sobre la propiedad están cayendo, pero los profesores necesitan un aumento de sueldo del 3%, y no podemos olvidarnos de las actividades extracurriculares (suprimir la coral el año pasado fue terrible), pero tenemos que seguir invirtiendo en nuestra nueva escuela de ciencias —si no funciona, quedaremos en ridículo— y, sin embargo, es ridículo considerar nada de esto hasta que organicemos nuestra infraestructura y nuestras clases excesivamente llenas. Para el agotado miembro del consejo escolar, de pronto, parece mucho más atractivo volver al presupuesto del año anterior, con un 1,5% de aumento en cada partida.

Como dice Barry Schwartz[5] en su libro *La paradoja de la elección,*

---

5 **Barry Schwartz.** Ver Schwartz (2003), *The Paradox of Choice: Why Mores Is Less,* Nueva York: Ecco, p.2, publicado en castellano con el título de *Por qué más es menos* (Taurus, 2005).

cuando tenemos demasiadas opciones, nos sentimos desbordados. La variedad de opciones no libera, debilita. Incluso se podría decir que tiraniza.

2.

Te sientes más cómodo y tranquilo cuando tienes menos opciones. Tienes tus rutinas, tus formas de hacer las cosas. Normalmente, el Jinete funciona en modo piloto automático. Pero en momentos de cambio, el piloto automático ya no sirve, de repente las opciones proliferan y los hábitos rutinarios se transforman en decisiones con las que no está familiarizado. Cuando haces régimen, el paseo habitual al bar de la esquina para comerte un bocadillo deja de tener sentido, y en su lugar queda una decisión. Cuando tienes un nuevo jefe, tu forma de comunicarte deja de ser secundaria y empieza a ser una opción.

El cambio genera nuevas opciones que provocan incertidumbre. Seamos claros: no sólo las opciones provocan la parálisis de la decisión —como por ejemplo tener que elegir un donut entre 100 variedades de sabores—. La ambigüedad también. En momentos de cambio, puede que no sepas cuáles son las opciones disponibles. Y esta incertidumbre provoca la parálisis de la decisión, como seguramente una mesa con 24 tipos de jamón.

Para el Jinete, la ambigüedad es agotadora; porque el Jinete tira de las riendas del Elefante, intentando guiarle por el Camino. Pero cuando el Camino es incierto, el Elefante insistirá en tomar el Camino que conoce, el más familiar, exactamente igual que los médicos. ¿Por qué? Porque la incertidumbre pone al Elefante muy ansioso. (Piense en cómo, en un lugar desconocido, gravita hacia una cara conocida.) Y por eso precisamente, la parálisis de la decisión puede ser nefasta para el cambio, porque el Camino más familiar siempre es el más cómodo, el más conocido.

Muchos líderes se enorgullecen de marcar la dirección a grandes rasgos: definiré la visión y obviaré los detalles. Es verdad que una visión atractiva es crítica (como veremos en el próximo capítulo). Pero no es suficiente. Es poco probable que el liderazgo superficial, no intervencionista, funcione en una situación de cambio, porque la parte más difícil del cambio —la parte paralizante— es precisamente la de los detalles.

En el Capítulo 1, explicamos que lo que puede parecer resistencia suele ser falta de claridad. Los habitantes de dos comunidades del oeste de Virginia, poco sanos en sus hábitos alimenticios, experimentaron un importante cambio cuando un par de profesores les explicaron que tenían que tomar leche con un 1% de materia grasa. No necesitaban una visión global, nadie necesita que le convenzan de que una alimentación sana es un objetivo admirable. Lo que necesitaban era que alguien definiera un objetivo noble que estuviera a su alcance, que pudiera reducir la enorme cantidad de opciones potencialmente sanas y sugerir un buen punto de partida.

La ambigüedad es el enemigo. Cualquier cambio exitoso requiere la traducción de objetivos ambiguos en comportamientos concretos. En resumen, para hacer un cambio, hay que describir los cambios más importantes (hacer un guión).

3.

En 1995, el presidente de Brasil, Fernando Henrique Cardoso, decidió privatizar el sistema ferroviario brasileño. Dividió el sistema en siete ramales (recordando al sistema de Ma Bell) y subastó los derechos de gestión. Los gestores anteriores no habían invertido demasiado en el sistema ferroviario y en el momento de la subasta, el caos era considerable. Un estudio concluyó que el 50% de los puentes de la red necesitaban algún tipo de reparación y que el 20% estaban al borde del colapso. Las tecnologías utilizadas en Brasil eran muy inferiores a las de otros países desarrollados. De hecho, todavía utilizaban locomotoras de vapor.

Una empresa privada, GP Investimentos Limited, decidió pujar por el ramal conocido como «línea del sur», que recorría los estados situados más al sur de Brasil. GP pujó muy alto en la subasta de diciembre de 1996. Tras un período de dirección provisional, la empresa decidió poner a uno de sus propios ejecutivos, Alexandre Behring, al frente de la compañía, que más tarde pasó a llamarse América Latina Logística

(ALL).[6] Cuando Behring asumió el mando, acababa de cumplir 30 años, justo cuatro años después de licenciarse en Económicas. Behring no tenía mucho con lo que trabajar. ALL sólo tenía 30 millones de reales brasileños en efectivo en la cuenta de la empresa. En una de las primeras reuniones de Behring, un cuadro intermedio le suplicó que le diera cinco millones de reales para reparar un puente. Aunque lo comprendía, Behring sabía que para arreglar todo lo que estaba roto se iban a necesitar millones de reales. Las necesidades eran profundas pero se enfrentaba a una limitación importante: la mermada cuenta bancaria de ALL.

El sistema ferroviario que compró GP era un caos, y cuando Behring y su equipo asumieron el mando, con personal y prioridades nuevas, todavía se añadió más caos al preexistente. La parálisis de decisión resultante debería haber sido inevitable. Y seguramente lo habría sido, si Behring no hubiera dejado claro lo que había que hacer exactamente.

Su máxima prioridad era salvar a ALL de su precario y ruinoso estado financiero. Para conseguirlo, él y su director financiero, Duilio Calciolari, de 35 años, definieron cuatro reglas que iban a regir las decisiones de inversión de la compañía:

Regla 1: sólo se invertirá dinero en proyectos que aumenten los ingresos de ALL a corto plazo.

Regla 2: la mejor solución a cualquier problema es la que, en principio, vaya a costar menos dinero, incluso si a largo plazo acaba costando más, e incluso si es una solución de menor calidad.

Regla 3: se dará prioridad a las opciones que permitan resolver un problema con rapidez, sobre las opciones más lentas que permitan soluciones mejores pero a más largo plazo.

---

6 **América Latina Logística (ALL).** El caso de la empresa ferroviaria brasileña descrito por Donald N. Sull, Andre Delben Silva y Fernando Martins (14 de enero de 2004), *America Latina Logística*, Harvard Business School Case 9-804-139, Boston: Harvard Business School Press.

Regla 4: es mejor reutilizar o reciclar materiales existentes que adquirir materiales nuevos.

Las cuatro reglas estaban muy claras: (1) Desbloquear los ingresos; (2) minimizar el efectivo inicial; (3) más rápido es preferible que mejor; y (4) utilizar lo que se tiene. Estas reglas, conjuntamente, evitaban que se consumiera efectivo a menos que fuera a ser utilizado como cebo para obtener más efectivo. Gastar un poco, ganar un poco más.

A esto es a lo que nos referimos cuando hablamos de «redactar» los movimientos críticos. El cambio empieza a nivel de las decisiones y los comportamientos individuales, pero es un punto de partida difícil ya que en él se concentra toda la fricción. La parálisis de la inercia y la decisión conspirarán para que todo el mundo siga haciendo las cosas a la manera antigua. Para provocar un movimiento en la nueva dirección, hay que dar unas indicaciones que estén tan claras como el agua. Por eso es tan importante la redacción. Hay que pensar en el comportamiento específico que se quiere ver en un momento difícil, tanto si ese momento ocurre en el sistema ferroviario brasileño o a última hora de la noche en su despensa llena de provisiones.

No se pueden describir todos los movimientos. Sería como pretender anticipar el movimiento número 17 en una partida de ajedrez. Lo importante son los movimientos críticos. Recuerde que en el oeste de Virginia, los investigadores decidieron concentrar su campaña en la leche porque era la principal fuente de grasa saturada de la dieta media. Los investigadores no hicieron sugerencias sobre el pan, los refrescos, la mantequilla o las patatas chips. Redactaron el movimiento más importante: pasarse a la leche con un 1% de materia grasa.

De forma parecida, las cuatro reglas de Behring se concentraron en el aspecto financiero. No podía permitirse el lujo de planificar a largo plazo. Necesitaba que los suyos avanzaran, inmediatamente, en una nueva dirección, con la esperanza de que ALL pudiera ganar el tiempo suficiente para hacer una transformación total. (Observe que no dijo ni una palabra de otros temas importantes, como la moral de los empleados, el marketing o I+D.) Al concentrarse en los movimientos más importantes, hizo que para los suyos fuera más fácil cambiar de dirección.

En 1998, por ejemplo, la compañía tuvo que abandonar el negocio del transporte de grano porque no tenía suficientes locomotoras. Mientras que sus competidores estaban negociando la compra de nuevas locomotoras, los ingenieros de ALL trabajaban contra reloj para reparar sus viejas locomotoras. (*Más vale más rápido que mejor. Minimizar el efectivo a pagar por adelantado.*)

Además, los ingenieros de ALL descubrieron la forma de aumentar la capacidad de combustible de las locomotoras para que pudieran operar más tiempo sin necesidad de repostar. Esto redujo el tiempo de inactividad e incrementó el número de rutas por locomotora, del mismo modo que Southwest Airlines hace más vuelos por avión que sus competidores por la brevedad de su tiempo de rotación —el tiempo que transcurre desde que aterriza hasta que vuelve a despegar— en la puerta de embarque. (*Ingresos desbloqueados.*) Los ingenieros también encontraron otra solución creativa al problema persistente de las vías en mal estado, que limitaban la velocidad de los trenes. En lugar de comprar nuevos raíles de metal, que costaban 400 dólares por tonelada, aprovecharon vías de estaciones abandonadas y las instalaron en rutas activas. (*Utiliza lo que tienes.*)

Tres años después, la disciplina de Behring estaba dando frutos. Los resultados de ALL pasaron de unas pérdidas netas de 80 millones de reales en 1998 a un beneficio neto de 24 millones de reales en 2000.

Teniendo en cuenta lo que sabemos del Jinete, no es raro que la estrategia de Behring funcionara. Behring había escrito los movimientos que ayudaron a los suyos a tomar decisiones difíciles. Lo que cansa al Jinete —y pone en peligro los esfuerzos de cambio— es la ambigüedad, y Behring la eliminó. Para cada decisión de inversión, sus reglas sugerían la decisión correcta.

Para verlo un poco más claro, vamos a volver a los médicos y al paciente de la cadera con artrosis. Imagine que los directivos del hospital hubieran redactado los movimientos críticos, y que uno de esos movimientos fuera éste: utilizar opciones invasivas sólo como último recurso. ¿Alguien tiene alguna duda de que esta pauta hubiera podido causar un cambio importante en las decisiones de los médicos?

4.

A continuación, presentamos una situación que nosotros llamamos Clinic. En cada Clinic, describimos una situación real y le invitamos a pensar en cómo aplicar el marco de *Switch* para crear un cambio. Y al final de cada Clinic, hacemos nuestras propias sugerencias, aunque le invitamos a elaborar su propio plan de juego antes de fijarse en el nuestro. El Clinic pretende ser una especie de tecla de pausa, una oportunidad de salir fuera del texto y pensar en cómo aplicar lo que se ha leído. Esperamos que le resulte útil para practicar la aplicación del marco. Los Clinics se pueden considerar como apéndices, es decir, si prefiere puede leer toda la prosa ininterrumpidamente y volver a ellos más tarde.

CLINIC
¿Puede conseguir que los empleados presenten los informes de gastos puntualmente?

SITUACIÓN. Barbara, directora de una consultoría, vuelve a estar furiosa por el tema de los informes de gastos. ¿Por qué siempre se presentan con retraso? En teoría, había que presentarlos ayer, y sigue faltándole el 38% de los informes. Esto pone mucha presión en los miembros de su equipo —especialmente en Maria, la responsable de gastos— porque se supone que tienen que cerrar las cuentas mensuales de la compañía a tiempo y los informes de gastos son una partida importante para el cierre. Frustrada, Barbara empieza a escribir un correo electrónico recordatorio, lleno de palabras subrayadas y de signos de exclamación. (El fastidioso correo electrónico se ha convertido en una tradición mensual.) ¿Por qué tiene que «gritar» para que la gente haga lo que tiene que hacer? (Ésta es una situación de ficción inspirada en una historia real. En muchas historias reales.)

¿QUÉ HAY QUE CAMBIAR Y QUÉ ESTÁ FRENANDO EL CAMBIO?

El comportamiento que Barbara quiere está claro: los empleados tienen que presentar sus informes de gastos en la fecha establecida. La barrera no está muy clara. Tal vez el proceso es lo suficientemente complicado como para paralizar al Jinete. Tal vez el proceso está perfectamente claro, pero el Elefante siempre encuentra cosas mejores que hacer. O puede que los sistemas de información estén tan anticuados que en el Camino haya que dar un paso de gigante. Vamos a atacar los tres frentes.

¿CÓMO HAY QUE HACER EL CAMBIO?

- *Dirigir al Jinete.* **1. Identificar las excepciones.** Barbara tendría que investigar las excepciones, el 62% de los empleados que presentan sus informes puntualmente cada mes. ¿Qué hacen diferente? Puede que hayan diseñado una serie de técnicas para ir anotando los gastos a medida que van incurriendo en ellos, de forma que a fin de mes no tienen mucho trabajo acumulado. Una vez que Barbara haya identificado las excepciones, puede hacer que compartan su sistema con los demás. **2. Redactar los movimientos críticos.** Puede que las partes del proceso de información sean lo suficientemente confusas para provocar parálisis de decisión. Puede que no esté muy claro cómo hay que codificar determinados gastos o cómo hay que asignar determinados costes a los clientes. Barbara debería observar a algunos de los rezagados al completar sus informes. No sabrá cómo redactar los movimientos críticos hasta que haya visto la confusión con sus propios ojos.

- *Motivar al Elefante.* **1. Identificar el sentimiento.** Ninguno de los que incumplen el plazo de presentación del informe de gastos «siente» algo. Seguramente, Barbara regaña a los rezagados por correo electrónico, pero después de recibir el fastidioso correo durante seis meses seguidos, pierde fuerza. Barbara tiene que encontrar algo que influya en ellos. O alguien: al fin y al cabo, la compañía depende de personas como Maria para cerrar las cuentas cada mes, y si incumplen el plazo, tendrán que hacerse responsable. Por lo tanto, básicamente, el objetivo no es presentar el informe a tiempo; es hacerle un favor a Maria, una vez al mes. Puede que sea fácil justificar el incumplimiento de un plazo administrativo, pero no es tan fácil de justificar fallarle a un compañero de trabajo que cuenta contigo.

- *Allanar el Camino.* **1. Modificar el entorno.** ¿Es difícil cumplimentar el formulario de gastos? El departamento de contabilidad debería hacer todo lo posible por simplificarlo, hasta el punto de preescribir los nombres de todos en sus informes y de distribuir sobres vacíos para las facturas. Piense en el sistema de pedidos de Amazon con un click. Cada barrera que se elimina hace el Camino más fácil. **2. Aprovechar la fuerza del grupo.** Muchos pueden concluir, erróneamente, que todo el mundo presenta los informes tarde, que la falta de puntualidad es una conducta aceptada. (De hecho, los fastidiosos correo electrónicos de Barbara, pueden reforzar esta percepción. ¿Por qué iba a enviarlos si no hubiera tanta gente que se retrasara?) Todos somos sensibles a las normas sociales; por lo tanto, el correo electrónico de Barbara debería poner de manifiesto el hecho de que casi dos tercios de los informes se presentan a tiempo. A nadie le gusta que le digan que rinde menos que sus compañeros.

5.

Cuando Alexandre Behring definió cuatro reglas simples para todos los empleados de ALL, éstos cambiaron rápidamente. Igual que los ciudadanos del oeste de Virginia que fueron instados a tomar leche con un 1% de materia grasa. Pero ¿por qué hay que escribir estos cambios? ¿No era evidente para los virginianos que tenían que tomar leche con un 1% de materia grasa en lugar de leche entera?

Bueno, pues no, no lo era. No hay mucha gente que sepa que un vaso de leche entera tiene la misma cantidad de grasa saturada que cinco lonchas de bacon. No es una información intuitiva. Para los empleados de Behring, tampoco era muy intuitivo decidir, «sí, vamos a aprovechar viejos raíles abandonados, en lugar de comprar raíles nuevos». Cuando quieres que alguien se comporte de una forma nueva, tienes que explicarle el nuevo comportamiento con mucha claridad. No puedes asumir que los nuevos movimientos son obvios.

Para entender por qué es tan importante, vamos a considerar una campaña que es esencialmente la antítesis de la versión de la campaña de la leche con un 1% de materia grasa; una campaña que, a pesar de ser bien intencionada, ignora o revoca sistemáticamente todos los elementos inteligentes de la campaña de la leche con un 1% de materia grasa. ¿Cómo sería una campaña de este tipo? Podría parecerse mucho a la Pirámide de los Alimentos[7] del gobierno estadounidense.

La Pirámide de los Alimentos, que especifica el tipo y las cantidades de alimentos que constituyen una dieta sana, es el ejemplo perfecto de cómo no hay que cambiar el comportamiento de las personas. Vale la pena considerarla un momento, porque lo que puede hacer fracasar la pirámide, puede hacer fracasar sus esfuerzos de crear un cambio en su vida.

Empezaremos por la forma de la pirámide. Una pirámide significa jerarquía, sin embargo, en la Pirámide de los Alimentos, la jerarquía no es evidente. La primera versión tenía una estructura horizontal, es decir, había un grupo de alimentos encima de otro, con los cereales

---

7 **Pirámide de los Alimentos.** El gráfico y los datos de la Pirámide de los Alimentos proceden del sitio http://mypyramid.gov/pyramid/index.html.

abajo de todo y los aceites arriba de todo. Algunos interpretaron que esta disposición significaba que el grupo de los aceites era el más importante. (¡Caramba!) La versión revisada, que ilustramos aquí, cambió esta estructura y la sustituyó por unas franjas verticales de distintos colores que pretendían eliminar cualquier conclusión de ranking implícito. Lo que esto significa es que la estructura de la pirámide, en sí misma, no tiene ningún tipo de significado. La pirámide alimentaria también podría ser un rombo alimentario o un gallo alimentario.

Mírela de nuevo. Su significado es casi totalmente opaco. ¿Qué significan las franjas? La única conclusión que se puede sacar hace referencia a la figura que sube corriendo por el lado. La conclusión está bastante clara: «hay que hacer ejercicio». Las respuestas a preguntas más significativas —¿Cuánto? ¿Con qué frecuencia? ¿Qué tipo?— no son tan fáciles de inferir, lo cual, evidentemente, añade más ambigüedad.

Para averiguar lo que la pirámide alimentaria dice de los alimentos hay que estar dispuesto a descifrar lo que dicen sus colores. Si hace el esfuerzo, verá que cada franja de color representa un grupo de alimentos. Por ejemplo, la franja amarilla (la estrecha que está cerca del centro) corresponde a los aceites, y la naranja (a la izquierda de todo) corresponde a los cereales. Si sigue profundizando, descubrirá que con cada franja de color viene una recomendación. Por ejemplo, la USDA[8] recomienda que los adultos tomen entre cinco y siete cucharadas pequeñas de aceite al día.

Rápidamente, ¿cuántas cucharadas de aceite ha tomado hoy?

Rápidamente, ¿cuántos gramos de cereales ha tomado hoy?

¿Se puede imaginar un mensaje menos efectivo para cambiar los hábitos alimentarios de una persona? El lenguaje y los conceptos tienen tan poco que ver con la experiencia que los consumidores tienen con los alimentos —que consiste en cosas como hacer la compra y pedir hamburguesas en los restaurantes, no en pesar raciones de cereales— que el mensaje confunde y desmoraliza: *no entiendo nada.*

---

8 USDA - United States Department of Agriculture (Departamento de Agricultura de EE.UU.).

Como analogía, muchos hemos internalizado la norma de cambiar el aceite del coche cada tres meses o cada cinco mil kilómetros. Es transparente y fácil de aplicar, como la campaña de la leche con un 1% de materia grasa. Imagínese, sin embargo, que la industria del automóvil publicara su propia versión de la desastrosa Pirámide de los Alimentos, es decir, un coche con el arco iris, en el que cada color del arco iris representara un test de diagnóstico diferente. (El rosa indicaría que el nivel de aceite del coche no podía rebasar un cierto umbral residual.) Jiffy Lube[9] quebraría en unos meses.

De acuerdo, es demasiado fácil meterse con la pirámide alimentaria. Pero las lecciones que podemos sacar de ella son importantes y prácticas. Si está liderando un esfuerzo de cambio, tiene que eliminar la ambigüedad de su visión de cambio. De acuerdo, es mucho pedir. Significa que va a tener que saber redactar los movimientos críticos, traducir las aspiraciones en acciones. No basta con pedir a su equipo que «sea más creativo» o que «se apriete el cinturón». Eso es como decir al público americano que «lleve una vida más sana».

En un estudio del cambio organizativo pionero, descrito en el libro *The Critical Path to Corporate Renewal*,[10] los investigadores dividieron los esfuerzos de cambio en tres categorías o grupos: el más exitoso (el tercio más alto), el medio (el tercio de en medio), y el menos exitoso (el tercio más bajo). Descubrieron que, en todos los grupos, casi todo el mundo definía objetivos: el 89% del tercio más alto y el 86% del tercio más bajo. Un objetivo típico podía ser mejorar la rotación de inventario un 50%. Pero las transformaciones de cambio más exitosas eran las que se referían a objetivos de comportamiento: el 89% del tercio más alto frente a sólo el 33% del tercio más bajo. Por ejemplo, un objetivo de comportamiento podría ser que los equipos de proyectos se reunieran una vez por semana y que cada equipo incluyera al menos un representante de cada área funcional.

---

9 N. de la t.: Una cadena de talleres para el cambio de aceite rápido.
10 **El camino crítico.** Ver Michael Beer, Russell A. Eisenstat y Bert Spector (1990), *The Critical Path to Corporate Renewal*. Boston: Harvard Business School Press. El contraste entre los objetivos de resultados y los objetivos de conducta está en la p. 244.

Hasta que no eres capaz de transformar una idea de cambio en un comportamiento específico, no estás preparado para liderar un esfuerzo de cambio. Para crear un movimiento, hay que ser específico y concreto. Hay que imitar la campaña de la leche con un 1% de materia grasa y huir de la pirámide alimentaria.

6.

¿Hasta dónde llega esta teoría? ¿Hasta qué punto influyen las instrucciones específicas? Vamos a someter la idea al test más difícil posible: ¿se podría cambiar a los padres que maltratan a sus hijos redactando algunos movimientos importantes para ellos, como padres?

En 2004, se hizo un estudio de 110 padres que habían maltratado a sus hijos.[11] El 73% había asaltado a sus hijos —les había golpeado o pegado. El 20% había cometido ataques más violentos, provocando roturas de huesos o laceraciones severas.

Los padres tenían tendencia a echar la culpa de su conducta abusiva a sus hijos. Decían, «tengo que educarle así porque se porta muy mal y no hace caso», según dijo Beverly Funderburk, una profesora investigadora del *University of Oklahoma's Health Sciences Center*. Los padres creían que tenían un «chico malo», o muy testarudo, y que la violencia era la única vía para conseguir que obedeciera.

La misión del equipo de Funderburk era cambiar a estos padres, acabar con el maltrato que practicaban. Si le parece ingenuo e incluso inútil, está en buena compañía. Eso es precisamente lo que pensaba Funderburk cuando empezó a trabajar en ello.

Ella practica lo que se llama terapia de interacción padres-hijos (PCIT, por sus siglas en inglés), que trata de interrumpir los ciclos ascendentes de coerción y frustración que caracterizan las situaciones de maltrato. En el primer paso de la PCIT se asigna una tarea a los padres: «queremos que jueguen con sus hijos, cinco minutos al día.

11 **110 padres que han maltratado a sus hijos.** Los resultados del estudio están descritos en Mark Chaffin, Jane F. Silovsky, Beverly Funderburk y cols. (2004), «Parent-Child Interaction Therapy with Physically Abusive Parents: Efficacy for Reducing Future Abuse Reports», *Journal of Consulting and Clinical Psychology*, 72, 500-510. Muchas de las citas proceden de una entrevista entre Chip Heath y Beverly Funderburk en octubre de 2008.

Éstas son las reglas: Van a dedicarles el 100% de su atención, no van a contestar al teléfono, no van a decirles cuáles son sus obligaciones. Simplemente van a disfrutar de ellos». A los padres les cuesta creer que con cinco minutos vayan a conseguir algo. «Por el amor de Dios», dijo un padre, «dedico cada minuto del día a este niño».

Al principio, estos períodos de juego de cinco minutos tienen lugar en un entorno de pruebas. Los padres y el hijo se sientan en una habitación vacía en la que sólo hay una mesa y unas sillas. Se ponen tres o cuatro juguetes sobre la mesa. Los padres reciben instrucciones de que tienen que dejar que sea el hijo el que lleve el control de la sesión de juego, y se les prohíbe dar órdenes, criticar, e incluso hacer preguntas. Dejar que su hijo dirija la acción les resulta increíblemente difícil.

Durante la sesión de juego, un terapeuta observa a los padres a través de un espejo y les va diciendo lo que tienen que hacer, en tiempo real, por medio de un auricular. Funderburk describe una interacción típica:

«Los padres y el hijo podían empezar haciendo un dibujo, y el padre podía intentar participar coloreando la hoja del hijo. El hijo objeta. Entonces el terapeuta le dice al padre, "muy bien, coja otra hoja e imite lo que hace su hijo".

»Si el hijo está pintando un arco iris, el padre también tiene que hacer un arco iris, y tiene que decir, "estoy haciendo un arco iris como tú. Tú estás utilizando el verde, yo también voy a utilizar el verde".

»Algunos niños, si son particularmente negativos, pueden enfadarse y quitarle el lápiz verde al padre gritando, "dámelo, es mío". Y enseñamos a los padres que tienen que decir, "muy bien, estaré encantado de compartir el lápiz contigo... de hecho deja que ponga todos los lápices a tu lado para que puedas coger el que quieras".

»O puede que el padre diga, "ahora voy a pintar mi arco iris de color rosa". Y que el niño diga, "el rosa es feo, ¡no lo pintes de rosa!". Si el niño ha sido particularmente desagradable podemos pedir a los padres que simplemente ignoren el comentario, pero si no, les enseñamos a corroborar la opinión de su hijo, "¡tienes razón! ¡El rosa no es un buen color para el arco iris! ¡Creo que lo pintaré rojo!".

»Intentamos que los padres se amolden. Que hagan lo mismo que el niño, que no muestren resistencia, de forma que el niño no tenga nada por lo que discutir».

Normalmente, un padre maltratador encuentra el ejercicio de cinco minutos extremadamente agotador. (Y entenderá por qué: el Jinete del padre tiene que supervisar todos los movimientos.) Funderburk y sus colegas piden a los padres que practiquen el mismo tipo de comportamientos (denominados «interacción dirigida al niño») cada día, tanto en el laboratorio, como en casa, para que gradualmente los comportamientos pasen a ser instintivos. Cuanto más instintivo se vuelve un comportamiento, menos autocontrol requiere del Jinete, y por lo tanto más sostenible se vuelve.

Los padres aprenden cosas que al principio parecen antinaturales. Les enseñan a buscar oportunidades de elogiar el comportamiento de sus hijos. («Me gusta que te esfuerces». «Buen trabajo. Estás siendo muy buena con esa muñeca».) Les enseñan a simplemente describir el comportamiento de su hijo, para que el hijo se sienta tenido en cuenta. («Oh, mira, estás guardando el coche en el garaje».)

Más adelante, en el programa, una vez que los padres han conseguido tener interacciones positivas breves con sus hijos, aprenden a dar órdenes para que sus hijos les escuchen y obedezcan. Les enseñan una fórmula más específica para dar una orden, combinándola con una explicación para que la orden no parezca arbitraria. («John el autobús está a punto de llegar, así que, por favor, ponte los zapatos».)

Funderburk y su equipo de la Universidad de Oklahoma estudiaron 110 padres que habían maltratado a sus hijos. Eligieron la mitad de ellos al azar para que asistieran a diez sesiones de PCIT, y la otra mitad para que asistieran a 12 sesiones de terapia de control de la ira, concentrándose en ayudarles a controlar sus emociones, el tratamiento habitual para los padres maltratadores. Una vez concluidas las sesiones de terapia, se hizo un seguimiento de los padres durante tres años. Durante este tiempo, el 60% de los padres del grupo que había asistido a terapia para controlar la ira cometió algún acto de maltrato. Por el contrario, sólo el 20% de los padres que habían asistido a las sesiones de PCIT reincidieron.

La PCIT no eliminó el problema: uno de cada cinco padres volvió a maltratar a sus hijos. Pero, desde el punto de vista del cambio de comportamiento, los resultados fueron asombrosos. Muchos pensamos, en el fondo de nuestro corazón, que los que maltratan a sus hijos tienen algún tipo de problema. ¿Quién puede pegar a un niño si no es que sufre algún tipo de trastorno? Resulta alucinante pensar que el comportamiento de los maltratadores se puede modificar con sólo 12 sesiones de terapia concentrándose en unas instrucciones tan simples.

Funderburk dijo, «en mi experiencia, el padre físicamente abusivo tiene los mismos objetivos que un padre normal: el problema es su método y sus ideas. Cree que el comportamiento de su hijo es imperdonable, porque le dice a su hijo de tres años que juegue en el jardín y él no hace caso y sale a la calle. Y no entiende que un niño de tres años pueda olvidar una instrucción, o pueda no tener ese tipo de control del impulso, por lo que cree que tiene que castigar al niño por su propio bien porque ha sido desobediente y se ha puesto en una situación de peligro».

Anteriormente, hemos dicho que lo que parece tozudez u oposición, en realidad puede ser una falta de claridad. La intervención con PCIT sugiere que el maltrato infantil también puede ser el resultado de una falta de conocimiento, una falta de instrucciones o indicaciones claras de lo que hay que hacer. Obviamente, no pretende justificar el comportamiento de los padres. Simplemente quiere destacar que la redacción puede tener mucho más poder de lo que cualquiera de nosotros pudiera pensar. Incluso los que maltratan a los niños se doblegan en su presencia.

7.

En 1995, el mismo año que el presidente de Brasil, Cardoso, anunció la privatización del sistema ferroviario, un grupo de estudiantes de bachillerato de Howard, Dakota del Sur, empezó a pensar en un plan de recuperación. Querían hacer algo, lo que fuera, para que su comunidad reviviera.

Howard y el resto del condado de Miner[12] llevaban décadas de recesión. Los puestos de trabajo en el campo y en la industria habían ido disminuyendo lentamente y no había nada que los remplazara. El precio medio de las casas en Howard era de sólo 26.500 dólares. La población era de sólo 3.000 habitantes e iba a la baja. El condado tenía la población per cápita más alta de Dakota del Sur, y además tenía la tasa de emigración de jóvenes más elevada del estado, lo cual significaba que cuando los niños tenían edad suficiente, se iban y no volvían.

«Llevamos noventa años de recesión», dijo Randy Parry, un residente muy antiguo que daba clase de economía en el instituto local, entrenaba al equipo de baloncesto y llevaba una heladería.

En *Howard High School*, los alumnos acababan de leer un libro sobre el fin de las comunidades rurales en Iowa. Según Parry, los estudiantes decían, «somos nosotros, dentro de 70 años. Así que en clase empezaron a preguntar, "¿cómo podemos cambiar esta situación?"».

Imagine la parálisis de decisión que provocó esta situación. Piense en la cantidad de factores que influyen en la salud de un pueblo: la historia, la demografía, la localización, la base económica y el clima, entre otros. El problema era simplemente demasiado complejo para resolverlo. Y no por falta de motivación. No había ni una sola persona en el condado que no hubiera querido aprovechar la oportunidad de rejuvenecer la comunidad. El Elefante de la comunidad estaba dispuesto a moverse. Pero ¿hacia dónde? ¿Qué pueden hacer unas cuantas personas para restaurar un condado entero?

Los estudiantes empezaron a analizar la situación, hicieron una en-

12 **Condado de Miner.** La historia de la revitalización del condado de Miner procede de dos fuentes: (1) entrevistas entre Chip Heath, Randy Parry y Kathy Callies en mayo de 2008 y mayo de 2009 y (2) un artículo de Jonathan Eig (27 de marzo, 2005), «As Farmers Dwindle, Towns Make Best of What's Left», *Wall Street Journal*. El artículo de Eig es especialmente interesante porque originalmente sus editores le pidieron que escribiera una historia dramática sobre los últimos años del condado. Pero la comunidad no lo sabía, y los residentes compartieron con él los cambios remarcables de los últimos años. Eig se quedó impresionado y la historia que escribió fue más bien optimista, nada que ver con la deprimente historia que originalmente había imaginado. Sus editores se quedaron tan sorprendidos de su tono optimista que rechazaron los primeros borradores porque su historia estaba muy lejos de ser lo que habían esperado.

cuesta y la repartieron entre una muestra de 1.000 votantes registrados en el el condado. Una de las conclusiones del estudio, en particular, que les molestó bastante: descubrieron que la mitad de los residentes compraban fuera del condado, conduciendo una hora hasta Sioux Falls para comprar en tiendas más grandes.

Si el condado de Miner tenía que renacer había que dar un fuerte impulso a su economía. Muchas de las cosas que pueden impulsar una economía —inversión, creación de empresas, inmigración— se escapaban al control de los estudiantes. Pero habían descubierto algo que sí estaba dentro de su control: había que gastarse el dinero de manera local. Habían descubierto su primer objetivo: había que mantener los dólares de Miner en el propio condado.

Parry animó a los estudiantes a presentar sus conclusiones a la comunidad. Los estudiantes aceptaron el reto y empezaron a preparar una presentación.

Los nuevos intereses de los estudiantes en la revitalización fueron acompañados por los esfuerzos de otros miembros de la comunidad. Un grupo de ciudadanos del condado de Miner había estado organizando una serie de reuniones para que los residentes hablaran del futuro del condado. Habían celebrado cinco reuniones, algunas en el instituto y otras en sus casas, y habían invitado a una gran variedad de residentes: agricultores, empresarios, sacerdotes y jubilados. Se preguntaban unos a otros: ¿qué podemos hacer para revitalizar el condado de Miner?

Surgieron problemas de todo tipo: ¿por qué nuestro pueblo parece tan descuidado, con coches oxidados por la calle? ¿Por qué tiene que obtener una subvención un agricultor cuando un empresario no obtiene ninguna? ¿Por qué no tenemos una calle principal más bonita? Muchos de estos temas eran TBU, irresolubles por la comunidad. Muchos requerían una inversión, pero con una cantidad limitada de dinero procedente de impuestos, no estaba claro de dónde podían sacar el dinero. Sin embargo había algunas cosas con las que sabían que podían contar.

El propietario de una gasolinera de Fedora, un pueblo de 150 habitantes, se quejaba de que los residentes, hace años, habían talado muchos árboles enfermos y de que todavía había tocones en la zona, dando un aspecto triste y abandonado a Fedora. El grupo de ciudadanos afectados decidió ocuparse de ello. Un sábado, los granjeros recorrieron Fedora con sus tractores y remolques. Otros residentes hicieron bocadillos y galletas para los trabajadores. En un solo día, el grupo retiró cuatrocientos tocones.

Kathy Callies, que ese día estaba al mando de la cocina, dijo que había sido increíble ver a 50 personas, de entre 5 y 95 años, reunidas para hacer algo por su comunidad. Callies explicó al final de ese día, «la gente pensaba, "mira lo que hemos hecho en un día". Y cuando has estado todo el día recogiendo tocones y empiezas a darte cuenta de que has compartido ideas sobre lo que quieres que sea tu comunidad, empiezan a pasar cosas». (Observe que el día de la recogida de troncos también tenía elementos importantes de Elefante y Camino. La emoción de la victoria —de marcar la diferencia— dio al Elefante fuerza para continuar. Y el fuerte apoyo de la comunidad hizo que el Camino pareciera menos difícil. Es más fácil hacer un viaje largo cuando vas acompañado de un grupo.)

La comunidad empezó a apoyar el movimiento. Callies recuerda el día que Phyllis, una mujer de 80 años con una gran conciencia cívica, se presentó en la oficina en la que se reunían los impulsores de la comunidad. Phyllis anunció, «estaba esperando que me llamarais. Pensaba que si necesitabais mi ayuda, me llamaríais. Pero de repente he pensado "¡oh, están demasiado ocupados para llamar!" Así que he decidido venir». En la nevera, en su casa, Phyllis había puesto un punto de cruz en el que ponía «A la mierda los años dorados».

Cuando los estudiantes de bachillerato estuvieron preparados para hacer públicas sus conclusiones, 85 residentes se reunieron en el gimnasio del instituto para oír su presentación. Entre ellos estaban los máximos líderes de los pueblos del condado de Miner: los directores del colegio, los miembros del ayuntamiento, y los comisionados del condado.

La audiencia escuchó con atención a los alumnos de bachillerato. Parry dijo, «se podía oír el vuelo de una mosca... Decían, "no puedo decir que no porque quiero que éste sea un sitio al que estos chicos puedan volver algún día". Porque la otra opción es quedarnos aquí sentados, viendo cómo las cosas se van deteriorando, y que muy pronto no quede nada más que polvo».

Los estudiantes habían preparado una cantidad de hojas de cálculo, cuadros y gráficos impresionante. Pero además habían simplificado los complejos datos en un hecho simple y sorprendente: habían calculado que si los residentes de Howard gastaban sólo un 10% más de sus ingresos localmente, impulsarían la economía local en siete millones de dólares.

La audiencia se quedó impresionada, y la presentación fue mejor de lo que todos esperaban. Los estudiantes habían redactado el primer movimiento crítico y los residentes respondieron inmediatamente, gastando conscientemente más dinero en el condado. Un año después, el Departamento de Ingresos de Dakota del Sur publicó una cifra asombrosa: la cantidad de dinero gastado en el condado de Miner había aumentado en 15,6 millones de dólares, más del doble del incremento que los chicos habían estimado.

El cambio empezó a provocar un efecto dominó. De repente, como el condado estaba recaudando más impuestos, tenía más dinero para financiar las otras propuestas que los grupos locales habían considerado. Y en los años que siguieron a la presentación de los estudiantes, los impuestos recaudados siguieron aumentando, lo cual hizo posible que la comunidad emprendiera proyectos mucho más ambiciosos. Más tarde, Howard y el condado de Miner recibieron seis millones de dólares en subvenciones de varias fundaciones para impulsar la transformación. Randy Parry dejó su trabajo de profesor y se convirtió en el máximo responsable de la revitalización a tiempo completo. El pueblo de Howard se convirtió en sede de empresas del siglo XXI, como un productor de carne orgánica y una empresa de reparación de turbinas eólicas.

«Empezamos con poco», dijo Parry. «Es como cuando me nombraron entrenador del equipo de baloncesto del instituto. Acababan de salir de una temporada de derrotas y no querían ni entrar en el gimnasio. Pero luego, empezaron a ganar, y empezaron a venir, y luego empezó a venir más gente. Y luego empezamos a ganar». Hasta el momento, Parry ha hablado del renacimiento del condado con líderes de comunidades de más de treinta y tres estados diferentes.

8.

Un sistema ferroviario y un pequeño pueblo de Dakota del Sur. Ambos hechos polvo. Ambos con una gran cantidad de problemas y sin los recursos necesarios para resolverlos. En cada situación, emergió un líder insólito —un hombre joven recién licenciado en económicas y un entrenador de un equipo de baloncesto del instituto—. Y ambos triunfaron formulando soluciones que eran sorprendentemente más pequeñas que los problemas que tenían que resolver. (Hemos visto esta asimetría antes, en las historias de Jerry Sternin en Vietnam y de Bobby, el adolescente conflictivo.)

Las dificultades a las que se enfrentaba el condado de Miner eran considerables e iban a más; el declive de la base industrial, el envejecimiento de la población. Los ciudadanos conocían muy bien estas dificultades, pero el conocimiento era TBU. Era un conocimiento paralizante.

Para el Jinete, un problema grande, importante, requiere una solución grande. Pero si buscas una solución que es tan compleja como el problema, obtienes la Pirámide de los Alimentos, y no cambia nada. (El Jinete empezará a darle vueltas a la cabeza intentando encontrarle algún sentido.) Hay que evitar que el Jinete caiga en la introspección, en el análisis. Necesita un guión que le diga cómo tiene que actuar, y por eso precisamente los éxitos que hemos visto incluían ese tipo de dirección. Compre leche con un 1% de materia grasa. No se gaste dinero a menos que gane dinero. Compre un poco más en el condado.

Todos hemos oído comentarios de sentido común sobre el cambio: a nadie le gusta el cambio; la gente se resiste al cambio; a todo el mundo le gusta hacer las cosas a su manera; la gente es tozuda. Pero aquí hemos visto algo muy distinto: ferrocarriles que vuelven a ser rentables, pueblos que renacen, dietas que cambian, y maltratadores de niños reformados.

La claridad disuelve la resistencia.

4
Apuntar al destino

1.

Crystal Jones[1] entró a trabajar en *Teach For America* en 2003. Le asignaron una clase de primer grado en una escuela primaria de Atlanta, Georgia. En el colegio, no había parvulario, de modo que para muchos niños, Jones iba a ser su primera profesora.

Al principio del año, las diferencias de nivel entre los alumnos eran considerables. Explicó, «tenía dos o tres alumnos que podían reconocer el lenguaje del parvulario, y tenía otros que ni siquiera sabían coger el lápiz. Luego estaban los que nunca habían ido al colegio; su comportamiento básico no era el que tenía que ser para estar en una clase. Tenía alumnos que, evidentemente, no sabían el alfabeto ni los números... todos tenían niveles diferentes y ninguno tenía realmente el nivel que le correspondía para estar en primero».

Jones estaba segura de que podía mejorar las habilidades de los niños. Podía crear grandes planes de clases y actividades (podía escribir los movimientos críticos). Pero ¿para qué? ¿Cómo puedes enseñar a un grupo de alumnos de Primero hacia dónde tienen que ir y por qué llegar hasta allí merece el esfuerzo, en términos que puedan entender?

Muy bien, vamos a ver cómo no hay que hacerlo, con el ejemplo de otra profesora de *Teach for America*, que expuso sus objetivos para el año del siguiente modo:

---

[1] **Crystal Jones.** La historia de Jones procede de un manual de formación para profesores jóvenes que tienen que enseñar en algunos de los distritos escolares más conflictivos del país. La historia de Jones está en las pp. 26 y 50-51, y el otro objetivo se cita en la p. 37 de *Teaching as Leadership* (2008), Washington, DC: Teach for America.

«Con respecto a la lectura para el año escolar, apliqué tres diagnósticos: CWT, Evaluación de la Comprensión, y el test Monster. Utilizando el CWT, identifiqué que, en septiembre, el nivel medio de mi clase era de 1,5. Mi objetivo era aumentar la capacidad de identificación de palabras de mis alumnos para obtener un nivel medio de 3. Después de analizar los resultados de la Evaluación de la Comprensión, en septiembre, identifiqué que la media de mi clase era de un 41% de comprensión. Mi objetivo era aumentar la comprensión de mis alumnos para garantizar una media de clase del 80%. Utilizando el test Monster, calculé que la puntuación media de mi clase era semifonética/ fonética. Mi objetivo era que mis alumnos alcanzasen un nivel de capacidad fonética y de ortografía transitorio».

Probablemente, estos objetivos ambiciosos y específicos fueron bastante útiles para la profesora. Pero obviamente no lo fueron para motivar a los estudiantes de primer curso.

Crystal Jones, sin embargo, sabía que para motivar a los niños, tenía que hablar su idioma. Al principio del año escolar, les propuso un objetivo que sabía que iba a cautivar a todos los alumnos: a final de curso, seréis alumnos de Tercero. (No literalmente, por supuesto, pero en el sentido que tendrían el mismo nivel que un alumno de tercer curso.)

Este objetivo estaba hecho a medida de la psique de los alumnos de Primero. Saben perfectamente cómo son los de Tercero —más altos, más listos y más enrollados—. ¿Sabe lo que siente al admirar la gracia y la fuerza de un atleta olímpico? Eso es lo que sienten los alumnos de Primero por los de Tercero.

Jones eligió el objetivo minuciosamente. Sabía exactamente lo que requerían los estándares de Tercero en Georgia, y sabía de dónde partían sus alumnos. Estaba convencida de que podía cerrar la brecha.

Uno de sus primeros esfuerzos fue cultivar una cultura de aprendizaje en su clase, para lo cual decidió llamar «eruditos» a sus alumnos y les pidió que se dirigieran a sus compañeros de esa forma. Cuando alguien iba a visitar su clase, la presentaba como un grupo de eruditos y les pedía que definieran el término para el invitado. Ellos gritaban, «un erudito es una persona que vive para aprender y que además se le da bien hacerlo». Animaba a los eruditos a irse a su casa y compartir lo que habían aprendido con sus familias.

Un día, un alumno tuvo que salir de la clase por cuestiones administrativas, y algunos de sus compañeros de clase empezaron a quejarse. En muchas clases, se habrían quejado por celos —«yo también me quiero ir»—. Para su sorpresa, Jones advirtió que se quejaban por compasión —«ese niño se va a perder trabajo importante». En ese momento, Jones dijo, «sabía que los tenía».

En primavera, los resultados de los exámenes de los niños los habían situado en el segundo curso. De forma que Jones organizó una ceremonia de graduación, justo antes de las vacaciones de Semana Santa. Durante el resto del año, a los niños les encantaba referirse a sí mismos como «alumnos de Segundo». Y al final del año, más del 90% de los niños estaban a nivel de Tercero o por encima.

Algunos de estos niños, nueve meses antes, ni siquiera sabían el alfabeto.

El objetivo de Crystal Jones recuerda a lo que Jim Collins y Jerry Porras en *Empresas que perduran*, un estudio sobre organizaciones empresariales longevas, memorablemente llamaron un BHAG[2] (por sus siglas en inglés): un objetivo ambicioso, descabellado y audaz. El BHAG de Henry Ford a comienzos del siglo xx fue «democratizar el automóvil»; Wal-Mart en 1990 tenía el objetivo de cuadruplicar su tamaño, para convertirse en una compañía de 125 billones de dólares en el año 2000. Collins y Porras definieron un BHAG como «un objetivo audaz, a un plazo de 10 o 30 años, que progresa hacia un futuro imaginado», y su investigación demostró que definir estos objetivos ambiciosos, motivacionales, era una práctica que distinguía a las compañías que perduraban de las menos exitosas.

Para propiciar el cambio, sin embargo, es mejor que el objetivo sea más asequible, que esté al alcance de los padres, los cuadros interme-

---

2 **BHAG.** Ver *Empresas que perduran* (Paidós, 1995) de James C. Collins y Jerry I. Porras. Los ejemplos de BHAG son de James C. Collins y Jerry I. Porras (septiembre-octubre 1996), «Building Your Company's Vision», *Harvard Business Review*, pp. 65-77.

dios o los activistas sociales. Tiene que ser un objetivo que se pueda conseguir en meses o en años, no en décadas.

Tiene que ser lo que nosotros llamamos una postal del destino, una imagen real del futuro próximo, a corto plazo, que muestre lo que podría ser posible. Ésta es la pieza que faltaba en todo lo que hemos visto hasta aquí. Hemos visto la importancia de identificar y perseguir las excepciones y hemos hablado de cómo instruir al Jinete en el comportamiento que debe tener, pero no hemos contestado una pregunta básica: ¿Hacia dónde nos dirigimos al final? ¿Cuál es nuestro destino?

Crystal Jones proporcionó a sus alumnos una postal del destino magnífica: *¡muy pronto seréis alumnos de Tercero!* Observe que el objetivo que definió para sus alumnos no pretendía únicamente dirigir al Jinete; también motivaba al Elefante. Era inspirador, edificante. Apelaba a los sentimientos. Collins y Porras sabían que los objetivos tenían que tener un componente emocional; un BHAG no tiene que ser únicamente ambicioso y atractivo, tiene que «tocar la fibra sensible». Para un alumno de Primero, convertirse en alumno de Tercero en nueve meses es un objetivo muy apetitoso.

2.

Un grupo de mujeres con cáncer de mama volaron a San Francisco para ser tratadas por Laura Esserman,[3] cirujana y profesora de cirugía asociada de la Universidad de California en San Francisco (UCSF). A las pacientes les gustaba Esserman por su amabilidad y empatía. Les daba su móvil y algunas veces les cantaba en el quirófano hasta que la anestesia les hacía efecto.

El trato humano de Esserman contrastaba fuertemente con el tratamiento que normalmente tenían que seguir las mujeres con cáncer de mama. Como si el propio diagnóstico no fuera lo suficientemente aterrador, algunas veces se veían obligadas a ir de un sitio a otro du-

---

3 **Laura Esserman.** Para la historia de Esserman, ver Victoria Chang y Jeffrey Pfeffer (2003), «Laura Esserman (A)», Stanford Graduate School of Business Case Study OB-42A. Las citas que no pertenecen al caso estudiado proceden de entrevistas que Chip Heath realizó con Laura Esserman y Meredithe Mendelsohn en mayo de 2009.

rante el ciclo del tratamiento, añadiendo estrés a su situación. En una progresión típica, descrita en un estudio de Stanford, primero, en una exploración mensual, la mujer nota un bulto en el pecho. Ansiosa, llama al médico y espera unos días (o semanas) hasta su cita. El médico confirma que hay que analizar el bulto, de forma que refiere a la paciente a un radiólogo, para que le haga una mamografía. Obtener los resultados de esta prueba lleva unos angustiosos días más.

La mamografía revela algo sospechoso, de modo que remiten a la paciente a un cirujano, que la visita y de nuevo ratifica la presencia del bulto. Lamentablemente, la mamografía todavía no ha llegado a la consulta del cirujano, por lo que vuelve a haber otro retraso. El cirujano hace una biopsia, que envía al departamento de patología para que determine si contiene células cancerosas. La paciente vuelve a su casa, y tiene que esperar a recibir una respuesta por teléfono.

Si le detectan cáncer, tendrá que someterse a cirugía, y luego el cirujano la remitirá a un especialista en radiación para que prescriba el tratamiento de radiación adecuado y a un oncólogo para el tratamiento de quimioterapia. La radiación y la quimioterapia se administran en sitios distintos con procedimientos de reserva y plazos distintos. En un intento por aligerar el proceso, la paciente tendría que reunir su historial, mamografías y diapositivas de patología y llevarlo todo con ella de un sitio a otro, a veces incluso dentro del propio hospital. La secuencia podría acabar prolongándose semanas, y mientras tanto, la paciente se preguntaría, «¿voy a superarlo?».

Este proceso cargado de ansiedad impresionó mucho a Laura Esserman, que tuvo una visión de cómo podría ser diferente. ¿Y si hubiera una clínica especializada en la que una mujer preocupada por un bulto en el pecho pudiera entrar a primera hora de la mañana y salir a última hora de la tarde con una respuesta —y con un tratamiento?

La principal barrera para esta visión era la falta de coordinación entre los distintos departamentos médicos. Si se pudieran integrar más estrechamente, se podrían eliminar semanas de espera angustiosa, la paciente no tendría que abandonar el edificio, y la experiencia estaría diseñada en torno a las necesidades de los pacientes, no de los departamentos. Era la postal de destino de Esserman, y era admirable.

Pero como profesora asociada de una importante universidad de medicina, Esserman no tenía mucha autoridad, y además disponía de pocos recursos. Aun en el caso de que pudiera montar una clínica especializada en el tratamiento del cáncer de mama, nunca podría contratar o despedir a la gente que pudiera trabajar en ella, y tampoco podría fijar sus salarios. Los departamentos médicos, como radiología y patología, controlaban los fondos y los recursos. Las dos descripciones más utilizadas para definir la Facultad de Medicina de la UCSF eran «burocrática» y «política». «Los departamentos tienen dinero, y los departamentos tienen influencia, pero no es fácil reunirlos», dijo Meredithe Mendelsohn, que se convirtió en directora administrativa de Esserman.

Esserman dijo, «los oncólogos especializados en radiación reportan a radiación oncológica. Los cirujanos reportan a la Facultad de Medicina. Los oncólogos reportan a Oncología Médica. Las enfermeras y el personal administrativo reportan al centro médico. Los psicólogos y los trabajadores sociales reportan a otro sitio. Por lo tanto, resulta extremadamente difícil lograr que las pacientes sientan que forman parte de algo». Como Esserman tenía tan poco poder institucional, los mejores activos de los que disponía para el cambio eran su tenacidad y su habilidad para vender una visión de lo que el cuidado del cáncer de mama podría representar.

Esserman y Mendelsohn empezaron con poco. Crearon el *Breast Care Center* con la idea de que funcionara un día a la semana, cuatro horas. Convencieron a los departamentos médicos para que empezaran a trabajar juntos de una forma más integrada. Requirió práctica y persistencia. «Radiología, que hace las mamografías, funciona como una estación de tren», dice Mendelsohn. «Si tienes hora a las 12.15, te reciben a las 12.15 y así es como funcionan». Pero el objetivo de Esserman era diseñar el tratamiento en función de las necesidades de los pacientes, y estas necesidades no siempre eran lo suficientemente predecibles como para ajustarse al horario de Radiología. Esserman trabajó con los radiólogos para tratar de averiguar cómo podían dar más flexibilidad a sus tradicionalmente rígidos procesos.

«No podemos quitarle mucho tiempo a Radiología», dijo Mendelsohn, de forma que encontraron la manera de improvisar. «La Dra. Esserman vería a los pacientes por la mañana, y sería el único médico que lo haría —era el conejillo de Indias— y luego los mandaría fuera, diciendo "Váyase a comer. Váyase de compras. Vuelva a las 13.00". Y durante la hora de la comida, iría a Radiología, donde ella y el cardiólogo se sentarían y estudiarían todas las imágenes y decidirían qué había que hacer a continuación».

Durante el primer año, el Centro mantuvo el horario de visitas de un día a la semana. Luego, cuando todo empezó a funcionar sin problemas, Esserman lo amplió a dos días por semana. Empezaron a involucrarse más cirujanos y enfermeras, psicólogos y personal administrativo, y la bola de nieve empezó a crecer.

Finalmente, el *Breast Care Center* tuvo tanto éxito que le propusieron ocupar una planta entera en un nuevo centro para el tratamiento del cáncer que estaba construyendo la UCSF. «¿Dónde está Radiología?», preguntó Esserman cuando vio los planos. El plan del centro para el tratamiento del cáncer contemplaba que el departamento de Radiología permaneciera en su antiguo edificio. Pero esto hubiera hecho que la visión de Esserman, de que todo estuviera bajo un mismo techo, fuera imposible. Así que decidió renunciar a un tercio del espacio asignado al *Breast Care Center* para ubicar una unidad de mamografía en la misma planta. (Los observadores se quedaron perplejos; normalmente los departamentos académicos luchan con todas sus fuerzas por asegurarse el espacio, y Esserman ¡estaba renunciando a parte del suyo!)

Esserman contaba con dos activos importantes: un espacio adecuado para el Centro y unos empleados que cada vez abrazaban más su visión de ofrecer un nuevo tipo de atención médica. Los pacientes acudieron en masa al *Breast Cancer Center*. Entre 1997 y 2003, el número de pacientes visitados al mes pasó de 175 a 1.300. En poco tiempo, el centro se convirtió en una fuente de ingresos muy importante para la UCSF y en líder nacional reconocido en la investigación y el tratamiento del cáncer de mama. El centro evolucionó hasta convertirse en el lugar que Esserman había descrito en su postal de destino.

Así es como Esserman describe la experiencia de las pacientes en la actualidad:

«Cuando una paciente acude al *Breast Care Center*, puede dar un par de pasos y ver sus mamografías ese mismo día. Mientras está en la consulta, podemos hacerle una biopsia y tener el diagnóstico en cinco minutos. Tenemos una ginecóloga especializada en problemas de fertilidad en mujeres con cáncer de mama, y una psicóloga y asesora genética que, además, es una de nuestras enfermeras. La paciente permanece en el mismo lugar y no tiene que desplazarse a ningún sitio».

El *Breast Care Center* también tiene un jardín muy agradable y una cafetería. En la tienda venden no sólo flores y los típicos regalos, sino también pelucas y pañuelos para las pacientes que estén siguiendo un tratamiento de quimioterapia.

«Por primera vez», dijo Esserman, «ponemos a las mujeres en el centro».

3.

Cuando describes un destino atractivo, estás ayudando a corregir una de las mayores debilidades del Jinete: la tendencia a perderse en el análisis. Nuestro primer instinto, en muchas situaciones de cambio, es ofrecer datos al Jinete: esto es lo que hay que cambiar. Éstos son los cuadros y los gráficos que lo demuestran. Al Jinete le encanta. Empieza a repasar los datos, a analizarlos y a buscar lagunas y a debatir con nosotros las conclusiones que hayamos sacado. Para el Jinete, la fase de análisis suele ser más gratificante que la fase de puesta en práctica y eso es peligroso para el cambio.

Observe lo que ocurre, sin embargo, cuanto apunta a un destino atractivo: el Jinete empieza a hacer uso de sus fortalezas para averiguar cómo llegar hasta allí. Por ejemplo, cuando Esserman anunció su visión «bajo un mismo techo», su equipo pudo empezar a pensar en sus implicaciones: vamos a ver, nunca lo conseguiremos a menos que tengamos acceso a Radiología, así que no tendremos más remedio que cederles unos metros...

Puede elegir cómo va a utilizar la energía del Jinete: por defecto, estará obsesionado pensando hacia dónde tiene que moverse, o si tiene que moverse. Pero puede redirigir esa energía para que le ayude a navegar hacia el destino adecuado. Para que eso se produzca, tiene que tener un objetivo que sea realmente atractivo, un objetivo que atraiga tanto al Jinete como al Elefante. Piense en la visión «bajo un mismo techo» de Esserman o en el reto que Crystal Jones planteó a sus alumnos de convertirse en alumnos de Tercero.

En la mayoría de las organizaciones, sin embargo, los objetivos carecen de resonancia emocional. Los objetivos SMART —objetivos que son específicos (*specific*), mensurables, accionables, relevantes y oportunos (*timely*)— se han convertido en la norma. Un objetivo SMART típico podría ser «mi campaña de marketing generará 4.500 clientes potenciales cualificados para el grupo de ventas a finales del tercer trimestre de 2009».

La especificidad de los objetivos SMART es un magnífico remedio para evitar cometer el peor error que se puede cometer a la hora de definir un objetivo: ser ambiguo e irrelevante («¡Vamos a complacer a nuestros clientes todos los días y en todo!»). De todos modos, los objetivos SMART son mejores para situaciones estables que para situaciones de cambio, porque se basan en la hipótesis de que valen la pena. Si acepta que conseguir 4.500 posibles clientes para el equipo de ventas es hacer un uso magnífico de su tiempo, el objetivo SMART será efectivo. Pero si un jefe nuevo, presionando en una nueva dirección, le asigna el objetivo de conseguir 4.500 clientes a pesar de que nunca se ha dedicado a conseguir clientes nuevos, entonces podría ser un problema. Los objetivos SMART presumen la emoción; no la generan.

A la hora de buscar un objetivo que llegue al Elefante —que le toque la fibra sensible— no se puede contar con los objetivos SMART. (Aunque hay gente cuyo corazón se acelera con objetivos como «mejorar un 30% la ratio de liquidez en los próximos 18 meses». Son los contables.) En los años 80, un importante estudio de los esfuerzos de cambio corporativo concluyó que los objetivos financieros no inspiraban tanto el cambio exitoso como los objetivos más emocionales, como el objetivo de ofrecer un mejor servicio a los clientes o de hacer productos más útiles. De acuerdo con los investigadores, «las visiones efectivas expresan valores que hacen que los empleados puedan identificarse con la organización... Un directivo de una compañía cristalera sugirió, "es difícil emocionarse con una rentabilidad de la inversión del 15%"».[4]

Las postales de destino tienen una doble función: muestran al Jinete hacia dónde se dirige, y muestran al Elefante por qué vale la pena el viaje.

CLINIC
¿Cómo conseguir que las compañías dejen de pensar a corto plazo?

SITUACIÓN. Judy Samuelson[5] dirige un comité de expertos en política, dentro del Aspen Institute, llamado *Business and Society Program*. Su objetivo es combatir la «tendencia a concentrar la atención en el corto plazo» del mundo empresarial. Samuelson dicen que es difícil resolver problemas globales (el calentamiento global, la pobreza, las necesidades de energía) sin la ayuda del sector empresarial. Al fin y al cabo, algunas empresas tienen más recursos que países enteros. Pero las empresas enfocada al corto plazo no contemplan abordar problemas a largo plazo. Samuelson relata una conversación con el director general de una empresa de servicios financieros enorme. El director le dice que le encantaría participar en los temas más importantes del día a día, pero señala el calendario de 90 días que tiene colgado en la pared y admite, «ésta es mi realidad». Traducción: los mercados públicos le están obligando a adoptar un enfoque trimestral. ¿Cómo puede Samuelson —la líder de una pequeña organización no lucrativa— influir en estas fuerzas tan masivas? ¿Cómo puede combatir la tendencia a concentrar la atención en el corto plazo? (Ésta es una situación real que se pro-

---

4 **15% de rentabilidad del capital.** Ver Michael Beer, Russell A. Eisenstat y Bert Spector (1990), *The Critical Path to Organizational Renewal.* Boston: Harvard Business School Press, p. 85.

5 **Judy Samuelson.** Este Clinic procede de una entrevista entre Dan Heath y Judy Samuelson en mayo de 2009.

longa desde 2009. Discutiremos parte de la estrategia de Samuelson junto con algunos de nuestros propios razonamientos.)

¿QUÉ HAY QUE CAMBIAR Y QUÉ ESTÁ FRENANDO EL CAMBIO?

Queremos que los ejecutivos actúen con mentalidad de largo plazo. Pero ¿qué se lo impide? En primer lugar, hay un problema importante con el Jinete. Confiamos en que haya desconectado su radar cuando ha leído la frase «tendencia a concentrar la atención en el corto plazo». Es útil para describir los problemas que Samuelson trata de combatir, pero para provocar un cambio, hay que describir los movimientos críticos. (Una mentalidad «de largo plazo» no es un comportamiento.) En segundo lugar, hay un problema con el Camino: la cultura del mercado bursátil fomenta el razonamiento a corto plazo. Curiosamente, puede que en este caso, el Elefante no sea el malo. Probablemente, muchos ejecutivos preferirían tener una visión a más largo plazo. Esto significa que seguramente la motivación no es nuestro obstáculo. Por último, hay que ser realista: Samuelson busca un cambio masivo. No podemos pretender encontrar una solución mágica. Pero los grandes cambios pueden empezar con pequeños pasos. ¿Cómo podemos aumentar las probabilidades de Samuelson?

¿CÓMO HAY QUE HACER EL CAMBIO?

• *Dirigir al Jinete.* **1. Redactar los movimientos más importantes.** Samuelson ha encontrado la forma de traducir el objetivo global en actuaciones específicas. Un ejemplo: vamos a convencer a los ejecutivos de que dejen de hacer estimaciones trimestrales de los beneficios. Antecedentes: los inversores conocen el extraño baile Kabuki de la estimación de los beneficios, pero puede que haya gente que no lo conozca. Cada trimestre, una compañía cotizada en Bolsa «define las expectativas» del beneficio por acción que espera incluir en su próximo informe financiero trimestral. Luego, cuando la compañía archiva su informe, se produce un milagro: la compañía anuncia que ha superado las expectativas ¡en un céntimo por acción! ¡Oh, Dios mío! Los mercados encuentran inspirador este pequeño juego, pero la ley no obliga a hacerlo. Una compañía puede limitarse a archivar sus informes financieros trimestrales sin haber definido ninguna expectativa. En otras palabras, Samuelson ha localizado un comportamiento específico que está dentro del control del ejecutivo. El baile de las expectativas es el símbolo perfecto del razonamiento a corto plazo. **2. Apuntar hacia el destino.** Aquí Samuelson debería vender la visión. ¿Cómo le cambiará la vida al director general progresista que se libere de la obligación de gestionar trimestralmente en lugar de a largo plazo? ¿Cuál es la postal de destino?

• *Motivar al Elefante.* **1. Reducir la dimensión del cambio.** Observe que al concentrarse en la estimación trimestral de beneficios, Samuelson está reduciendo la dimensión del cambio. Es un primer paso en el camino hacia el razonamiento a largo plazo que se puede superar. **2. Apelar a la identidad.** Samuelson debería tener en cuenta que los directores generales de algunas compañías muy prestigiosas —General Electric, Microsoft, Coca-Cola, Google y otras— ya han hecho este cambio. Si otros directores generales quieren actuar como «directores generales visionarios», éste es el paso que tienen que dar.

• *Allanar el Camino.* **1. Crear un hábito.** ¿Recuerda la historia de Donald Berwick y la campaña para salvar 100.000 vidas? Berwick hizo que para los hospitales fuera fácil unirse a la campaña. Simplemente tenían que enviar un formulario de una sola hoja firmado por el director general del hospital. A partir de ese momento, el equipo de Berwick se ponía en marcha para ayudar al hospital a crear los nuevos hábitos. ¿Y si Samuelson hiciera que fuera fácil unirse a una campaña para la no estimación de los beneficios? Su equipo debería ofrecer una lista simple de cosas que hacer (incluidos los trámites legales, de RRPP y operacionales) y apoyar a las compañías en el cambio. **2. Aprovechar la fuerza del grupo.** Algunos directores generales son reacios a interrumpir la estimación de beneficios. Les preocupa que los inversores piensen que es una señal de que la compañía tiene problemas y corran a vender sus acciones. Samuelson podría ayudar a los directores generales a superar esta percepción organizando un día para «suprimir las estimaciones» en una fecha determinada. De este modo, el momento del anuncio sería menos impactante. Además, al poner en contacto a líderes empresariales que estuvieran intrigados por la idea, Samuelson podría fomentar el efecto «subirse al carro». Como veremos más adelante, el comportamiento es contagioso.

4.

Las postales de destino —imágenes de un futuro que el trabajo duro puede hacer posible— pueden resultar tremendamente inspiradoras. Los alumnos de Primero soñaban con ser alumnos de Tercero. El equipo de Laura Esserman imaginó una nueva clínica para tratar el cáncer de mama que satisfaría las necesidades del paciente.

Pero ¿y si su equipo no se inspira?

¿Y si, de hecho, los miembros de su equipo se resisten, secretamente o no, a la visión de futuro que ha articulado? Esto hace que entre en escena un nuevo enemigo: la racionalización. Por ejemplo, seguro que el día de Año Nuevo todos hacemos el propósito de «llevar una vida más sana». Nos hacemos una imagen mental de nuestros futuros yos, delgados y esbeltos, y nos gusta lo que vemos. Pero, en nuestro interior más profundo, el compromiso no está. Unos días después del 1 de enero, tenemos hambre, y vemos esa maravillosa bolsa de Cheetos en la despensa.

No hay duda de lo que el Elefante quiere: una boca llena de Cheetos. Y cuando el Elefante quiere algo tan desesperadamente, puede confiar en el Jinete para que le acompañe —¿qué otra cosa puede hacer?— y de hecho puede empezar a formular argumentos para excusar su infracción. *Bueno, el jueves pasado comimos esa ensalada. Y por lo que más quieras, ¡compramos leche con un 1 % de materia grasa en el supermercado! No queremos pasarnos con el régimen. Unos cuantos Cheetos es una recompensa razonable por nuestro buen comportamiento.* ¡Y ya está! ¡Nos comemos los Cheetos! Y todavía más impresionante, en el fondo de nuestro corazón, seguimos convencidos de que estamos comiendo mejor.

Un objetivo general como «llevar una vida más sana» es necesariamente impreciso y esa ambigüedad da mucha libertad de acción al Elefante. Hace que le resulte fácil racionalizar el fracaso. Una solución a este problema es definir objetivos superpreceptivos. Su empresa podría anunciar, «este año vamos a aumentar un 14,2% los ingresos». Indudablemente, es mucho mejor que limitarse a animar a los empleados a hacer todo lo que puedan. Pero aunque los números no dan cabida a la subjetividad, la forma de manejarlos sí. Por ejemplo, si su empresa consiguiera un aumento de los ingresos del 12,3%, ¿cree de verdad que despedirían a alguien? ¿O es más probable que un argumento atractivo suavice las discrepancias? *¡Equipo, en este clima económico, tenemos que considerar un 12,3% como una gran victoria!*

El peligro también está presente en nuestras vidas personales. Imagine que, con la esperanza de reducir su consumo de alcohol, hace el firme propósito de no beber más de una copa de vino por la noche. Bueno, afrontémoslo, llegará una noche en la que su Elefante tomará más de una, y ahí es donde los límites van a estar poco claros. Hará honor a su regla de una sola copa de vino, llenando su copa hasta arriba. O mentalmente compensará una bebida extra ahora por una bebida sin alcohol en el futuro. Todos somos un poco abogados defensores de nosotros mismos cuando se trata de nuestro propio autocontrol.

Si le preocupa la posibilidad de racionalización en su casa o en el trabajo, tiene que eliminar la ambigüedad de su objetivo. Necesita un objetivo «blanco y negro» (B&N). Un objetivo B&N es un objetivo «todo o nada», y es útil en momentos en los que le preocupe equivocarse. Puede que su objetivo B&N para su consumo de alcohol sea «no probar el vino». Aquí no hay espacio para la flexibilidad. ¿Y si cambiamos nuestro propósito de Año Nuevo «llevar una vida más sana» por «ir cada día al gimnasio» o incluso por «no comer más Cheetos»? Estos objetivos no dejan nada al azar. O tienes polvillo naranja de los Cheetos en los dedos o no lo tienes.

Observe que los objetivos B&N —«no comer más Cheetos», «no probar el vino»— no son nada inspiradores. Son 100% restrictivos. Además, describen comportamientos críticos en lugar de dibujar una imagen del destino. ¿Es posible combinar el poder emocional de una postal de destino con la fuerza argumental de un objetivo B&N? Sí, y para ver cómo, vamos a considerar el caso de Bristish Petroleum (BP).[6] En 1991, BP anunció un objetivo B&N que sorprendió a los empleados que llevaban muchos años en la industria del crudo. Era el equivalente multimillonario del «no comeré más Cheetos».

5.

Durante la mayor parte del siglo XX, los buscadores de petróleo habían confiado en su instinto, que había funcionado bien, porque era bastante acertado y todavía había muchas reservas de crudo por descubrir. En los años 60, Jim Vanderby, uno de los principales exploradores de BP, viajó a Egipto. Los primeros cuatro o cinco pozos que perforó estaban secos. Sus superiores de BP le enviaron un telegrama y le dijeron que dejara de intentarlo. No recibió el telegrama o al menos eso fue lo que dijo. En cualquier caso, volvió a perforar, y en su siguiente intento en el golfo de Suez, encontró la primera fuente multimillonaria de crudo del mundo.

La buena suerte de BP continuó en los años 60 y 70, con grandes descubrimientos como Prudhoe Bay en Alaska (1968) y Montrose en el Mar del Norte (1971), entre otros. Hacia finales de los ochenta, sin embargo, los grandes descubrimientos empezaron a decaer. «Lo que estaba cambiando era que los yacimientos eran más difíciles de encontrar», dijo Pete Callagher, directivo de Amoco, que se fusionó con BP a finales de los años noventa. «Los otros yacimientos eran enormes, visibles con tecnología sísmica en 2-D. Los objetivos se hicieron más pequeños y más difíciles de ver. De forma que las capacidades necesarias cambiaron».

A medida que el paisaje cambiaba, la estrategia de BP iba evolucionando. En 1989, sus líderes desarrollaron la doctrina de explotación que iba a guiarles durante los 15 años siguientes. Se concentrarían únicamente en los grandes yacimientos y dejarían de competir por los

6 **«Prohibidos los pozos secos» de BP.** La historia de la industria, las citas y la descripción del objetivo «prohibido pozos secos» de BP son de una entrevista de Chip Heath con Pete Callagher, Jim Farnsworth e Ian Vann en 2005.

más pequeños, evitando así la competencia con centenares de competidores más pequeños. También decidieron atacar los costes. En ese momento, BP era considerada por muchos como la compañía de exploración más efectiva del mundo. Aun así, los líderes de BP creían que estaba gastando demasiado en exploración. Se comprometieron a reducir los costes de exploración de 5 dólares a 1 dólar por barril. Los empleados pensaban que era un objetivo inviable.

Para reducir costes tan drásticamente, BP tenía que minimizar el número de «pozos secos» perforados. El porcentaje de éxito histórico en la perforación de un pozo nuevo era aproximadamente de uno de cada ocho. El porcentaje de éxito de BP era mucho más elevado: uno de cada cinco. Sin embargo, para reducir los costes de exploración de 5 dólares a 1 dólar por barril, iba a tener que pasar de tener un buen rendimiento a tener un rendimiento sin precedentes. (Algunos hablaban de un rendimiento imposible.)

Los investigadores de BP empezaron a estudiar exploraciones pasadas. Una de las cosas que estudiaron fue si los exploradores eran buenos en la predicción del éxito de sus pozos. Revisaban pozos que habían sido perforados durante un período de diez años y descubrieron que, en promedio, las predicciones de los exploradores eran extraordinariamente precisas. Su predicción media era que había un 20% de probabilidades de dar con un pozo, y en promedio, localizaron un 20% de los pozos.

Pero las medias ocultaban algunas desviaciones fascinantes. Por ejemplo, cuando los exploradores daban al pozo entre un 20 y un 70% de probabilidad de ser localizado, acertaban bastante. Pero cuando predecían una probabilidad de éxito superior al 75%, acertaban siempre. Además, los pozos a los que habían dado un 10% de probabilidad de éxito, en realidad tenían más bien un 1% de probabilidad. Por lo tanto, el instinto de los exploradores en relación a la localización de los pozos era acertado, sabían distinguir los buenos de los malos. Pero había información, especialmente de los pozos con probabilidad muy alta o muy baja, que no utilizaban.

Tradicionalmente, los exploradores habían tenido que vender sus pozos, presionando a los directivos para que les dieran luz verde para perforar. En los años 80, habían aprendido que para convencer a la dirección tenían que utilizar las herramientas de la economía de riesgo, en particular el concepto de valor esperado.

Los cálculos de valor esperado eran infalibles en situaciones en las que los riesgos y las rentabilidades se conocían bien. Si lanzas una moneda al aire, puedes estar seguro de que tienes un 50% de probabilidad de ganar. Pero ¿cuál es la probabilidad de encontrar un pozo? Y si lo encuentras, ¿qué beneficio generará? Se trata de estimaciones subjetivas. Cuando introduces estimaciones subjetivas en el cálculo de un valor esperado, obtienes un número concreto, dando la ilusión de rigor científico. («El valor que esperamos obtener de este pozo es de 112,8 millones de dólares. Está claro, tenemos que perforarlo.»)

Los exploradores llegaron a la conclusión de que si realmente querían perforar un pozo, no tenían más que limitarse a manipular las cifras en una hoja de cálculo. Si hinchaban la tasa de éxito o el beneficio, el valor esperado aumentaba inmediatamente. (Esta probabilidad hinchada no tenía ningún tipo de malicia y además ni siquiera era consciente. Recuerde, cuando el Elefante realmente quiere algo, puede contar con el Jinete para encontrarle una justificación.)

Más sutilmente, el uso del valor esperado hizo que la perforación se viera como un juego de números. Como dijo Jim Farnsworth, líder de una unidad de exploración de BP, «los exploradores piensan en términos de probabilidades de riesgo. La gente se deja influir tanto por los números que piensa, "muy bien, si perforamos diez de estos pozos (cuya probabilidad de éxito es de uno de cada diez), seguro que al menos localizaremos uno de ellos y ganaremos mucho dinero". Pero cuando lo analizas, te das cuenta de que algo que es uno de cada diez, nunca funciona, por lo tanto es una sensación de claridad estadística falsa».

El juego de las probabilidades había generado una sensación de confort falsa. *¡Eh!, si perforamos algunos pozos secos, seguro que encontramos alguno con petróleo para compensar.* Los exploradores eran como inversores capitalistas, confiaban en que un eBay o un Google les resarciera de una cartera más bien desastrosa.

Si fuera un ejecutivo de BP y esperara recortar sus costes de exploración en un 80%, su primera misión sería eliminar esta falsa sensación de confort. La ambigüedad en el objetivo hace que la justificación aumente. ¿Qué puede hacer para que cambie el comportamiento de su equipo de forma que se tome en serio todas las operaciones de perforación? ¿Cómo puede hacer que los Jinetes de su equipo no tengan donde esconderse?

Considere las alternativas para su nuevo grito de guerra estratégico: «¡Doblaremos los ataques! ¡Se acabaron los pozos inútiles! ¡Vamos a maximizar el valor esperado!». Algunos suenan prometedores, pero observe lo fácil que resulta buscar excusas a cada uno de ellos, o esquivarlos. «Basta de pozos inútiles» sería fácil de eludir por cualquier Jinete competente. ¿Pensaría algún explorador con amor propio que estaba perforando un pozo inútil? «Doblar los ataques» es mejor, pero sigue existiendo la posibilidad de justificar muchos pozos secos. Y en cuanto a «maximizar el valor esperado»... bueno, sigamos adelante.

Ian Vann, director de exploración de BP en ese momento, descubrió una forma de eliminar esta posibilidad de escurrir el bulto. Anunció su nueva visión: «prohibidos los pozos secos».

Ni uno.

Los exploradores estaban indignados. Creían que el objetivo era absurdo. Sus líderes estaban pidiendo lo imposible. Los pozos secos siempre habían formado parte de su actividad normal y aceptable. Recuerde, el número de pozos secos era cuatro veces superior a los pozos exitosos. Ahora Vann los estaba definiendo como un fracaso.

«Prohibidos los pozos secos» era un objetivo B&N doloroso. Las predicciones probabilísticas siempre habían proporcionado cierta protección contra el fracaso. Como Jim Farnsworth dijo, «queríamos acabar con el lenguaje de la probabilidad, con que la gente se escondiera tras el concepto de que si uno de cada cinco pozos no funcionaba, "te dije que era uno de cada cinco, así que tenía razón". "Prohibidos los pozos secos" era un intento por hacer que la gente llegara hasta el límite absoluto, por asegurarse de que tenían en cuenta todos los datos y que hacían el análisis adecuado».

A medida que los exploradores empezaron a hablar de «prohibidos los pozos secos», empezaron a quitarse el sombrero de exploradores y a ponerse el de geólogos. Muchas cosas tienen que funcionar bien para dar con un yacimiento de petróleo productivo, y previamente, los geólogos habían diseñado varios tests para evaluar todas las características geológicas: ¿había un sustrato rico en carbono necesario para la formación de crudo? ¿Había una base de estrato más dura, impermeable, debajo del crudo que pudiera capturarlo y contenerlo en caso de que se formara? Incluso si en algún momento de la historia geológica se hubiera formado crudo, ¿podría haber sido degradado por presiones o cambios de temperatura subterráneas?

La idea de eliminar los pozos secos llevó a los geólogos a ser más sistemáticos a la hora de hacer los mapas y agregar la información que tenían. Empezaron a colorear los mapas; verde para condiciones que podrían soportar un yacimiento de petróleo, ámbar para áreas en las que faltaba información, y rojo para contraindicaciones claras. Luego superponían los mapas coloreados, de forma que cada nivel representaba un test geológico distinto. Decidieron perforar únicamente en regiones que estaban pintadas de color verde en todas las dimensiones concebibles.

El objetivo «prohibidos los pozos secos» fue muy efectivo para acabar, de raíz, con dos tipos de justificaciones para las operaciones de perforación mal diseñadas. Una era la del «aprendizaje» —la noción de que incluso si no se localiza un pozo en particular, el equipo aprenderá tanto en el proceso, que las operaciones futuras serán más exitosas. Vann dijo, «te puedo poner cien ejemplos de gente que cometió un error porque no utilizó los conocimientos que tenía, por cada ejemplo de gente que aprende algo valioso para la próxima vez». La otra justificación más común era que ciertos pozos tenían "valor estratégico". Callagher dijo, «la última defensa del charlatán siempre es decir que es un tema "estratégico". "Esto también es estratégico, por lo tanto tenemos que perforarlo"». «Prohibidos los pozos secos» eliminó la posibilidad de escabullirse. Un pozo podía ser estratégico, o no, pero en cualquier caso, más valía que no estuviera seco.

David Bamford, director geofísico durante gran parte de este período, dijo, «se me ocurren varios ejemplos de situaciones en las que los equipos técnicos sabían que un pozo iba a estar seco y aun así la dirección quiso perforarlo por presiones del gobierno o de socios empresariales». Anteriormente, para los directivos era muy difícil poner objeciones a estas decisiones. Si tu jefe es el único que sabe en qué consiste la presión del socio, ¿cómo puedes hacer una objeción creíble?

El objetivo «prohibidos los pozos secos» aumentó la confianza de los empleados de primera línea. El *Exploration Forum* —el grupo responsable de las decisiones de exploración— empezó a intervenir y a hablar con franqueza y frenó las decisiones de embarcarse en exploraciones con baja probabilidad por razones estratégicas. Al fin y al cabo, la estrategia era «prohibidos los pozos secos», no «prohibidos los pozos secos a menos que la perforación sirva para aplacar a un socio importante». La estrategia había cambiado de una forma que dio a los empleados de menor nivel una voz igualmente creíble en la decisión.

El objetivo B&N funcionó exactamente como el equipo directivo pretendía. Cuando BP no dejó ningún espacio en el que esconderse, los empleados dejaron de intentar hacerlo. Reforzaron sus análisis, y tomaron menos decisiones basadas en probabilidades. Se tomaron muy en serio utilizar todos y cada uno de los datos disponibles en sus decisiones. Y reforzaron su resistencia a la presión gubernamental y a los socios empresariales.

En el año 2000, la tasa de éxitos de BP era la mejor de la industria, siendo dos de cada tres perforaciones. Esto es el triple de la tasa de éxito en el año 1989. BP seguía perforando pozos secos, pero el objetivo había propiciado mejoras que muchos habían considerado imposibles. BP se transformó cuando eliminó su propia flexibilidad. *Más vale que cuando perforemos un pozo, no esté seco.*

Observe que los líderes de BP no dijeron, «dos de cada tres está bastante bien. ¡Hay que celebrarlo!». Cada pozo seco era un fracaso, y no había justificación posible. Puesto que no podían justificar fácilmente el fracaso —¡ha sido estratégico! ¡ha sido una oportunidad de aprendizaje!— no les quedaba más remedio que tomar una determinación: perforar mejor la próxima vez.

6.

Si le preocupa el potencial de inacción de su equipo, o si le preocupa que la resistencia silenciosa pueda ralentizar o sabotear su iniciativa de cambio, los objetivos B&N pueden ser la solución. Pero lo cierto es que, en realidad, no siempre necesitará un objetivo tan radical. La propuesta de Crystal Jones de convertirse en alumno de Tercero no era un objetivo B&N. Afrontémoslo, si los niños conseguían niveles de Tercero en matemáticas y ciencias, pero no en vocabulario, a todos les dejarían «graduarse». La visión de Laura Esserman para el *Breast Care Center* no era un objetivo B&N, y no tenía por qué serlo.

Lo que es fundamental, sin embargo, es compaginar el objetivo a largo plazo con los movimientos críticos a corto plazo. La visión de Esserman era atractiva, pero sus palabras habrían caído en saco roto si no hubiera habido mucha ejecución a nivel del comportamiento.

Es imprescindible acompañar la postal de destino de un buen guión de comportamiento. Ésta es la receta del éxito. Lo que no hay que hacer es anticipar todas las curvas del camino que vaya desde el momento presente hasta el destino. No es que trazar todo el recorrido no sea deseable; es que es imposible. Pensar que se puede trazar un mapa, curva por curva, hasta el destino, como la versión de un líder de Mapquest, es casi como creerse un superhombre.

Cuando esté al principio, no se obsesione por la mitad, porque cuando llegue, será diferente de como la había imaginado. Preocúpese por tener un buen principio y un buen final y no deje de avanzar.

7.

El inversor medio podría tomar decisiones que hicieran subir el precio de la acción tras escuchar a Jim Cramer o leer los diarios o ver compulsivamente la CNBC. Pero los grandes inversores institucionales, como las fundaciones filantrópicas o los fondos de pensiones de los profesores, reciben una atención especial de Wall Street. Históricamente, los bancos de inversiones patrocinaban departamentos de investigación como un servicio gratuito a los inversores institucionales. El trato estaba muy claro: el banco confiaba en que si hacía buenas recomendaciones, los inversores utilizarían a los operadores del banco para comprar y vender acciones, trayendo nuevos ingresos al banco.

Puesto que la investigación resulta muy atractiva para los dólares de las inversiones, Wall Street se la toma muy en serio. Cada año, la revista *Institutional Investor* pide a los grandes inversores que evalúen la investigación que reciben. En base a las respuestas que obtiene, la revista elabora un ranking de los analistas de cada sector industrial, y un ranking general de los departamentos de inversión de Wall Street. Estos rankings de *Institutional Investor* son sagrados. Generan enormes primas para los analistas individuales, y atraen clientes a los bancos con los mejores departamentos de investigación.

En 1986, el departamento de investigación de Shearson Lehman ocupó un humillante quinceavo puesto. Los máximos ejecutivos de Shearson querían un nuevo líder, así que reclutaron a Jack Rivkin,[7] que había convertido el departamento de investigación de Paine Webber en una bomba. Las expectativas que los ejecutivos tenían de Rivkin estaban muy claras: situarlos entre los cinco primeros.

Las primeras impresiones de Rivkin del departamento no fueron muy halagüeñas. «Cuando llegué a Lehman, el departamento de investigación era un caos. No me mostraron ningún respeto». Una de los mejores analistas de Shearson, Elaine Garzarelli, dijo, «en el departamento no había ningún tipo de disciplina... todo el mundo hacía lo que quería. No tenían que intervenir en reuniones regulares; no tenían que presentar informes en momentos determinados. Nunca se había hecho mención al equipo All-America de *Institutional Investor*».

Rivkin hizo muchos cambios formales en el departamento: contrató a un número dos, Fred Fraenkel. Consiguió ampliar el personal y el presupuesto. Despidió a muchos inútiles del equipo. Cambió el sistema de compensación del equipo.

Estos cambios eran vitales, pero además, Rivkin tenía que influir

---

7   **Jack Rivkin.** El cambio del departamento de investigación de Shearson Lehman se describe en Ashish Nanda, Boris Groysberg y Lauren Prusiner (23 de enero, 2006), *Lehman Brothers (A): Rise of the Equity Research Department*, Harvard Business School Case Study 9-906-034, Boston: Harvard Business School Press.

en el comportamiento diario de los analistas de su equipo. Para hacer una analogía, pensemos en un director general que dirija un equipo de béisbol. Si tiene dinero a su disposición, podrá fichar a los jugadores más talentosos. Podrá cambiar a los que rindan menos. Podrá ofrecer a su equipo primas por ganar las eliminatorias. Estos cambios son importantes, pero no influyen directamente en la forma de jugar de los jugadores. Para esto, hace falta un entrenador.

Rivkin era director general y entrenador. Como entrenador, sabía que necesitaba que los miembros de su equipo mejoraran su trabajo considerablemente, y eso significaba que tenía que describir sus primeros movimientos. Empezó anunciando que esperaba que los analistas iniciaran al menos 125 conversaciones con clientes al mes. Les hacía tomar notas de sus conversaciones e introducirlas en la red interna. Tanto la cantidad como la calidad de los contactos de los analistas se convirtieron en temas de interés público. Un analista recién contratado dijo, «en cuanto el informe de los contactos de los analistas empezó a gestionarse electrónicamente, todos los analistas trataron de situarse en los primeros puestos del ranking; nadie quería estar cerca del final... los analistas empezaron a preguntarse: "¿cómo puedes hacer tantas llamadas? ¿De dónde sacas el tiempo?"».

El listón de las 125 llamadas dio una buena sacudida al departamento, que tuvo que abandonar su tendencia a la lasitud. Muchos de los analistas empezaron a trabajar de 12 a 15 horas al día, casi todos los días del año. (Observe la claridad de las instrucciones; es la campaña de la leche con un 1% de materia grasa.)

Rivkin también quería crear una mentalidad de equipo en el departamento, luchando contra la cultura tradicional de *cowboys* egoístas. Pidió que, cuando los analistas hicieran presentaciones a los clientes, mencionaran el trabajo de sus colegas al menos un par de veces. «No quiero oír "Yo, yo, yo" en la presentación. Quiero oír "nosotros", y quiero oír los nombres de los demás». La obligación —al principio— de compartir las ideas y el crédito hizo que el equipo mejorara mucho, pero también benefició a los analistas individualmente exponiéndoles a información a la que, de otra forma, no hubieran tenido acceso.

Rivkin no sólo redactó los movimientos críticos —hacer 125 llamadas y citar el trabajo de vuestros colegas— sino que además señaló el destino: vamos a situarnos entre los cinco primeros puestos del ranking I.I. (*Institutional Inversor*). Esto era algo que todo su departamento entendía y aspiraba conseguir.

De hecho, por el departamento circulaba una broma: «I.I. o muere». Pero la aspiración era seria. Dieciocho meses después del cambio, el 95% de un grupo de nuevos analistas recién incorporados entró en el ranking de analistas I.I. de su sector. Los clientes se dieron cuenta de la atención extra que estaban recibiendo de Shearson y, por primera vez, los analistas de Shearson ocuparon los primeros puestos cuando la revista *Institutional Inversor* llamó a los inversores para preguntarles en quién confiaban más.

La dirección marcada por Rivkin preparó al departamento para una apuesta diferente que dejó al departamento solo en Wall Street. Se trataba de una apuesta que iba a afianzar el lugar de Shearson en el ranking de I.I.

En 1988, un analista de Shearson empezó a investigar un fármaco llamado Epogen, producido por Amgen y distribuido por Johnson & Johnson. Epogen es una versión sintética de una hormona llamada eritropoyetina, que aumenta la producción de glóbulos rojos. Los glóbulos rojos son responsables de llevar oxígeno a todas las células del cuerpo. Epogen les daría un impulso, convirtiendo el fármaco en el tratamiento perfecto para combatir varios tipos de anemia grave, por ejemplo, en pacientes cuyos glóbulos estuvieran dañados como consecuencia de un tratamiento de quimioterapia. En aquel momento, el fármaco estaba en proceso de aprobación. Con su lanzamiento inminente, los inversores empezaron a apostar cómo se vendería, lo cual, a su vez, provocaría un aumento en el precio de la acción de Amgen.

Otros departamentos de investigación habían identificado un mercado muy importante para el fármaco, pero los analistas de Shearson pensaban que podía haber otros. Sin duda, pensaron: tiene que haber otros usos para un fármaco que aumenta la producción de glóbulos rojos. Así que se volcaron en el proceso de investigación. Fred Fraenkel contaba, «todos los analistas y todas las secretarias se pusieron a hacer llamadas. Llamaron a unos 100 hospitales y farmacias de todo el mundo, tratando de estimar el mercado potencial para el fármaco. Una vez que dispusieron de todos los datos, supieron que Amgen tenía un fármaco multimillonario entre sus manos. Ningún departamento de investigación podría haber hecho esta estimación con un analista y una secretaria».

Los analistas de Shearson desafiaron la sabiduría convencional prediciendo que Amgen tenía un bombazo en sus manos. El equipo de Shearson estaba tan convencido que publicó varios anuncios en el *New York Times* y el *Wall Street Journal* para divulgar sus conclusiones.

Tenían razón. Epogen se convirtió en el fármaco más vendido de Amgen y en el fármaco más exitoso de toda la industria biotecnológica. En 1990, Shearson ocupaba el primer puesto del ranking de *Insititutional Investor*. En sólo tres años, Shearson había pasado de ocupar el quinceavo puesto al primer lugar.

La llamada de Amgen era algo que Rivkin nunca hubiera podido anticipar, y habría sido inútil intentar. Se concentró en lo que podía controlar: hizo una postal de destino («I.I. o muere») y describió algunos movimientos que darían un buen comienzo a los suyos. Tenía un buen principio y un buen final, y cuando la situación de Amgen apareció en el medio, el equipo estaba preparado.

8.

De momento, hemos aprendido muchas cosas sobre el Jinete y sobre sus fortalezas y debilidades. En un sentido positivo, el Jinete es un visionario. Está dispuesto a hacer sacrificios a corto plazo para obtener beneficios a largo plazo (por eso se pelea tanto con el Elefante, que generalmente prefiere la gratificación inmediata). Además es un estratega inteligente; dale un mapa y lo seguirá perfectamente. Pero también hemos visto muchas evidencias de los defectos del Jinete; sus limitadas reservas de fuerza, su parálisis frente a la ambigüedad y la toma de decisiones, y su tendencia a concentrarse en los problemas en lugar de en las soluciones.

Ésta es la buena noticia: las fortalezas del Jinete son importantes, y sus fallos se pueden mitigar. Cuando apelas al Jinete que está dentro de ti o de aquellos en los que estás intentando influir, tu plan de juego tiene que ser simple.

En primer lugar, tienes que identificar las excepciones. Piense en los niños vietnamitas que estaban bien alimentados contra todo pronóstico, o en las vendedoras de Genentech que aumentaron las ventas contra todo pronóstico. Cuando analice su situación, seguro que encontrará cosas que funcionan mejor que otras. No se obsesione por los fallos. En su lugar, investigue y clone los éxitos.

A continuación, tienes que dar dirección al Jinete, tanto un principio como un final. Mándele una postal de destino («¡pronto serás de Tercero!»), y describa sus movimientos críticos («¡compra leche con un 1% de materia grasa!»).

Al hacerlo, estará preparando al Jinete para liderar un cambio. Y le estará equipando para las continuas disputas que pueda tener con su reacio y formidable socio, el Elefante.

Motivar al Elefante

5
Identificar el sentimiento

1.

En 1992, Target era una compañía minorista regional que facturaba tres billones de dólares, una nimiedad comparada con sus competidores Kmart (nueve billones de dólares) y Wal-Mart (30 billones de dólares). Pero aspiraba a ser diferente. Incluso en aquella época, la publicidad de la cadena era moderna y elegante. Lamentablemente, la mercancía de la tienda no cumplía la promesa publicitaria. Los clientes se quejaban: los anuncios son magníficos, pero cuando entro en la tienda, encuentro el mismo producto aburrido que en Wal-Mart.

Ya sabe cómo acaba esta película. Durante los 15 años siguientes, Target se convirtió en «Tar-ZHAY», en un gigante de 63 billones de dólares, en el Apple del mundo de los minoristas, en el centro de todas las miradas, en el campeón del diseño. La nueva era empezó con la icónica tetera de Michael Graves y con los años se fue expandiendo hasta llegar a la ropa de cama de Todd Oldham y a las cortinas de ducha de Isaac Mizrahi y a los jerseys de Mossimo y a muchos más productos que reunían la gloriosa combinación de ser modernos y baratos.

El principio y el final de la historia de Target son bastante conocidos. Pero sospechamos que no se sabe demasiado de qué pasó entre medias, y es una lástima, porque lo que ocurrió fue que se produjo un cambio. No se produjo en la sala de juntas. Se produjo gracias a personas como Robyn Waters.[1]

Waters no tenía intención de trabajar en Target. Se definía a sí misma como una esnob de la moda, y había prometido que no volvería

---

1 **Robyn Waters, Target.** La historia de Waters procede de una entrevista realizada por Chip Heath a Robyn Waters en noviembre de 2008.

a Minnesota, donde había pasado su infancia, y donde el invierno se adueñaba de una buena parte del otoño y de la primavera. Indudablemente no tenía ninguna intención de trabajar en una tienda descuento. Tenía un trabajo envidiable en la tienda superpija de Jordan Marsh y vivía a todo plan: «viajaba a Italia y asistía a reuniones con Armani y Versace y me codeaba con todos los diseñadores y expertos en moda, y a los 30 años, eso está realmente bien. Pero de pronto, un día nos despidieron a todos. Y entonces dejé de tener perjuicios».

Se incorporó a Target en 1992, como directora de *prêt-à-porter*, y como responsable de pantalones negros con trabillas y de jerseys y camisetas de Looney Tunes. Se preguntaba cómo iba a poder pasar de Versace a Tweety Bird.

Cuando entró, la compañía estaba en un importante punto de inflexión. Bob Ulrich acababa de jubilarse de su puesto de director general, y había pasado a ser presidente del consejo. Tenía una visión muy clara de Target como «tienda descuento de gama alta» que se diferenciaba de las demás por el diseño. Soñaba con que algún día la diana de Target se convirtiera en una «lovemark»,[2] tan respetada y querida como Coca-Cola o los Beatles o el Lego. Quería que la diana fuera tan ubicua como las arcadas de McDonald's.

En ese momento, sin embargo, Target estaba muy lejos de poder hacer realidad esa visión. Tradicionalmente, los compradores de Target —los que eligen la mercancía que se pondrá a la venta en los distintos departamentos— se limitaban a copiar e imitar a los demás. Waters decía que la mentalidad de los que compraban ropa era «encontrar el modelo estrella, llevarlo a Asia, copiarlo y venderlo el próximo año a mitad de precio». Para que Target se convirtiera en una tienda de diseño, la compañía tenía que dejar de ir a la zaga de las tendencias y empezar a marcarlas. Eso fue lo que Waters ordenó en el departamento de Tendencias.

El problema era que Waters casi no tenía poder para promover esta visión. Los compradores no tenían que negociar con ella. «Tengo que

2 N. de la t.: Marcas que tienen tanto éxito que los consumidores las adoran.

ganármelos. No puedo obligarles, "este año tiene que haber mucho lila porque está de moda"», explicó.

Poco a poco, Waters fue ganando adeptos. Uno de los primeros fue la responsable de compras de jerseys de cuello alto. Estaba harta de utilizar los mismos modelos cada año —ya sabe, los estampados de nieve y renos que venden en todas las tiendas descuento—. Así que, a petición de Waters, contrató un diseñador para que hiciera diseños nuevos, y como ambas habían predicho, las ventas aumentaron drásticamente.

Estos experimentos tempranos proporcionaron a Water las historias de éxito que tanto necesitaba. Puesto que Target tenía una cultura analítica, orientada a los números, la publicación de los primeros resultados fue definitiva. Waters podía señalar a los «héroes» de la organización que se habían arriesgado y habían triunfado. («Mirad lo que ha hecho la responsable de compras de jerseys de cuello alto.»)

Durante un tiempo, la ropa de moda era de color neutro. Todo era gris, blanco, caqui, canela o negro. Luego, una temporada, hubo una explosión de color en las ferias de tejidos y en las tiendas de París y Londres. No fue algo discreto; fue una auténtica oleada. Por lo tanto, como directora de diseño de Target, Waters necesitaba que los responsables de compras se emocionaran con el color. Pero los responsables de compras, que se movían en función de los números, revisaban las ventas de los años anteriores y comprobaban que el color no se había vendido. (En esta situación, no serviría de nada apelar al Jinete porque los datos contradecían la postura de Waters.)

Así que Waters tuvo que ser muy creativa. Fue a la juguetería FAO Schwarz, en la que puedes encontrar M&Ms del color que quieras, y compró unas bolsas enormes llenas de M&Ms de colores brillantes para sus primeras reuniones. Puso los M&Ms en un bol de cristal, creando cascadas de color turquesa, rosa fucsia y verde lima. «La gente los verá y dirá "caramba" y yo diré, "ves, fíjate en tu reacción al color"».

Llevó muestras del recientemente lanzado iMac de Apple —de color lima, fresa, verde y naranja—, que había sido una auténtica sensación. Por primera vez, los consumidores elegían el color de sus ordenadores con la misma seriedad con la que elegían el color de sus coches. Y constantemente llevaba fotos de tiendas de todo el mundo. Mostraba a un responsable de compras la foto de una colección de polos y decía, «ves, tienen tres de color neutro, uno amarillo claro y luego añaden el azul eléctrico para destacar». Luego montaba una exposición, para que los responsables de compras pudieran ver por sí mismos, *caramba, ese color azul destaca*. Y al poco tiempo, ese polo de color azul eléctrico aparecía en una tienda Target, como parte de la nueva colección.

Así es como funciona el cambio organizativo.

Cuando Waters habla de este período, insiste en que no fue la «heroína» de la historia de Target. Dice que fue una de las personas, entre otras muchas, que transformó la compañía. No obstante, al evaluar su contribución, llama la atención que sus éxitos se produjeran a pesar de su falta de autoridad y recursos. Waters decía, «en esa época no disponía de personal. Siempre estaba pidiendo gente prestada y mis presupuestos nunca cuadraban. Pero contaba con el apoyo de los responsables de compras que decían, "Oh, me sobra uno por aquí. Y puedes contratar a esta diseñadora, pero sólo va a trabajar en lo nuestro". Y los de otra división decían, "caramba, yo también quiero una"».

Waters no sólo no tenía control sobre los responsables de compras, sino que además no hablaba su idioma. De hecho, el mayor misterio del éxito de Waters podría perfectamente ser éste: en la cultura analítica de Target, en la que los números eran el idioma común, ¿por qué un puñado de demostraciones marcaron la diferencia?

2.

En *Las claves del cambio*,[3] John Kotter y Dan Cohen describen un estudio que realizaron con la ayuda de un equipo de Deloitte Consulting. El equipo de proyectos entrevistó a más de 400 personas de más de 130 compañías de Estados Unidos, Europa, Australia y Sudáfrica, con el fin de averiguar por qué se producía el cambio en las grandes organizaciones. Basándose en los datos, Kotter y Cohen dijeron que en muchas situaciones de cambio, los directivos inicialmente se centran

---

3 **En *Las claves del cambio*.** Ver John P. Kotter y Dan S. Cohen (2002), *The Heart of Change*, Boston: Harvard Business School Press, p. 10, publicado en castellano como *Las claves del cambio* (Deusto, 2004). La cita sobre las ventajas de las herramientas analíticas está en la p. 12.

en la estrategia, la estructura, la cultura, o los sistemas, lo cual les lleva a pasar por alto lo más importante:

> ...lo más importante, es cambiar el comportamiento y el cambio de comportamiento se consigue, básicamente, apelando a los sentimientos. Esto es cierto incluso en organizaciones que están muy centradas en el análisis y en las mediciones cuantitativas, incluso en personas que se creen inteligentes en el sentido de un MBA. En esfuerzos de cambio altamente exitosos, la gente encuentra la manera de ayudar a los demás a ver los problemas o soluciones de formas que influyan en las emociones, no sólo en la mente.

En otras palabras, si el cambio funciona, es porque los líderes hablan tanto al Elefante como al Jinete.

Muchos de nosotros, en la piel de Robyn Waters, hubiéramos hecho un estudio sobre el poder del diseño. Hubiéramos preparado un PowerPoint con cuadros y gráficos y habríamos seleccionado citas del presidente que hubiera abrazado la visión de potenciar el diseño. Al terminar nuestra presentación, todos los presentes entenderían perfectamente nuestra explicación. ¡Puede que incluso la compartieran! Pero ¿cambiarían su comportamiento? La investigación de Kotter sugiere que no.

Kotter y Cohen sostienen que mucha gente cree que el cambio se produce por este orden: ANALIZAR-PENSAR-CAMBIAR. Primero analizas, luego piensas y luego cambias. En un entorno normal, puede que funcione bastante bien. Si tiene que reducir los costes de duplicación en su imprenta en un 6%, o si tiene que reducir en cinco minutos el tiempo que tarda cada día en desplazarse a su trabajo, este proceso le será de gran utilidad. Kotter y Cohen dicen que las herramientas analíticas funcionan mejor cuando «los parámetros se conocen, las hipótesis son mínimas, y el futuro no es incierto».

Pero las situaciones de grandes cambios no son de este tipo. En muchas situaciones de cambio, los parámetros no se conocen muy bien, y el futuro es incierto. Debido a la incertidumbre que el cambio genera, el Elefante es reacio a moverse, y los argumentos analíticos no superarán esa reticencia. (Si una persona no está segura de casarse con su pareja, no va a convencerla hablándole de las ventajas fiscales y de los impuestos que puede ahorrarse.)

Kotter y Cohen observaron que, en casi todos los esfuerzos de cambio exitosos, la secuencia del cambio no es ANALIZAR-PENSAR-CAMBIAR, sino más bien VER-SENTIR-CAMBIAR. Hay que presentar pruebas que generen algún tipo de sentimiento. Puede ser una visión molesta de un problema, o una visión esperanzadora de la solución, o una revisión formal de sus hábitos actuales, pero en cualquier caso, algo que afecta a nivel emocional. Algo que hable al Elefante.

Para preparar las presentaciones para sus colegas de Target, Robyn Waters se basó en la filosofía VER-SENTIR-CAMBIAR. Preparó exposiciones que dejaban entrever a los responsables de compras lo que era posible: ¿Veis como destaca el polo azul? ¿Veis cómo llama la atención? Trajo iMacs y M&Ms y dejó que todo el mundo se entusiasmara con ellos: «¿Veis?, fijaos en vuestra reacción al color». (Y, por cierto, ¿no sería estupendo formar parte del mismo movimiento que Steve Jobs y Apple?)

Waters pensó detenidamente en lo que verían sus colegas porque sabía cómo quería que se sintieran: dinamizados, esperanzados, creativos, competitivos. Y ellos mordieron el anzuelo.

Acordémonos también de la historia de Jon Stegner en el Capítulo 1, el hombre que creó el Santuario de los Guantes. Sabía que a sus colegas no les entusiasmaba la idea de centralizar las compras, así que no se tomó la molestia de hablar de los números. En su lugar, les mostró algo que les hizo sentir algo. (¿De verdad compramos todos estos tipos de guantes diferentes?) VER-SENTIR-CAMBIAR.

Tratar de combatir la inercia y la indiferencia con argumentos es como lanzar un extintor a una persona que se está ahogando. La solución no se corresponde con el problema.

No obstante, a veces puede ser difícil identificar por qué la gente no apoya el cambio que propones. ¿No lo entienden o no les entusiasma la idea? ¿Tiene que apelar al Elefante o al Jinete? La respuesta no siempre es obvia, ni siquiera para los expertos.

3.

Pam Omidyar, fundadora de HopeLab, conocía las dificultades de los adolescentes con cáncer. Tenían que soportar semanas de quimioterapia brutal en el hospital y volvían a sus casas hechos un desastre, sin energía, perdiendo pelo a puñados, con la garganta irritada y dolorida y el sistema inmune destrozado. Pero cuando finalmente abandonaban el hospital para regresar a sus casas, sólo pensaban en una cosa: seguramente lo peor había pasado. De ahora en adelante, sus obligaciones serían relativamente simples: tendrían que informar de cualquier síntoma que desarrollaran, como fiebre, y tomarse las medicinas religiosamente, lo cual podría incluir un régimen de antibióticos y una dosis baja de pastillas de quimioterapia durante dos años.

Pero muchos adolescentes no cumplían, en parte porque seguir el régimen de medicación no era fácil. Los efectos secundarios de la quimioterapia, aun a dosis bajas, eran severos —náuseas, erupciones cutáneas, cansancio, irritabilidad—. Estos efectos secundarios, no eran nada comparados con el horror de la quimioterapia intensiva, y si no respetaban las dosis, los chicos, se arriesgaban a la reaparición del cáncer. Steve Cole, director de investigación de HopeLab, dice, «si te saltas el 20% de tus dosis, no tienes un 20% más de probabilidad de volver a tener cáncer, sino que tus probabilidades aumentan un 200%».

¿Cómo podrían los adolescentes asumir un riesgo tan terrible? Omidyar estaba convencida de que los adolescentes simplemente no estaban recibiendo el mensaje. Buscó una nueva manera de influir en su comportamiento, algo no convencional, algo que hablara su mismo idioma. Su inspiración fue hacer un videojuego.

Tras meses de esfuerzo, HopeLab desarrolló un juego llamado *Re-Mission*.[4] En el juego, los adolescentes se transforman en Roxxi, un

---

4 ***Re-Mission* de HopeLab.** La historia que está detrás del juego *Re-Mission* procede de una entrevista realizada por Chip Heath al director de investigación de HopeLab, Steve Cole, en noviembre de 2008. Las pruebas clínicas del juego *Re-Mission* de HopeLab se describen en Pamela M. Kato, Steve W. Cole, Andrew S. Bradlyn y Brad H. Pollock (2008), «A Video Game Improves Behavioral Outcomes in Adolescents and Young Adults with Cancer: A Randomized Trial», *Pediatrics*, 122, e305-e317. La duplicación de las posibilidades de un incremento del 20% de la aceptación está indicada por Jean L. Richardson y cols. (1990),

nanobot que se mueve por todo el flujo sanguíneo eliminando células cancerígenas con descargas eléctricas y rayos láser cargados de fármacos. Entre medias de las partidas, los adolescentes pueden visualizar breves vídeos protagonizados por Smitty, un robot mentor, que ofrece información adicional sobre la quimioterapia y la recuperación.

Re-Mission incluye 20 niveles de juego, cada uno de una hora de duración y cargado de información. El equipo de HopeLab estaba convencido de que si lograba que los chicos jugaran, cualquier problema que pudiera hacer que no cumplieran las pautas de su tratamiento desaparecería.

Finalmente el equipo lanzó la primera prueba clínica de *Re-Mission*. En 2008, publicaron los resultados en la revista médica *Pediatrics*. Para satisfacción del equipo, el juego aumentó la adherencia de los chicos a sus tratamientos médicos. La cantidad de fármacos de quimioterapia que circulaba por la sangre de los chicos que jugaban al juego aumentó un 20%. Puede que no parezca demasiado, pero pequeñas diferencias en adherencia hacen una diferencia importante en la salud. Las probabilidades de sobrevivir al cáncer se duplican si logras aumentar la adherencia a la quimioterapia un 20%.

Pero había una sorpresa oculta bajo la evidencia del éxito. En realidad, muchos chicos no jugaban mucho al juego, y sólo intentaban superar uno o dos niveles, en lugar de los 20 que habían sido diseñados en el juego. Sin embargo, incluso estos chicos acababan tomando su medicación más regularmente. De hecho, los chicos que sólo superaban dos niveles estaban cambiando su comportamiento tanto como los que superaban los 20 niveles.

A simple vista, esta conclusión parecía tan absurda como descubrir que los estudiantes tienen notas comparables en sus exámenes finales de álgebra tanto si asisten a una semana de clase como si lo hacen todo el semestre. El director de investigación Cole reconoció, «claramente, en uno o dos niveles no les enseñamos demasiado, ya que la mayor parte del tiempo la pasan recorriendo el cuerpo destrozando cosas».

«The Effect of Compliance with Treatment on Survival Among Patients with Hematologic Malignancies», *Journal of Clinical Oncology*, 8 (2), 356-364.

¿Por qué la parte no utilizada del juego había sido tan efectiva para cambiar el comportamiento de los chicos?

Cole empezó a preguntar, tratando de entender el desconcertante resultado. Uno de sus amigos, un profesor de marketing de Stanford dijo, «míralo desde el punto de vista del marketing. El comportamiento se puede cambiar con un anuncio de TV breve. No se consigue con información. Se consigue con identidad: "si me compro un BMW, voy a ser este tipo de persona. Si hago este tipo de vacaciones, soy este tipo de persona respetuosa con el medio ambiente"».

Y Cole cayó en la cuenta: si los jóvenes no seguían su tratamiento farmacológico, no era por un problema de información, sino emocional. Dijo, «todo se reduce a una cuestión de identidad. Cuando te sometes a un tratamiento de quimioterapia intensivo, el cáncer te roba la vida». Los chicos pensaban, «sólo quiero volver a ser como era antes». Ya no quieren ser «el chico enfermo» nunca más.

El juego establecía una conexión emocional a nivel interno. Tú eres Roxxi, el nanobot, que combate enérgicamente el cáncer. Cargas tu pistola de rayos con quimioterapia y antibióticos. La medicina significa poder. Y los vídeos educacionales que aparecen de vez en cuando, con el robot mentor hablándote de la importancia de cumplir, son completamente irrelevantes para el cambio que se va produciendo. No es un cambio de conocimientos, sino de sentimientos. Es darse cuenta de que *puedes hacerlo. De que estás al mando.* La quimioterapia no te recuerda la enfermedad: te permite recuperar tu vida, tu yo real del cáncer. Tómate las pastillas y dejarás de ser un chico con cáncer para siempre.

CLINIC
¿Cómo conseguir que los programadores tengan en cuenta al consumidor final?

SITUACIÓN. En muchas compañías de software, los programadores, que son responsables de diseñar nuevos programas de software, se enamoran de su código. Cuando los clientes prueban sus programas, pueden ser escépticos al comentario que reciben de éstos. En Microsoft, por ejemplo, un test de una nueva aplicación demostró que seis de cada diez usuarios no sabían cómo tenían que utilizarla. Cuando los responsables de hacer el test compartieron los datos con los programadores, su reacción fue, «¿dónde vas a encontrar seis personas tan negadas?».[5] Muchas compañías experimentan una forma de este problema. ¿Es posible convencer a los programadores de que tengan más en cuenta los comentarios de los usuarios?

¿QUÉ HAY QUE CAMBIAR Y QUÉ ESTÁ FRENANDO EL CAMBIO?

En último término, las compañías necesitan que los programadores modifiquen el software para tener en cuenta los comentarios que reciben de los usuarios; en caso contrario, los programas no tendrán éxito. Pero algunas veces, los programadores se resisten o desestiman los comentarios de los usuarios, y se limitan a hacer revisiones testimoniales en lugar de intentar empatizar con las dificultades de los usuarios. Probablemente es un problema del Elefante. Los programadores saben lo que se espera de ellos pero no les gusta verse obligados a cambiar su magnífico código por las tonterías de su audiencia. Pero no nos apresuremos a definir a los programadores con un estereotipo (como tecnólogos arrogantes). Los juicios de carácter como este reflejan una parcialidad psicológica que veremos en el Capítulo 8. Vamos a concentrarnos en ofrecer a los programadores más motivación y en allanar su camino.

¿CÓMO HAY QUE HACER EL CAMBIO?

• *Dirigir al Jinete.* **1. Señalar el destino.** Deberíamos hacer un dibujo de la gloria del grupo que resultaría de un lanzamiento de producto exitoso. Los programadores serían héroes del software, y tendrían una línea en sus currículos que siempre sería impresionan-

---

5   «¿**Dónde puedes encontrar seis personas estúpidas?**» Ver M. A. Cusumano y R. W. Selby (1995), *Microsoft Secrets*, Nueva York: Free Press. El test de laboratorio de la facilidad de uso de Microsoft se describe en la p. 379. El problema de los programadores que tienen máquinas más avanzadas que sus clientes se discute en la p. 347.

te. Escuchar con atención al cliente es simplemente una forma de acelerar la gloria. **2. Describir los movimientos críticos.** ¿Estamos siendo lo suficientemente específicos con respecto a lo que necesitamos de los programadores? Imagine que les decimos que la característica «fácil de utilizar» de sus programas se califica de «pobre, mala». ¿Qué pueden hacer al respecto? Sus Jinetes darán vueltas al tema durante horas, tratando de decidir entre docenas de mejoras posibles. Somos responsables de definir los movimientos críticos, en la línea de «tenemos que ofrecer a la gente una manera más rápida de rotar estos objetos».

- *Motivar al Elefante.* **1. Identificar el sentimiento.** En Microsoft, invitaron a los programadores a visitar el laboratorio de pruebas de usabilidad. Allí, desde un espejo especial, podían observar a usuarios reales luchando con sus programas. Fue definitivo. El director del laboratorio de pruebas dice que cuando los programadores ven al usuario en directo, «de repente se les ocurren veinte ideas. En primer lugar, empatizan inmediatamente con la persona. Las típicas respuestas tontas "bueno, si no saben cómo funciona que lo miren en el manual", o "mi idea es brillante, el problema es que has dado con seis personas negadas"... ese tipo de cosas son las más normales». **2. Hacer que se sientan orgullosos de lo suyo.** A los programadores les podría inquietar que, en caso de que hubiera que revisar su código, se obtuviera un reflejo negativo de sus habilidades. (Hablaremos más de ello en el Capítulo 7, en la sección de la «mentalidad fija».) Tenemos que hacer hincapié en que el test de un buen programador no es la calidad del borrador de su primer código; sino lo bien que el programador codifica teniendo en cuenta los obstáculos inevitables. Hemos de hacer un esfuerzo por elogiar las soluciones ingeniosas a los problemas de los usuarios.

- *Allanar el Camino.* **1. Crear hábitos.** ¿Llegan los comentarios en el momento más conveniente del ciclo de desarrollo del código? Los programadores tienen rutinas que les funcionan. ¿Podemos hacer un esfuerzo por introducir el test del usuario dentro de una rutina existente a fin de no complicar el Camino? **2. Modificar el entorno.** En muchas compañías, los programadores disponen de los mejores ordenadores. Esta práctica es magnífica para la productividad pero desastrosa para fomentar la empatía con los clientes. Un directivo dice que cada vez que sus programadores utilizan máquinas de una generación por delante del equipamiento de sus clientes, el software que crean presenta problemas de usabilidad. ¿Por qué? Porque los programadores no tienen ninguna intuición sobre la lentitud con la que el software funciona para el usuario final típico. Solución: hacer que los programadores programen en las máquinas que utilizan los clientes. (Esta es otra solución que ha puesto en práctica Microsoft.)

4.

Cuando presionamos para un cambio y éste no se produce, muchas veces lo achacamos a una falta de entendimiento. Una madre se queja, «si mi hija supiera que sus hábitos de conducción son peligrosos, cambiaría». Un científico dice, «si pudiéramos conseguir que el Congreso entendiera los riesgos del calentamiento global, seguramente tomarían medidas legislativas».

Pero cuando la gente no cambia, no suele ser por un problema de comprensión. Los fumadores saben que fumar no es bueno para la salud, pero no dejan de fumar. Los fabricantes de coches estadounidenses de principios del siglo xxi sabían que dependían demasiado de las ventas de utilitarios y de camiones —y por lo tanto del precio del crudo—, pero no innovaron.

Hasta cierto punto, entendemos esta tensión. Sabemos que hay una diferencia entre saber cómo hay que actuar y estar motivado para actuar de ese modo. Pero cuando se trata de cambiar el comportamiento de los demás, nuestro primer impulso es enseñarles algo. *¡Fumar es realmente malo para la salud! ¡El tratamiento de quimioterapia es realmente importante!* Estamos hablando al Jinete cuando en realidad deberíamos hablar al Elefante.

Llegar a esta conclusión —que podemos hacer una exposición impecablemente racional para el cambio y que, sin embargo, la gente siga sin cambiar— resulta bastante frustrante. ¿Por qué Robyn Waters tenía que tomarse la molestia de preparar presentaciones para sus colegas de Target? ¿No debería haber bastado con el atractivo de la lógica de la innovación del diseño?

¿Por qué no basta con mentalizarse de que hay que adoptar un nuevo comportamiento? La respuesta es que, en algunos casos, no nos podemos fiar de nuestra forma de pensar.

5.

Mientras usted observa, un extraño entra en una habitación y se sienta detrás de una mesa. Coge un papel y empieza a leer en voz alta una información genérica sobre el tiempo: «mañana habrá temperaturas máximas de 26 grados que por la noche bajarán a 12 grados...». Completa su informe en unos 90 segundos y sale de la habitación.

A continuación, le piden que adivine su cociente intelectual (CI).

Forma parte de un experimento psicológico y se opone a lo absurdo de lo que le preguntan. *No sé nada de ese tipo. Simplemente ha entrado en una habitación y ha leído un informe. Ni siquiera era su informe; ¡se lo habéis dado para que lo leyera! ¿Cómo voy a saber su cociente intelectual?*

A regañadientes, hace una estimación. Al mismo tiempo, le piden a Fake Weatherman[6] (el extraño) que adivine su propio cociente intelectual. ¿Quién se ha acercado más?

Sorprendentemente, usted, a pesar de no saber absolutamente nada de Fake Weatherman. Dos psicólogos, Peter Borkenau y Anette Liebler, de la *Universität Bielefeld* de Alemania, hicieron este experimento y concluyeron que las predicciones de CI de los desconocidos eran mejores que las de aquellos cuyo CI estaba siendo estimado, un 66% más precisas, aproximadamente.

---

6 **Fake Weatherman.** Ver Peter Borkenau y Anette Liebler (1993), «Convergence of Stranger Ratings of Personality and Intelligence with Self-Ratings, Partner Ratings, and Measured Intelligence», *Journal of Personality and Social Psychology*, 65, 546-553. La correlación entre las autoevaluaciones y el cociente intelectual medido era 0,29, representando el 8% de la varianza. La correlación entre las evaluaciones de desconocidos y el cociente intelectual era 0,38, representando el 14% de la varianza. Por lo tanto, los desconocidos lo hicieron un 66% mejor que ellos mismos.

Para ser sinceros, no es que su capacidad de estimación sea brillante; es que es un pésimo evaluador. Todos nos evaluamos fatal.[7] A los estudiantes universitarios se les da mucho mejor predecir la longevidad de las relaciones románticas de sus compañeros de habitación que las suyas propias.

Saboree, por un momento, lo absurdo de estas conclusiones. Fake Weatherman tiene toda la información y usted no tiene ninguna. Él tiene décadas de datos, años de estudios, puntaciones de exámenes, evaluaciones laborales y más. ¡Fake Weatherman debería ser el mayor experto del mundo en Fake Weatherman!

Si la autoevaluación sólo estuviera basada en la información, las conclusiones de estos estudios hubieran sido imposibles. Sería como descubrir que puede ganar a varias madres elegidas al azar al preguntarles cuántos hijos tienen.

Pero la autoevaluación implica interpretación y ahí es donde entra en juego el Elefante. El Elefante tiende a hacer la interpretación más optimista posible de los hechos. («La media de mis notas es un signo de mi inteligencia, demuestra que mi intelecto simplemente no está siendo desafiado lo suficiente como para que me dedique todo lo que tendría que dedicarme.»)

Todos hemos oído hablar de los estudios que demuestran que la gran mayoría nos consideramos conductores superiores a la media. En la literatura psicológica, esta idea se conoce con el nombre de ilusión positiva. Nuestros cerebros son fábricas de ilusión positiva: sólo el 2% de los alumnos de segundo de Bachillerato creen que sus

---

7 **Todos somos unos autoevaluadores pésimos.** Los estudios sobre la autoevaluación y los ejemplos de ilusiones positivas están resumidos en David Dunning, Chip Heath y Jerry Suls (2004), «Flawed Self-Assessment: Implications for Health, Education, and the Workplace», *Psychological Science in the Public Interest*, 5, 69-106. David Dunning también ha realizado una investigación interesante sobre lo que él denomina fenómeno del «no cualificado e ignorante». Los peores autoevaluadores son personas que carecen de aptitudes. Por ejemplo, los que no tienen sentido del humor suelen creer que sus chistes malos son divertidos, y los que carecen de habilidad en gramática suelen ignorar una corrección útil. Cuando se publicó la investigación, aparecieron docenas de artículos en prensa ilustrando el fenómeno del «no cualificado e ignorante» con una discusión de los jefes de empresa, un tema no cubierto en el artículo de investigación original.

capacidades de liderazgo están por debajo de la media. Un 25% de la gente cree que está entre el 1% más alto en su habilidad por llevarse bien con los demás. El 94% de los profesores universitarios afirman hacer un trabajo superior a la media. La gente cree que tiene menos riesgo de sufrir un infarto, cáncer o una enfermedad relacionada con los alimentos como la salmonela, que los demás. Lo peor de todo, la gente cree que tiene más probabilidades de realizar autoevaluaciones precisas que los demás.

Las ilusiones positivas constituyen un gran problema para el cambio. Para que una persona pueda cambiar, para que pueda avanzar en una nueva dirección, tiene que tener una orientación. Pero las ilusiones positivas hacen que sea muy difícil orientarse, hacerse una idea clara de quién somos y adónde vamos. ¿Cómo podemos disipar las ilusiones positivas de la gente sin descargar negatividad en ellos?

6.

Una forma de acabar con las ilusiones positivas, la podemos ver a través del ejemplo de una agencia estatal de Massachusetts llamada *Department of Youth Services* (DYS). El DYS se ocupa de delincuentes jóvenes, es decir, es tanto un correccional como una organización de servicios sociales. A finales de los 70, Massachusetts lideró un esfuerzo pionero por mejorar su sistema judicial juvenil, al transformar las prisiones de jóvenes en una red de organizaciones no lucrativas —centros de reinserción, casas de grupos, centros de atención ambulatoria, centros de trabajo y más—. El objetivo de estas organizaciones era rehabilitar a los jóvenes delincuentes y mantenerles dentro de sus comunidades.

Cuando Massachusetts adoptó este modelo, el DYS tuvo que cambiar considerablemente. La agencia empezó a trabajar principalmente a través de proveedores —como centros de rehabilitación y centros ambulatorios— en lugar de ofrecer servicios a los chicos directamente. Como resultado, los empleados de la agencia tuvieron que adaptar su forma de trabajar, y muchos de ellos llevaron la transición muy bien.

Excepto el departamento de contabilidad.

El director de contabilidad era un jefe muy autoritario que llevaba su departamento con puño de hierro. Tenía fama de gritón; algunos le llamaban Atila el Contable.[8] Atila era excesivamente meticuloso con el cumplimiento de las reglas. Si presentabas un informe de gastos a su equipo y te olvidabas de un pequeño detalle —una fecha, un subtotal— los contables te devolvían el informe inmediatamente en lugar de corregirlo ellos. Debido a esta mezquindad percibida, Atila era «bastante odiado por toda la organización», contaba Sim Sitkin, que en aquella época era director de planificación e investigación del DYS. El equipo de contabilidad de Atila se consideraba más un perro policía que un proveedor de servicios interno.

Cuando el DYS adoptó el modelo de red, el centro de atención del departamento de contabilidad también cambió. Ahora eran los proveedores externos los que presentaban las solicitudes de reembolso, no los empleados. Y podemos decir una cosa buena de Atila: era consistente. Trataba a los nuevos proveedores con el mismo estilo dictatorial que había utilizado con sus colegas. Si los proveedores le presentaban informes que no eran perfectos, los rechazaba. Esto creó problemas importantes también. Como dijo Sitkin, «estas organizaciones no lucrativas no disponían de muchos recursos. Iban muy justas, y los retrasos en los pagos ponían realmente en peligro su capacidad de atender a los chicos».

Sitkin y Gail Anne Healy, el subdelegado de la comisión del DYS, empezaron a recibir llamadas desesperadas de estas organizaciones no lucrativas. En algunos casos, no podían pagar sus nóminas a menos que Atila pagara sus cheques rápidamente. Sitkin y Healy intentaron razonar con Atila; trataron de explicarle por qué era importante atender sus peticiones. Pero, como hemos visto repetidamente, la información no fue suficiente para provocar un cambio. Atila siguió siendo Atila.

Frustrados, Sitkin y Healy pidieron a Atila que les acompañara en uno de sus viajes. Tenían que ir a visitar a algunos de los proveedores de servicios más importantes del DYS. Muchas veces, estos provee-

---

8 **Atila el Contable.** Sim Sitkin, que actualmente es profesor de economía en la *Duke University's Fuqua School of Business*, contó esta historia a Chip Heath en mayo de 2009.

dores operaban desde viejas casas de barrios deprimidos. Sus oficinas parecían dilapidadas y caóticas. Y en medio de este entorno, sus empleados hacían todo lo posible para que se produjeran pequeños milagros. «El empleado típico», dijo Sitkin, «era como una combinación de un policía de barrio y un trabajador social. Algunas veces te trataban como si alguna vez hubieran estado en la misma situación que los chicos que estaban tratando de ayudar. Trabajaban muy duro y obviamente no ganaban mucho dinero».

Durante las visitas, Atila pudo ver, de primera mano, lo ocupados que estaban y lo incómodo que resultaba el lugar de trabajo. No tenían despachos con puertas que pudieran cerrarse como la suya. Era ruidoso, gracias a los chicos que vivían ahí, que estaban constantemente entrando y saliendo, o cocinando, o simplemente dando vueltas por ahí y hablando. Los trabajadores sociales corrían de un lado a otro, intentando controlar a los chicos y enviarlos a los despachos de los médicos o a entrevistas de trabajo.

Atila vio y sintió la precaria situación financiera de estas organizaciones no lucrativas. Estaban pendientes de un hilo. Cuando retrasaba uno de sus cheques, significaba que no podían pagar algo. Puede que tuvieran que aplazar el pago de las nóminas, o dejar de comer, o posponer la visita al médico de un chico que la necesitaba mucho. Por primera vez, Atila se hizo una idea del daño que estaba causando siendo tan puntilloso. Volvió a la oficina como un hombre transformado.

Pero cuidado, seguía siendo Atila. Seguía siendo autoritario y seguía gritando. Pero ahora gritaba por otras cosas. «Antes gritaba a sus empleados, "¿por qué me habéis entregado esta hoja si falta algo?"», dijo Sitkin. «Luego, lo cambió por, "¿no os dais cuenta de lo que ocurre cuando no pagamos este cheque a tiempo? ¡La gente tiene que cobrar la nómina!"».

La transformación de Atila representaba una victoria sobre las ilusiones positivas. Antes del viaje, si a Atila le hubieran dicho que evaluara su actuación como contable, lo más seguro es que se hubiera situado entre el 10% mejor. En su mente, la contabilidad implicaba prestar atención al detalle, mantener estándares rigurosos y resistir la presión política.

Hubiera tenido razón de puntuarse alto en estas medidas, pero también hubiera sido egoísta. Uno de los motivos por los que nos creemos mejores líderes, conductores, esposas y jugadores de equipo, es porque definimos estos términos de forma que nos halagan. (*Realmente soy un buen jugador de equipo. ¡Siempre estoy dando a mis compañeros consejos útiles de cómo mejorar!*) La ambigüedad en términos como «líder» o «jugador de equipo» propicia nuestras ilusiones, por eso nos resulta mucho más difícil considerarnos mejores que la media.

La ambigüedad de ser un «buen contable» desapareció cuando Atila conoció a los trabajadores de los servicios sociales. Cuando vio lo duro que tenían que trabajar y las precarias condiciones en las que tenían que hacerlo, le fue imposible no empatizar con ellos, y ese sentimiento de empatía desacreditó sus ilusiones positivas. *Creía que ser un buen contable era una cuestión de rigor, pero ahora veo que también es una cuestión de servicio.* Habiéndose visto obligado a experimentar la inadecuación de su vieja mentalidad, se convirtió en un fanático de la nueva: *equipo, ¡más vale que paguéis esos cheques lo antes posible, la gente está esperando que lo hagamos!*

Puede que no sea una historia conmovedora, pero no hay duda de que es un gran cambio. Atila el contable era un caso difícil. Healy y Sitkin lograron atravesar su exterior espinoso y hacerle sentir algo. Y cuando sintió algo, cambió. Ese resultado debería darnos esperanza de que podemos llegar a los Atila que hay en nuestras vidas (Atila el padre, Atila el jefe, o Atila el adolescente).

7.

La emoción es lo que motiva al Elefante. Para conseguir el cambio, hay que identificar el sentimiento. Pero ¿qué sentimiento? ¿Rabia, esperanza, desmayo, entusiasmo, miedo, felicidad, sorpresa?

HopeLab hizo un videojuego para adolescentes con cáncer que generó en ellos un sentimiento de control y poder. La exposición de guantes de Jon Stegner impactó a los ejecutivos y les hizo tomar la decisión de resolver el tema. El laboratorio de usabilidad de Microsoft hizo que los programadores empatizaran con sus clientes. ¿Servirá de algo hacer que conecten con algún viejo sentimiento?

Muchas veces hemos oído que las personas sólo cambian cuando una situación de crisis les obliga a hacerlo, lo cual significa que hemos de crear una sensación de miedo o de ansiedad o de fracaso. Dos profesores de la *Harvard Business School*, al escribir sobre el cambio organizativo, dicen que el cambio es difícil porque la gente se resiste a cambiar los hábitos que le han funcionado bien en el pasado. «En ausencia de una amenaza extrema,[9] los empleados seguirán haciendo lo que siempre han hecho». En consecuencia, los profesores hacen hincapié en la importancia de la crisis: «los líderes del cambio tienen que convencer a los empleados de que la organización está realmente con un pie en la tumba; o que, al menos, los cambios radicales son necesarios para que la organización sobreviva y prospere». En otras palabras, si hace falta, hay que crear una crisis para convencer a la gente de que se enfrenta a una catástrofe y no tiene más remedio que moverse.

Ideas similares sobre la importancia de la crisis prevalecieron durante un tiempo entre los terapeutas, muchos de los cuales pensaban que no podían ayudar a los alcohólicos o a los drogadictos hasta que tocaran fondo. En los años 80, en una conferencia del sector, la terapeuta Ruth Maxwell hizo una presentación sugiriendo a los terapeutas que la actualmente conocida técnica de la «intervención» de la familia fuera utilizada para convencer a los adictos de que iniciaran un programa de tratamiento aunque no hubieran tocado fondo. En su libro *Breakthrough*, Maxwell escribió que «casi la abuchearon... Procedentes de entornos profundamente arraigados en la psiquiatría tradicional, creían firmemente que la gente no podía ser tratada a menos que estuviera motivada para el tratamiento». Y estar «motivado» requería una crisis de fondo.[10]

---

9 **«En ausencia de una amenaza extrema».** Ver David A. Garvin y Michael A. Roberto (febrero 2005), «Change Through Persuasion», *Harvard Business Review*, pp. 1-8, reeditado por Harvard Business School Press (2006), *Harvard Business Review on Leading Through Change* (pp. 85-104), Boston: Harvard Business School Press. La cita «amenaza extrema» está en la p. 86; la cita del «lecho de muerte» está en la p. 87.

10 **Crisis de fondo.** Ver Ruth Maxwell (1986), *Breakthrough: What to Do When Alcoholism or Chemical Dependency Hits Close to Home*, Nueva York: Ballantine Books; el incidente de la conferencia está en las pp. 4-5.

Hablando de la necesidad percibida de la crisis, vamos a hablar ahora de «la plataforma ardiente»,[11,12] una frase familiar en la literatura del cambio organizativo. Hace referencia a un terrible accidente que ocurrió en 1988 en la plataforma petrolera Piper Alpha del Mar del Norte. Una fuga de gas provocó una explosión que partió la plataforma en dos. Según dijo un periodista, «los que sobrevivieron tuvieron que tomar una decisión terrible: saltar desde 45 metros de altura al mar o enfrentarse a una muerte segura permaneciendo en la plataforma que se estaba desintegrando». Andy Mochan, superintendente de la plataforma, dijo, «era saltar o morir, así que salté. Finalmente acabaron rescatándome gracias a una misión en la que participó la OTAN y la Royal Air Force».

De esta tragedia humana ha emergido un cliché empresarial bastante ridículo. Cuando los ejecutivos hablan de la necesidad de tener una plataforma ardiente, en realidad, se están refiriendo a que tiene que haber alguna forma de asustar a los empleados para que cambien. Crear una plataforma de este tipo es dar una imagen tan desastrosa del estado actual de las cosas que los empleados no tienen más remedio que lanzarse al embravecido mar. (Y por «lanzarse al embravecido mar», lo que queremos decir es que cambien sus prácticas organizativas. Lo cual sugiere que este uso de la plataforma en llamas podría perfectamente ser la definición del diccionario de la palabra hipérbole.)

Resumiendo, la plataforma ardiente es una solución magnífica, edificante para el equipo: «¡Equipo, vamos a dar un salto peligroso al océano en lugar de quedarnos aquí, ardiendo hasta morir! Y ahora ¡volved al trabajo!».

Dejando a un lado la metáfora de la plataforma ardiente, el miedo puede ser un factor de motivación realmente potente. Considere la famosa campaña publicitaria *Daisy* de LBJ de 1964, en la que aparecía una niña sosteniendo una margarita mientras una gran nube emergía

11 N. de la t.: Situación que hace inviable mantener el statu quo y fuerza al cambio, situación en la que la permanencia deja de ser una opción.
12 **La plataforma ardiente.** Ver William E. Smith y Helen Gibson (18 de julio, 1988), «Disaster "Screaming like a Banshee,"» *Time*, http://www.time.com/time/magazine/article/0,9171,967917,00.html (publicado el 28 de mayo, 2009).

tras ella. Si votas a Goldwater, sugería el anuncio, puedes matar a tu hijo. O considere el sórdido director inmobiliario de la película *Glengarry Glen Ross*, la obra del ganador del premio Pulitzer David Mamet: «el primer premio es un Cadillac Eldorado... El segundo premio es un juego de cuchillos. El tercer premio es que estás despedido».

Los educadores en la salud, también, la han utilizado. Recuerde los anuncios en los que aparecían fotos de los pulmones, negros, retorcidos de los fumadores, o el famoso anuncio «Así será tu cerebro si consumes drogas», que hacía una analogía entre el cerebro de los consumidores de drogas y los huevos fritos (estos anuncios, a su vez, hacían que a los consumidores de marihuana les entrara mucha hambre).

No hay duda de que las emociones negativas son motivadoras. Nadie quiere ver cómo su hijo es destruido por las armas nucleares. Pero ¿qué motivan exactamente estas emociones?

«Si tienes una piedra en el zapato, te dolerá y resolverás el problema», dijo Martin Seligman, un psicólogo de la Universidad de Pennsylvania. En cierto sentido, las emociones negativas están diseñadas para hacer que te quites la piedra del zapato, para motivar acciones específicas. Cuando está enfadado, cierra ligeramente los ojos, aprieta los puños y se prepara para un enfrentamiento. Cuando algo le da asco, arruga la nariz y evita lo que le da asco. Cuando tiene miedo, abre mucho los ojos y tensa el cuerpo y se prepara para salir corriendo. En el día a día, por lo tanto, las emociones negativas nos ayudan a evitar riesgos y a hacer frente a los problemas.

Conclusión: si tiene que provocar una acción rápida y específica, las emociones negativas le pueden ayudar. Pero normalmente cuando el cambio es necesario, la situación no es como la de tener una piedra en el zapato. La batalla por reducir los gases invernadero no es una situación como la de tener una piedra en el zapato, ni tampoco lo es el objetivo de Target de convertirse en un «minorista exclusivo», o el deseo de una persona de mejorar su matrimonio. Estas situaciones requieren creatividad, flexibilidad e ingenuidad. Y, lamentablemente, una plataforma ardiente no se las dará.

Entonces, ¿qué lo hará?

8.

En 1998, después de que los psicólogos se pasaran décadas estudiando las emociones negativas, la psicóloga Barbara Fredrickson hizo un informe provocador titulado «¿Hasta que punto son buenas las emociones positivas?».[13] El documento se convirtió en un clásico. Al final, ha sido citado más de cien veces más que un informe de psicología típico, y ha contribuido a impulsar el auge de la disciplina de la psicología positiva, que ha dado lugar a la publicación de muchos libros populares sobre la felicidad en los últimos años.

Como Fredrickson sugería en su título, las emociones positivas se parecen un poco a un puzzle. A diferencia de las emociones negativas, no parecen diseñadas para producir acciones particulares, como pegar, salir corriendo o evitar algo o a alguien. Ni siquiera tienen sus propias expresiones faciales correspondientes. De hecho, las emociones de alegría, satisfacción, orgullo, amor e interés, todas tienden a producir la misma expresión genérica «estoy contento», que se conoce como la sonrisa de Duchenne: los labios curvados hacia arriba en las esquinas junto con una contracción de los músculos alrededor de los ojos, o la cara que pone su mujer cuando le dice «¿has perdido peso?». Muchas de nuestras emociones positivas se canalizan a través de esta misma máscara de Duchenne, como una sinfonía producida a través de una tuba. Lo peor es que no podemos distinguir muy bien entre una sonrisa Duchenne auténtica y una falsa, como ilustran generaciones de concursos de belleza. (Un secreto: en una sonrisa Duchenne

---

13 **¿Hasta que punto son buenas las emociones positivas?** Ver Barbara L. Fredrickson (1998), «What Good Are Positive Emotions?» *Review of General Psychology,* 2, 300-319. Entre los estudios, Fredrickson cita: los médicos que experimentan emociones positivas resuelven los dilemas médicos más difíciles con una mayor flexibilidad y rapidez. Los estudiantes que tienen una actitud positiva desarrollan soluciones a los desafíos técnicos más innovadoras. Los negociadores con una actitud mental positiva son más exitosos y creativos; llegan a soluciones en las que todos salen ganando con más frecuencia. La emoción positiva también hace que resulte más fácil establecer conexiones entre ideas distintas, y más difícil caer en una mentalidad «nosotros frente a ellos». Todas estas tendencias —resolución flexible de problemas, soluciones innovadoras, menos disputas políticas— serían muy útiles en una situación de cambio.

auténtica se forman unas arrugas alrededor de los ojos muy difíciles de simular.)

Las emociones negativas tienden a tener un «efecto limitador» en nuestros pensamientos. Si su cuerpo se va poniendo en tensión a medida que va avanzando por un callejón oscuro, es poco probable que su mente empiece a pensar en todo lo que tiene que hacer mañana. El miedo, la rabia y la repugnancia concentran toda nuestra atención, haciendo que nos olvidemos de todo lo demás, que es lo mismo que ponerse una venda en los ojos. Los detectives, por ejemplo, suelen frustrarse por las declaraciones de los que han sido testigos de un asesinato con un arma de fuego, ya que normalmente pueden proporcionar una descripción detallada del arma utilizada por el perpetrador pero no pueden recordar si llevaba barba.

Fredrickson sostiene que, a diferencia de los efectos limitadores de las emociones negativas, las emociones positivas están diseñadas para ampliar y construir nuestro repertorio de pensamientos y acciones. La alegría, por ejemplo, hace que tengamos ganas de jugar. Por jugar queremos decir que se amplia el tipo de cosas que queremos hacer. Tenemos ganas de dar vueltas por ahí, de explorar o de inventar actividades nuevas. Y como la alegría nos anima a jugar, creamos recursos y habilidades. Por ejemplo, los niños aprenden habilidades físicas peleándose con otros niños; aprenden a trabajar con objetos jugando con juguetes y piezas de construcción y lápices de colores; aprenden a relacionarse con los demás simulando que son animales o superhéroes.

La emoción positiva de interés amplía nuestro campo de investigación. Cuando nos interesa algo, queremos involucrarnos en ello, aprender cosas nuevas, vivir nuevas experiencias. Nos abrimos más a las ideas nuevas. La emoción positiva de orgullo, que experimentamos cuando superamos un reto personal, amplía el tipo de tareas que contemplamos para el futuro, animándonos a perseguir objetivos más ambiciosos.

Muchos de los grandes problemas de las organizaciones o la sociedad son ambiguos y cambiantes. No parecen situaciones del tipo plataforma ardiente, en las que necesitamos que la gente haga un esfuerzo y ejecute un plan de juego difícil pero que conoce bien. Para resolver problemas más graves, más ambiguos, hay que fomentar la apertura de la mente, la creatividad y la esperanza.

Esto nos lleva de nuevo a Robyn Waters, que era una experta en emociones positivas. No intentó crear una plataforma en llamas: «¡Wal-Mart se está comiendo nuestra comida! ¡Target está con un pie en la tumba! ¡Venid conmigo al océano embravecido!». En su lugar, encontró la manera de fomentar el pensamiento nuevo y el entusiasmo de sus colegas. *¿Y si utilizáramos colores que llamaran la atención como estos iMacs? Y mirad este escaparate de una boutique de París; ¿y si pusiéramos nuestros jerséis como éstos?*

Waters ayudó a cambiar una cultura muy arraigada, producto a producto, porque encontró la manera de infundir esperanza y optimismo y excitación en sus compañeros de trabajo. Descubrió el sentimiento.

6
Reducir la dimensión del cambio

1.

En 2007, dos investigadoras, Alia Crum y Ellen Langer, publicaron un estudio sobre las camareras de los hoteles[1] y sus hábitos deportivos. Puede que el tema del estudio parezca irrelevante pero los resultados fueron tan sorprendentes que resultaban difíciles de creer. (De hecho, creemos que las propias investigadoras llegaron a una conclusión equivocada a la hora de explicar sus hallazgos.)

Empecemos por el principio, por las camareras.

Una camarera de hotel limpia una media de 15 habitaciones al día, y tarda entre 20 y 30 minutos en hacer cada habitación. Deténgase un momento e imagine una hora en la vida de una de estas chicas. Si pasa a cámara rápida la película en su cerebro, verá a las chicas andando, doblando, empujando, levantando, arrastrando, frotando y limpiando el polvo. En resumidas cuentas, podemos decir que hacen ejercicio. Mucho ejercicio. De hecho, superan considerablemente la dosis diaria recomendada por el cirujano general más concienciado con la práctica del deporte.

Pero las chicas no parecen reconocer lo que hacen como ejercicio. Al principio del estudio, el 67% de las chicas dijeron a Crum y a Langer que no hacían deporte con regularidad. Más de una tercera parte dijo que no hacían nada de deporte. ¿Qué? Es como si una tercera parte de los invitados a un programa de entretenimiento se quejara de que nunca conocían a nadie nuevo.

Pero, vamos a ver, ¿qué es hacer ejercicio? Si aceptamos la definición

---

[1] **Un estudio sobre las camareras de hotel.** Ver Alia J. Crum y Ellen J. Langer (2007), «Mind-Set Matters: Exercise and the Placebo Effect», *Psychological Science*, 18, 165-171.

de hacer ejercicio como lo que hacemos en una máquina del gimnasio, rodeados de mujeres atractivas y de hombres sudorosos, entonces las chicas tenían razón. Pero nuestros cuerpos no hacen diferencias de estilo; una caloría quemada es una caloría quemada.

Las investigadoras tenían curiosidad por saber lo que ocurriría si a las chicas les dijeran, para su sorpresa, que eran superestrellas del deporte. Decidieron dar la buena nueva a un grupo de chicas: les mandaron un documento que describía los beneficios de la práctica del deporte y les informaban de que su trabajo diario era suficiente para obtener estos beneficios. Les decían que el ejercicio no tenía que ser duro o doloroso, y que, obviamente, no tenía por qué hacerse en un gimnasio. Simplemente tenían que mover los músculos de una forma que quemaran calorías. Las camareras de este grupo recibieron estimaciones de la cantidad de calorías que consumían haciendo sus distintas actividades: 40 calorías cambiando las sábanas durante 15 minutos, 100 calorías aspirando durante media hora, y así sucesivamente. En cuanto al otro grupo, recibieron la misma información sobre los beneficios del ejercicio, pero no les dijeron nada de que su propio trabajo era una buena forma de ejercicio (ni tampoco les dieron las estimaciones de las calorías que consumían con sus actividades).

Cuatro semanas después, las investigadoras volvieron a hablar con las empleadas y descubrieron algo increíble. Las chicas a las que les habían dicho que hacían mucho ejercicio habían perdido una media de 800 gramos. Esto equivale a casi 200 gramos por semana, que es una pérdida de peso considerable. Las otras no perdieron nada de peso.

Crum y Langer investigaron posibles explicaciones. La pérdida de peso no era simplemente una fluctuación estadística. Había demasiadas chicas para justificar una explicación tan aleatoria como ésta, y además, las que perdieron peso, también perdieron la cantidad de masa corporal correspondiente. Y las chicas no habían contraído el «virus del ejercicio», no estaban haciendo más ejercicio fuera del trabajo que antes.

Las investigadoras también contemplaron otras posibilidades: las chicas no estaban trabajando más horas. No habían cambiado su consumo de alcohol, cafeína o tabaco. Sus hábitos alimentarios no habían cambiado de forma significativa, no estaban tomando más verdura o menos dulces. Y aun así, estaban perdiendo peso.

¿Por qué estaban adelgazando?

2.

Un túnel de lavado local lanzó una promoción en la que ofrecía tarjetas de fidelidad a sus clientes.[2] Cada vez que un cliente compraba un lavado, le ponían un sello en su tarjeta, y cuando la tarjeta estaba rellena con ocho sellos, conseguía un lavado gratis.

Otros clientes del mismo túnel de lavado recibieron una tarjeta de fidelidad ligeramente diferente. Para conseguir un lavado gratis, tenían que reunir diez sellos (en lugar de ocho), pero su punto de partida era mejor que el de los otros. Cuando recibían sus tarjetas, ya tenían dos sellos estampados en ellas.

La finalidad era la misma para los dos grupos de clientes: compra ocho lavados y tendrás una recompensa. Pero la psicología de cada propuesta era diferente: en un caso, ya tienes el 20% del camino recorrido y en el otro, partes de cero. Unos meses después, sólo el 19% de los clientes que tenían que tener ocho sellos habían conseguido un lavado gratuito, frente a el 34% del grupo que había empezado con ventaja. (Y el grupo que empezaba con ventaja consiguió el lavado gratuito.)

Resulta más motivador haber recorrido un trozo de un camino largo que estar al principio de un camino más corto. Por eso, la sabiduría convencional dice que no hay que anunciar públicamente una campaña de recogida de dinero para una organización benéfica hasta que tienes el 50% del dinero en el bolsillo.[3] (Al fin y al cabo, ¿quién quiere

---

2 **Tarjetas de fidelidad del túnel de lavado.** Ver J. C. Nunes y X. Dreze (2006), «The Endowed Progress Effect: How Artificial Advancement Increases Effort», *Journal of Consumer Research*, 32, 504-512.

3 **50% del dinero en el bolsillo.** Esta práctica fue discutida en una entrevista entre Chip Heath y Jan Alfieri, de la *Association of Fundraising Professionals*, en febrero de 2009. Alfieri dice que este dinero se suele reunir en lo que los profesionales de la recaudación denominan el «período de calma», antes de que la campaña se anuncie públicamente. Históricamente la cifra era de un 50%, pero algunas campañas recientes han recaudado hasta un 70%. Alfieri dice, «todo esto se calcula para ofrecer a los donantes la garantía de que la campaña será un éxito».

dar los primeros 100 dólares o el primer millón de dólares de una campaña de recogida de dinero?)

Una forma de motivar la acción, por lo tanto, es hacer que la gente se sienta como si estuviera más cerca de la línea de meta de lo que pensaba.

3.

Las investigadoras Crum y Langer achacaron la pérdida de peso de las camareras al efecto placebo. En otras palabras, concluyeron que el conocimiento del valor del ejercicio de sus actividades desencadenó la pérdida de peso, independiente de los cambios físicos en su comportamiento.

El efecto placebo es uno de los fenómenos más fiables de la medicina moderna, por lo que en principio, esta explicación parece razonable. Todos conocemos a alguien que confía plenamente en el poder curativo de remedios cuestionables —hierbas apestosas o extracto de cuerno de cabra—. Puede que el nuevo conocimiento provocara un impulso mental similar en las camareras.

Pero observe lo que tienen en común las situaciones de efecto placebo: se aplican a condiciones particulares. Por ejemplo, te tomas una pastilla, y luego el médico te pregunta, «¿cuánto dolor siente ahora?». Te tomas un antidepresivo, y seis semanas después, el terapeuta pregunta, «¿cómo se siente?». Por lo tanto es comprensible (aunque básicamente extraño) que los pacientes que toman algún tipo de placebo, en lugar de Prozac o Advil, puedan decir que se sienten un poco mejor. Nadie preguntó a estas chicas cómo se sentían o si se encontraban mejor, más sanas. Simplemente se subieron a una báscula, y la báscula mostró un peso más bajo. Las básculas no están sujetas al efecto placebo.

Muy bien, de acuerdo, pero qué pasaría si de pronto descubriera que es un gran deportista, ¿no se podría desencadenar algún tipo de efecto mente-cuerpo? ¿No podría hacer que su metabolismo se acelerara o algo parecido? Es imposible, suponemos, pero seamos sinceros: si realmente el poder de la mente te pudiera hacer adelgazar, sería una revelación científica del orden de la fusión fría (así como un libro de autoayuda billonario: *Imagínese delgado*).

Lo más probable es que estemos viendo un reflejo del estudio del túnel de lavado. A las chicas les habían dado una tarjeta con dos sellos estampados en ella. En otras palabras, se quedaron sorprendidas al descubrir que, contrariamente a su propia evaluación, hacían deporte. Habían recorrido el 20% de su destino, no el 0%. Y ese fue un descubrimiento tremendamente motivador. *No soy una perezosa, ¡soy deportista!*

Piense cómo se sentiría en su lugar. Imagínese que se le acercara un científico y le dijera que, contra todo pronóstico, su trabajo de oficina era una maravilla aeróbica. ¡Que con cada click de ratón quemaba ocho calorías! ¡Que cada vez que comprobaba los resultados del béisbol, corría un kilómetro y medio! *¡Eh, mira qué bien lo haces!*

Y lo más importante: lo más probable es que, desde ese momento, cambiara su forma de actuar. En cuanto descubriera que el ejercicio se podía hacer, haciendo pequeñas cosas, posiblemente estaría mucho más pendiente de aprovechar cualquier oportunidad para ser un poco más activo.

De forma parecida, puede que las chicas, llenas de entusiasmo por la buena noticia, empezaran a limpiar las duchas un poco más enérgicamente que antes. Puede que empezaran a hacer muchos viajes a sus carritos cuando cambiaban las sábanas, sólo para andar un poco más. Puede que utilizaran las escaleras para ir a comer en lugar del ascensor. Y harían este esfuerzo extra porque alguien había puesto dos sellos en sus tarjetas de ejercicio. De pronto, descubrirían que estaban más cerca de la línea de meta de lo que nunca habían imaginado.

Esa sensación de progreso es fundamental, porque el Elefante que llevamos dentro se desmoraliza con mucha facilidad. Se asusta fácilmente, se altera, y por lo tanto, necesita que lo tranquilicen, incluso al principio del viaje.

Si está liderando un esfuerzo de cambio, más vale que empiece a buscar esos dos primeros sellos para poner en las tarjetas de su equipo. En lugar de concentrarse únicamente en lo que habrá de nuevo y diferente en el cambio que se producirá, haga un esfuerzo por recordar a la gente lo que ya han conquistado. «Equipo, sé que la estructura de reporte es diferente, pero recordad que ya tenemos cierta práctica al trabajar en estos grupos en la cuenta de RayCom». «Querida, perder

20 kilos no va a ser fácil, pero de momento ya has dejado los refrescos, y estoy seguro de que sólo con eso, a final de año habrás perdido dos kilos y medio».

Algo muy común en el mundo de la empresa es «subir el listón». Sin embargo, eso es exactamente lo que no hay que hacer para motivar a un Elefante reacio. Lo que hay que hacer es bajar el listón. Imagínese que coge la barra de un salto de pértiga y que la baja hasta que puede superarla.

Si quiere que un Elefante reacio cambie, tiene que *reducir la dimensión del cambio.*[4]

4.

Si es como nosotros, seguro que le gusta tener la casa limpia pero le horroriza limpiar. Y su pavor aumenta porque con cada hora, con cada día que pasa entre los episodios de limpieza, los montones de papel en la oficina se van haciendo más grandes, la cantidad de ropa sucia va

---

4 **Reducir la dimensión del cambio.** Miles de estudios de psicología indican que funcionamos mejor cuando confiamos en nuestra capacidad y eficiencia. Los que se creen muy eficaces obtienen mejores resultados deportivos, académicos y laborales; perseveran más tiempo; y responden mejor cuando se topan con algún obstáculo.

¿Cómo se consigue esta confianza en la propia eficiencia? Muchos estudios sobre la eficiencia son correlativos, por lo tanto no se puede distinguir (a) la confianza en uno mismo como mentalidad, que se puede cultivar, de (b) la confianza en uno mismo que procede de otras personas. Michael Jordan puede afirmar que va a ser muy eficiente a la hora de practicar un nuevo deporte, pero esta confianza en su eficacia puede ser debida a sus habilidades físicas, no a su mentalidad. La literatura sobre la confianza en la eficacia personal sugiere un par de métodos para que se convierta en una mentalidad: por ejemplo, experimentando un éxito personal en una situación difícil o viendo un modelo de conducta experimentando éxito. Estas soluciones, sin embargo, pueden estar menos disponibles en un momento de cambio cuando el éxito personal y los modelos de conducta son bastante escasos.

Algunas investigaciones sugieren que reducir la dimensión del cambio puede proporcionar un buen plan de juego para desarrollar la confianza en la propia eficiencia. Al Bandura y Dale Schunk intentaron enseñar a restar a niños de primaria que habían sido tachados de tener grandes déficits en aritmética. En un primer examen con 25 problemas de restas, dos terceras partes de los niños tuvieron menos de una respuesta correcta. Los investigadores desarrollaron siete módulos para enseñar los pasos más importantes que había que seguir para hacer una resta (como, por ejemplo, a llevar

aumentando y el polvo en los muebles se va acumulando. A medida que el problema se agrava, el pavor también lo hace, lo cual, a su vez, hace que limpiemos menos, lo que, a su vez, hace que la casa esté más sucia, que a su vez... círculo vicioso, ¿le suena?

Pero ¿qué es exactamente lo que nos da pavor? Piense en ello: ¿nos da pavor coger una camiseta del suelo y tirarla al cubo de la ropa sucia? No. Ni tampoco aclarar un vaso y meterlo en el lavaplatos, o archivar un expediente, o rociar el espejo del baño con limpiacristales. Pero entonces, ¿por qué el pavor emerge de una combinación de acciones individuales que parece que no tendrían que dar ningún pavor? En parte porque tememos que, si queremos que la casa esté limpia, nuestro trabajo no finalizará —por definición— hasta que la casa esté totalmente limpia. Y cuando imaginamos nuestro camino hacia ese estado final, imaginarnos todo lo que tenemos que superar hasta llegar ahí —los armarios, los platos, las alfombras, los baños y el suelo— simplemente no nos deja abrir esa puerta. Nos resulta excesivo.

Sin embargo no nos supone ningún problema ahorrar para la jubilación. Entendemos que los ahorros de la jubilación van aumentando

---

una a la próxima columna). Cada módulo subrayaba un principio, daba dos ejemplos y proporcionaba seis páginas de operaciones que tenían que ser resueltas por los alumnos. Reunían a todos los niños para sesiones de 30 minutos, en las que ellos mismos marcaban el ritmo, no había ningún profesor presente. A un grupo le propusieron el difícil y ambicioso objetivo de completar los siete módulos al final de la séptima sesión. A otro grupo le propusieron el objetivo, más viable y reducido, de completar un módulo en cada sesión. En el último examen, el grupo con el objetivo más factible resolvió el 81% de los problemas, y el grupo con el objetivo más difícil sólo resolvió el 45%. Más adelante, una vez finalizadas las sesiones de estudio, los niños disponían de tiempo libre para jugar y de dos series de ejercicios para entretenerse —algunas operaciones de restas y algunos puzzles de «resolver el código»—. Los niños con objetivos más ambiciosos, hicieron una sola operación de restas, en promedio. Pero los niños que desarrollaron la confianza en sí mismos a través de objetivos más factibles —a pesar de que inicialmente odiaban las matemáticas— resolvieron, de media, 14 operaciones de restas durante el tiempo libre para jugar. Si confías en tu propia eficacia, puede ser muy bueno intensificar los objetivos (o BHAGs). Pero el estudio de Bandura y Schunk sugiere que si tienes que aumentar tu confianza en tu eficacia, tienes que reducir la dimensión del cambio. Ver Albert Bandura y Dale H. Schunk (1981), «Cultivating Competence, Self-Efficacy, and Intrinsic Interest Through Proximal Self-Motivation», *Journal of Personality and Social Psychology*, 41, 586-598.

con el tiempo. Por la misma lógica, ¿no sería más fácil tener la casa más limpia en lugar de totalmente limpia? ¿No podremos liberarnos del pavor reduciendo la dimensión de la misión?

Ésta es la idea que hay detrás de una técnica de autoayuda llamada «cinco minutos en la habitación de rescate»,[5] propuesta por Marla Cilley, una gurú de la organización del hogar que se llama a sí misma Fly Lady (imagínese poder hacer la limpieza de su casa con alas). Esto es lo que tiene que hacer: coja un reloj de cocina y póngalo en cinco minutos. Vaya a la peor habitación de su casa, la que nunca deja que vean los invitados, y mientras el reloj empieza a correr, ordene, y cuando suene la alarma, puede parar con la conciencia tranquila. ¿No está mal, no?

Éste es un truco para el Elefante. El Elefante odia hacer cosas que no le proporcionen un beneficio inmediato. (Si alguna vez ha visto a alguien tratando de arrastrar una mula en una dirección en la que no quiere ir, tiene la imagen mental adecuada.) Para sacar al Elefante de su empecinamiento, tiene que convencerle de que la tarea no va a ser tan terrible. *Mira, sólo serán cinco minutos. ¿Qué puede tener de malo?*

¿Qué puede haber de bueno en una sesión de limpieza de cinco minutos? No mucho. Te mantiene en movimiento, y esa es la parte más difícil. Empezar una tarea desagradable siempre es peor que continuarla. Por lo tanto una vez que empiezas a limpiar la casa, es muy probable que no pares en cinco minutos. Le sorprenderá lo rápido que las cosas cambian. Empiezas a sentirte orgulloso de tus éxitos, empezando por la fregadera limpia, luego el baño limpio, luego la zona de debajo de las escaleras; y ese orgullo y confianza se van retroalimentando. Se crea un círculo virtuoso. Pero no habría podido disfrutar del círculo virtuoso si primero no hubiera reducido la dimensión del cambio.

5.

Steven Farrar, propietario de una tienda en eBay, y su mujer Amanda, farmacéutica, pasaban por un momento económico difícil. «Todo empezó después de graduarnos, cargados con una deuda de 60.000 dólares

---

5 **Cinco minutos en la habitación del pánico.** Ver http://www.flylady.net/pages/FLYFaq. asp (publicado el 17 de diciembre de 2008).

a nuestras espaldas, la que habíamos contraído para poder estudiar; hicimos lo normal. Nos compramos una casa, dos coches nuevos, y contrajimos una deuda adicional de 35.000 dólares con la tarjeta de crédito. No nos preocupaba, no estábamos tratando de estar a la altura de alguien o de comprarnos muchas cosas, simplemente cometimos el error de no preocuparnos». Finalmente, llegó el pánico. Los Farrar se dieron cuenta de que un accidente o a la pérdida de uno de sus trabajos les podría llevar a la quiebra. Sabían que necesitaban ayuda, así que pidieron consejo al gurú de las finanzas personales Dave Ramsey.[6]

Ramsey, en su juventud, tuvo una experiencia transformadora. A los 26 años, él y su mujer tenían una inmobiliaria valorada en más de 4 millones de dólares, pero un día, de repente, lo perdieron todo. En su libro *The Total Money Makeover*, Ramsey dice, «vivimos un infierno financiero y lo perdimos todo en un período de tres años. Nos pusieron una demanda, ejecutaron nuestra hipoteca y finalmente, con un bebé recién nacido y un niño pequeño, nos arruinamos. Decir que estábamos asustados ni siquiera se acerca a definir cómo nos sentíamos. Decir que estábamos hechos polvo se acerca un poco más a la realidad, pero nos teníamos el uno al otro y decidimos que necesitábamos un cambio».

Ramsey emergió de su experiencia financiera cercana a la muerte con la determinación de ayudar a los demás a evitar cometer los errores que había cometido. En sus libros y en su programa de radio, ofrece consejos financieros a personas y familias con problemas, y normalmente, el problema número uno de la audiencia es su exceso de deuda.

Una de las técnicas más populares y controvertidas de Ramsey para combatir la deuda es la «bola de nieve de deuda». Cuando los Farrar se encontraron con más de 100.000 dólares de deuda —sin contar su

---

6 **El gurú de las finanzas personales Dave Ramsey.** Dave Ramsey describe la situación de Farrar y sus técnicas para combatir la deuda en Ramsey (2007), *The Total Money Makeover*, Nashville, Thomas Nelson. La historia de Farrar está en las pp. 116-117. Hemos revisado muchos planes financieros de varios gurús, y el de Ramsey nos ha parecido el más consistente con los principios psicológicos del cambio que examinamos en *Switch*. La propia experiencia de Ramsey está en la p. 3, y la cita la «motivación es más importante que las matemáticas» en la p. 114.

hipoteca—, empezaron a trabajar en la bola de nieve de deuda. El primer paso fue hacer una lista de todas sus deudas —desde las tarjetas de crédito hasta facturas de la luz atrasadas y préstamos para estudio— y ordenarlas de menor a mayor. A continuación, dieron instrucciones de pagar únicamente los mínimos de cada deuda, con una excepción: una vez hechos los pagos mínimos, cada dólar disponible se destinaría a la primera deuda de la lista. Como la primera deuda era la más pequeña, se podía pagar relativamente rápido, y los Farrar podían tacharla de la lista y a continuación destinar cada dólar disponible a pagar la segunda deuda, luego la tercera, y luego la cuarta. A medida que iban tachando las deudas de la lista, podían eliminar un pago mínimo, lo cual les daba más efectivo para abordar la próxima deuda. Por eso la estrategia se llama bola de nieve de deuda. Con cada deuda que se conquistaba, la «bola de nieve» de dinero aplicada a la próxima deuda aumentaba y se movía un poco más deprisa.

Observe lo que falta: no se ha hecho ninguna mención a los tipos de interés. Si la deuda más pequeña de los Farrar era una factura de la luz, por ejemplo, atrasada, sin intereses ni nada, Ramsey les aconsejaba que la pagaran antes de pagar cualquier factura de sus tarjetas de crédito, que podía tener unos intereses del 20% o más.

Este consejo se contrapone a lo que diría un asesor financiero típico. Después de todo, los cálculos matemáticos sencillos dicen que es financieramente mejor pagar primero la deuda con intereses más altos. Pero Ramsey sabía perfectamente lo que hacía:

Siendo un empollón reconocido, siempre empezaba por los deberes de matemáticas. He aprendido que las matemáticas siempre funcionan, pero a veces la motivación es más importante que las matemáticas. Ésta es una de esas veces... afróntalo, si empiezas un régimen y la primera semana pierdes peso, sigues con la dieta. Si empiezas a hacer régimen y ganas peso o pasas seis semanas sin hacer ningún progreso visible, lo dejas. Cuando preparo a los vendedores, intento que consigan un par de ventas enseguida porque les motiva mucho. Cuando empiezas la bola de nieve y los primeros días saldas un par de pequeñas deudas, créeme, te emocionas. Da igual que tengas un máster en psicología: para emocionarte, tienes que tener victorias rápidas. Y emocionarse es superimportante.

Muchos asesores financieros recomendarían que sus clientes liquidaran primero la deuda que tuviera un interés más alto a fin de optimizar el impacto de su dinero. Pero Ramsey no pretende resolver un problema de optimización; pretende resolver un problema del Elefante. Sabe perfectamente que la gente tiene problemas financieros porque pierde el control. Empieza a sentirse impotente frente a una montaña de deuda. Y la impotencia no se puede combatir con las matemáticas. Hay que combatirla demostrando que se puede ganar. Si pagas 185 dólares de una deuda de 20.000 dólares de una tarjeta de crédito con un interés elevado, seguirás sintiéndote impotente. Pero si pagas los 185 dólares de una factura de electricidad atrasada, puedes tacharla de la lista. Has conseguido una victoria sobre la deuda.

Ramsey utiliza la misma estrategia que Fly Lady con sus cinco minutos en la habitación de rescate: si te enfrentas a una tarea ardua y tu instinto es evitarla, tienes que fragmentar la tarea. Reducir la dimensión del cambio. Hacer que sea lo suficientemente pequeño para que pueda contribuir a conseguir una victoria. Cuando una persona limpia una habitación o salda una deuda pendiente, sus temores se disipan y empieza a avanzar rápidamente, como una bola de nieve.

CLINIC
¿Cómo puede recortar el presupuesto sin provocar un caos político?

SITUACIÓN. Mary Carr es directora financiera de una universidad que está experimentando caídas significativas en el número de matriculaciones. Con menos alumnos, los ingresos de la universidad por matrícula están cayendo, provocando un déficit presupuestario. El trabajo de Carr consiste en supervisar los recortes presupuestarios significativos dentro de unos treinta departamentos distintos. (Se trata de una situación real.)

¿QUÉ HAY QUE CAMBIAR Y QUÉ ESTÁ FRENANDO EL CAMBIO?
Carr necesita que los directores de los departamentos de la univer-

sidad recorten sus presupuestos sin demasiada resistencia o luchas políticas. Ya ha avanzado considerablemente en la clarificación del objetivo: su análisis revela que los directores de departamento van a tener que recortar los presupuestos un 5%. Muchos entienden la necesidad del recorte y la apoyan, pero Carr cree que es muy posible que se resistan. Necesita conseguir algún avance rápido en los recortes presupuestarios, y eso depende principalmente de su capacidad para motivar a los directores de los departamentos, Elefantes.

¿CÓMO HAY QUE HACER EL CAMBIO?

• *Dirigir al Jinete.* **1. Identificar las excepciones.** ¿Puede Carr encontrar algunas historias de éxito de directores de departamento que hayan conseguido ahorrar dinero de formas creativas —por ejemplo, instalando un sistema de iluminación/calefacción por sensores o externalizando las funciones administrativas? Si es así, tendría que ayudar a clonar el éxito entre los distintos departamentos.

• *Motivar al Elefante.* **1. Reducir la dimensión del cambio.** La necesidad de recortar un 5% es clara, pero el recorte es el tipo de tarea que inspira terror. «Es normal entrar en estado de pánico cuando te dicen, "hay que recortar el presupuesto un 5%"», dice Carr. ¿Cómo puede fragmentar la tarea? Bueno, como hemos visto, Mary Carr es fan de Fly Lady, y se inspira en la técnica de los cinco minutos en la habitación de rescate. De forma que elige dos o tres partidas presupuestarias cada semana —por ejemplo material de oficina, formación y viajes— y pregunta a los directores de departamento si pueden recortar un 5% estas partidas. Carr dice, «ir seleccionando pequeños fragmentos de trabajo poco a poco desata el pánico». En realidad, Carr está reduciendo la dimensión del cambio, reduciendo la probabilidad de que el Elefante le ponga resistencia. **2. Hacer que se sientan orgullosos.** Una vez que los directores de departamento han abordado las tres primeras partidas presupuestarias, Carr quiere que el impulso continúe. Les dice, «¡ya hemos recorrido una tercera parte del camino!». Pone dos sellos en sus tarjetas del túnel de lavado, diciéndoles que ya han avanzado mucho hacia el objetivo.

- *Allanar el Camino.* **1. Crear hábitos.** Cada lunes, como un reloj, Carr envía las actualizaciones presupuestarias. Pide actualizaciones y da unas cuantas órdenes sencillas, como por ejemplo, «si crees que no podrás recortar un 5% en viajes, me llamas». Al utilizar un proceso muy consistente y predecible, Carr intenta hacer que el ciclo de recorte presupuestario sea más rutinario, más automático. **2. Aprovechar la fuerza del grupo.** En un momento del recorte presupuestario, todos los directores de departamento asisten a la reunión anual de planificación de la jubilación. El primer día, todo el mundo ve los recortes que se han hecho en todos los departamentos en la ronda inicial. Luego cada director de departamento dedica un tiempo, normalmente por la noche, a planificar una ronda de recortes más profundos. A la mañana siguiente, ponen en común los recortes propuestos por cada uno. Carr dice, «todo el mundo tiene que ver lo que cada persona ya estaba recortando y las implicaciones de los recortes futuros. Y con toda esa información, todo el cuerpo tomaba las decisiones, no sólo los directores de los departamentos a nivel individual. Todo el mundo consideraba el universo como un todo». Básicamente, los directores de departamento ejercen una presión positiva sobre los demás directores. Lo normal pasa por considerar los costes desde el punto de vista del universo como un todo (con una identidad fuerte, compartida, en lugar de desde el punto de vista de los departamentos individuales, se convierte en la norma).

6.

Una manera de reducir la dimensión del cambio, por lo tanto, es limitar la inversión requerida —sólo cinco minutos de limpieza, sólo una deuda pequeña—. Otra es pensar en conseguir pequeñas victorias, hitos que sean factibles. (Nuestro padre, Fred Heath, que trabajó más de treinta años en IBM, decía a sus equipos que cuando los «hitos»

parecían demasiado lejanos, tenían que buscar «pequeñas victorias».
Muy bien, papá.)

Supongamos que está intentando motivar a su hijo adolescente para
que participe en la limpieza de su casa. Podría adoptar la técnica de los
cinco minutos en la habitación de rescate para superar su resistencia
inicial. Pero ¿y si también considera estratégicamente por qué habitación va a empezar? Podría pedirle que empezara por el pequeño cuarto
de invitados, porque está seguro de que a los cinco minutos de trabajo,
estará quejándose. El objetivo global —limpiar toda la casa— es demasiado lejano para que resulte motivador, pero si puede pensar en una
pequeña victoria en los primeros cinco minutos, podría generar en él
el suficiente entusiasmo para perseguir el próximo hito. (De nuevo
aquí, estamos hablando de adolescentes, así que no cuente con ello.)

Si alguna vez ha tenido que hacer un viaje muy largo en coche,
seguro que habrá utilizado esta técnica. Puede que pensara en hacer
todo el viaje de golpe, o en pararse cada hora, o puede que se prome-
tiera a sí mismo una taza de café cada 120 kilómetros. Es mucho más
fácil pensar «faltan 120 kilómetros para un café» que pensar «ocho
horas y media más aquí sentado hasta que llegue a casa de la abuela».

No puede contar con que estos hitos ocurran de forma natural. Para
motivar el cambio, hay que planificarlos.

Hemos hablado de pequeñas victorias a nivel individual, utili-
zándolas para motivar a un conductor que tiene que hacer un viaje
largo por carretera o a un adolescente que tiene que participar en
la limpieza de la casa. Pero el mismo concepto afecta a las grandes
organizaciones. Por ejemplo, un hombre llamado Steven Kelman[7]

---

7 **Steven Kelman... reforma de la política de compras.** Ver Steven Kelman (2005),
Unleashing Change: A Study of Organizational Renewal in Government, Washington, DC:
Brookings Institution Press. Kelman rebate la hipótesis clásica de la literatura del cambio
organizativo de que la gente es reacia al cambio. Sostiene que en muchas situaciones
hay una demanda contenida de cambio que únicamente tiene que ser liberada por los
máximos líderes: expone un argumento atractivo e inspirador al respecto. Los detalles
sobre la galleta con pepitas de chocolate están en la p. 4. La cita «poner en marcha otros
cambios» está en la p. 83. La historia de la tarjeta de crédito y los compromisos con el
rendimiento está en las pp. 82-88. La puntuación A de la *Brookings Institution* está
en la p. 4.

tenía que encontrar la manera de conseguir pequeñas victorias en un gobierno federal.

En 1993, Kelman, profesor de gestión pública de la *Harvard University's Kennedy School of Government*, recibió una llamada de la administración Clinton para que liderara la *Office of Federal Procurement Policy* (OFPP). Como director de la OFPP, sería responsable de reformar la política de compras del gobierno. El gobierno compra mucho. En 2003, se gastó 320 billones de dólares en compras de bienes y servicios,[8] una cifra que incluye de todo, desde clips sujetapapeles hasta helicópteros para el *National Park Service*. Con esta cantidad de dinero en juego, no puedes hacer que la gente se acerque a Bell Helicopter y saque la tarjeta de crédito para comprar uno nuevo. (Por otro lado, piense en las millas de la compañía aérea.)

Kelman era reacio a dirigir la OFPP, ya que sabía que era muy probable que, a pesar de sus esfuerzos, no cambiara nada, pero al final acabó aceptando el trabajo. Sabía perfectamente dónde se metía, porque tres años antes había escrito un libro sobre la reforma de las compras gubernamentales.

Había muchos problemas con las compras gubernamentales. Con el paso de los años, el gobierno había establecido muchos protocolos y protecciones para prevenir abusos de varios tipos. Tras estas protecciones, había buenas intenciones, pero a medida que iban aumentando, habían empezado a hacer más daño que los propios abusos para los que supuestamente habían sido diseñadas para evitar. Por ejemplo, en el momento de tomar decisiones de compra, los responsables gubernamentales no podían utilizar como referencia el rendimiento pasado de los vendedores.

Por ejemplo, vamos a suponer que el gobierno diera a la compañía CodeLords un contrato de desarrollo de software y que CodeLords

---

8 **320 billones de dólares en compras de productos accesorios.** La cantidad de dólares procede de Kelman, *Unleashing Change*, p.3. La comparación es de *Statistical Abstract of the United States*, 2004-2005, Washington, DC; U.S. Census Bureau. La Tabla 642 informa de que la producción de «productos informáticos y electrónicos» en 2002 fue de 139,9 billones de dólares y la de «vehículos de motor, tráilers y componentes» fue de 119,3 billones de dólares. Por lo tanto, aún queda.

entregara el producto con un retraso totalmente absurdo y que además el producto funcionara inexcusablemente mal. ¡El gobierno tendría terminantemente prohibido utilizar estos datos de rendimiento cuando tuviera que evaluar a CodeLords para otro trabajo! (Imagine que tuviera que elegir un peluquero sin tener en cuenta cómo le cortaba el pelo en el pasado.)

Algunas veces también, la gran cantidad de reglas superaba al sentido común. En un ejemplo famoso, el Departamento de Defensa estaba buscando un proveedor de galletas de chocolate para las tropas y publicó un documento de 20 páginas con mil especificaciones detalladas que dictaban, entre otras cosas, los ingredientes, el tamaño y el proceso de cocción de las galletas. Estas exigencias propiciaron unos precios increíblemente altos porque las compañías que realmente sabían cómo producir grandes cantidades de galletas eficientemente —Keebler o Nabisco, por ejemplo— nunca aspiraban al puesto porque alguna de las mil especificaciones estaba inevitablemente en conflicto con su forma habitual de hacer las cosas. Al mismo tiempo, el contrato ni siquiera estipulaba que las galletas tuvieran que ser buenas.

Como director de la OFPP, Kelman no tenía ningún problema en liderar la reforma del proceso de compras, sin embargo no tenía mucho poder estructural. Tenía un equipo de unas veinte personas, ninguna de las cuales compraba nada significativo. Las auténticas decisiones de compra se repartían entre docenas de grandes agencias federales. Kelman tuvo que reformar el proceso de compras modificando el comportamiento de los agentes de compra repartidos por todo el gobierno.

Si alguna vez ha habido una historia desalentadora, sin duda es ésta. Los 320 billones de dólares que el gobierno destinaba a compras de productos accesorios, equivalen al dinero que haría falta para comprar todo lo que produce en un año la industria de hardware informático —todos los portátiles de Dell, los ordenadores centrales de IBM, las unidades de disco de Seagate, y otros—. Y aún nos sobraría dinero para comprar todos los coches y todos los componentes de automóvil producidos por la industria del automóvil.

Miles de personas del gobierno están involucradas en el proceso de compras, y su deseo de complacer a Bill Clinton, el nuevo presidente en 1993, se vio atenuado por el conocimiento de que Clinton se iría en cuatro años —o, en el peor de los casos en ocho—. Por esta inmensa, extensa trampa de arena de inercia, se movía un hombre llamado Steven. Es profesor, nada más y nada menos. Escribió un buen libro sobre la trampa de arena. Ahora está intentando arreglarla, aunque no controla absolutamente nada (excepto 20 granos de arena en la periferia oriental). También podría contratar a un periodista experto en informática llamado Phil para que cubriera la industria informática.

Kelman sabía que tenía que hacer algún progreso rápidamente o le despedirían. «Si pudiera conseguir un ejemplo de cambio exitoso enseguida, lo podría utilizar para poner en marcha otros cambios», escribió más tarde. Buscó una victoria que fuera rápida, factible y visible, una pequeña victoria que complaciera a todos los implicados, tanto al Departamento de Defensa como al *Health and Human Services Department*. Creía que si conseguía que los Elefantes se pusieran en marcha con una misión fácil —el equivalente del gobierno a cinco minutos en la habitación de rescate— podría hacer que siguieran adelante.

Un día, mientras hablaba con una empleada del gobierno, tuvo una idea. La empleada le dijo a Kelman que cuando necesitaba algo sencillo, barato, como por ejemplo discos para el ordenador, las normas del departamento de compras no le permitían dirigirse a la tienda de informática que había al otro lado de la calle y comprarlos. Esta limitación le resultaba exasperante.

Kelman vio una oportunidad. Fue a hablar con los ejecutivos de compras y les hizo una propuesta: *quiero que el próximo año, vuestra agencia doble el uso de las tarjetas de crédito del gobierno.* (Observe la precisión de la propuesta, en comparación con la campaña de la leche con un 1% de materia grasa. Al ser específico sobre el cambio de comportamiento, Kelman se estaba dirigiendo a los Jinetes del grupo.) En su visión, cada vez que los empleados necesitaban algo de poca importancia —discos de ordenador o un nuevo disco duro o una caja de papel de oficina— deberían poder cruzar la calle, provistos de sus tarjetas de crédito, y comprar lo que necesitaban en ese mismo momento. Kelman pidió a las agencias que se comprometieran formalmente a aprobar la idea. Las agencias le apoyaron, así que

Kelman siguió adelante. Durante el próximo año, consiguió cuatro promesas más.

La segunda era importante: Kelman pidió a las agencias que rompieran con la tradición de ignorar el rendimiento pasado. Sabía que iba a ser difícil de conseguir, así que decidió anunciarlo públicamente, pero cuando estuviera seguro de que había al menos ocho agencias que estaban de acuerdo. Se dedicó a hacer llamadas y sus empleados y asesores se ocuparon de sus contactos. Finalmente su equipo consiguió la adhesión de ocho agencias, pero no se había acabado. «Cuando conseguimos nueve agencias, la participación empezó a aumentar rápidamente, y muy pronto pudimos decir a los que se resistían, "prácticamente todos participan menos tú"». (Este resultado presagia un tema que abordamos en el Capítulo 10, que es que el comportamiento es contagioso. Kelman logró tener en cuenta las tres partes del marco: dirigir al Jinete, motivar al Elefante y allanar el Camino.)

Al final, 20 agencias diferentes aceptaron comprometerse a tener en cuenta los resultados pasados. Para asegurarse de que se tomaran en serio su promesa, Kelman instó a las agencias a identificar 58 contratos futuros en los que fueran a considerar explícitamente resultados pasados.

Con las promesas, Kelman transformó un nivel de inercia burocrática indescriptible en un impulso hacia delante demostrable. Cinco años después, en un estudio realizado a nivel interno, el 70% de los empleados de primera línea confesaron estar a favor de la reforma de la política de compras. En 1998, la *Brookings Institution*, un grupo de expertos muy bien considerado, publicó un estudio que evaluaba el éxito de varias iniciativas para «reinventar el gobierno» puestas en práctica en los ocho años anteriores. La reforma de la política de compras de Kelman fue la única iniciativa que consiguió una «A». Una sola persona había conseguido llegar al gobierno federal y catalizar un cambio importante en él.

7.

Cuando empiezas a tener éxitos, lo que realmente estás haciendo es sembrar esperanza. La esperanza es primordial para el éxito de un esfuerzo de cambio. Es el combustible que mueve al Elefante.

Una vez que la gente se pone en camino y avanza, es importante hacer visibles sus avances. Con algunos tipos de cambio, como la pérdida de peso por ejemplo, el progreso es fácil de medir, utilizando una báscula. Lamentablemente no hay una báscula para medir la «innovación en productos nuevos» o la «reducción del impacto del carbón». ¿Dónde puede encontrar un criterio o patrón para medir el tipo de cambios que está liderando?

Los terapeutas centrados en las soluciones, que mencionamos en el Capítulo 2 en el apartado del Jinete, crean sus propios patrones. Recuerde que hacen a sus pacientes la Pregunta del Milagro: imagine que en plena noche, mientras duerme, se produce un milagro, y se resuelven todos sus problemas. Al despertarse por la mañana, ¿cómo lo sabría?

Estos terapeutas saben que el milagro puede parecer distante para sus pacientes y que es muy importante mantener a sus pacientes motivados y esperanzados en el camino hacia su destino. Para ello, han diseñado un método para cuantificar el progreso hacia el milagro. Han creado una escala del milagro que va de cero a diez,[9] en la que diez es el milagro. De hecho, en la primera sesión suelen preguntar a sus pacientes en qué lugar de la escala se sitúan. Los pacientes suelen responder que en el dos o en el tres, lo cual provoca una respuesta entusiasta de los terapeutas. *¡Caramba! ¡Ya tienes un 20%!* ¿Le suena? Los terapeutas están poniendo dos sellos en las tarjetas del túnel de lavado de sus pacientes.

9 **La escala del milagro que va de cero a diez.** Ver también la discusión de la escala del milagro en Steve de Shazer, Yvonne Dolan, Harry Korman, Terry Trepper, Eric McCollum e Insoo Kim Berg (2007), *More than Miracles: The State of the Art of Solution-Focused Brief Therapy*, Nueva York: Haworth Press, pp. 61-72. Hay un magnífico ejemplo de la pregunta adicional en la práctica en el caso estudio de Lee, el director del puerto en Scott D. Miller e Insoo Kim Berg (1995), *The Miracle Method: A Radically New Approach to Problem Drinking*, Nueva York: Norton, pp. 39-59.

A medida que las sesiones continúan, los terapeutas van haciendo un seguimiento del progreso de sus pacientes.[10] Los terapeutas saben que tienen que celebrar cualquier victoria adicional, por pequeña que sea, y reaccionar con complacencia cuando un paciente les dice que ha pasado del tres al cuatro. Para muchos de nosotros, esta respuesta es ilógica. ¿Cuántos directores de ventas dan saltos de alegría cuando se enteran de que sus representantes están a un 40% del camino hacia una cuota? Pero esta motivación es fundamental, porque da seguridad. Si celebras que has pasado del uno al dos y luego del tres al cuatro, aumenta tu confianza en que puedes dar el próximo paso.

La otra ventaja de escalar el milagro es que desmitifica el viaje. Supongamos que está trabajando con su hijo adolescente que es tremendamente tímido. Puede que el milagro para su hijo sea atreverse a pedirle a una chica que le acompañe en el próximo baile del colegio. En este momento, este reto es totalmente impensable para su hijo, pero usted y él han podido hablar de su timidez —la reconoce y no le gusta— y gracias a esa conversación, ya puede estar al nivel dos de la escala.

Un terapeuta de SFBT preguntaría a su hijo, «¿qué haría falta para que pasaras al nivel tres? No vamos a hablar de cómo podemos catapultar al milagro, no es el momento, todavía. Hablemos del tres».

Puede que para su hijo, alcanzar el nivel tres implique algo muy simple como preguntar al dependiente del supermercado dónde está la pasta de dientes. Si lo hiciera, demostraría que es capaz de interactuar, sin problemas, con un completo desconocido, y al hacerlo, se

---

10 **Hacer un seguimiento del progreso de los pacientes.** Una vez establecida la escala del cero al diez, a los pacientes les resulta mucho más fácil advertir los progresos, por pequeños que sean, hacia su objetivo y empezar a hablar de ellos. Si un terapeuta identifica un cambio sustancial en la escala —por ejemplo, una mejora de medio punto hacia el objetivo— preguntará, «¿cómo lo ha hecho?». A los terapeutas les enseñan que tienen que ser muy persistentes con esta pregunta y hacerla varias veces: «es importante ser persistente incluso, y particularmente, si parece que al cliente le resulta difícil dar una respuesta, al principio. La cuestión implica que el cliente ha hecho algo que ha sido de ayuda; las cosas no han mejorado sin razón». Algunos terapeutas denominan a este proceso «culpabilización positiva». Pruébelo con sus hijos cuando hagan una pequeña mejora. Ver la discusión sobre el tema en la p. 63 de Shazer y cols., *More than Miracles*.

vería a sí mismo avanzando hacia el milagro. El valor de la escala del milagro es que concentra la atención en pequeños hitos que son factibles y visibles, en lugar de en el destino final, que puede parecer muy remoto. Es como tener que subir una escalera muy alta y concentrarse únicamente en el próximo peldaño, en lugar de mirar hacia arriba. Puede que haya muchos peldaños por subir, pero te tranquiliza ver que estás avanzando, de verdad, en la dirección adecuada.

Observe, de nuevo, cómo pueden solaparse el llamamiento al Elefante y el llamamiento al Jinete. En este caso, el Jinete de su hijo está obteniendo una dirección muy clara —*pregunta al dependiente por la pasta de dientes*— al mismo tiempo que su Elefante está recibiendo pequeños impulsos de esperanza —*puede que no vaya a ser siempre tan tímido*.

Al utilizar la escala del milagro, puedes tener una idea clara de cuál es tu próximo paso y una sensación clara de cuál puede ser la próxima pequeña victoria. Avanzas y, mejor aún, aumenta tu confianza en tu capacidad de seguir avanzando.

8.

El entrenador de la NFL Bill Parcells,[11] que ganó dos Super Bowls, como entrenador de los New York Giants, apoya la idea de que «incluso las pequeñas victorias pueden ser extremadamente efectivas para ayudar a las personas a creer en ellas». En un artículo publicado en la *Harvard Business Review*, decía:

> «En los campos de entrenamiento, por lo tanto, no nos concentramos en el objetivo último —participar en la Super Bowl—. Definimos una serie de objetivos claros que entran dentro de nuestro alcance inmediato; vamos a ser un equipo inteligente; vamos a ser un equipo que está en buena forma; vamos a ser un equipo que trabaja duro; vamos a ser un equipo que tiene orgullo; vamos a ser un equipo que quiere ganar colectivamente; vamos a ser un equipo que no critica.

11 **Entrenador de la NFL Bill Parcells.** Ver Bill Parcells (2001), «The Tough Work of Turning Around a Team», reeditado como *Harvard Business Review on Turnarounds* (pp. 105-114), Boston: Harvard Business School Press; la cita está en las pp. 111-112.

Cuando actuamos de forma que se satisfacen estos objetivos, quiero que todo el mundo lo sepa. Acentúo lo positivo siempre que tengo la oportunidad y, al mismo tiempo, hago hincapié en el próximo objetivo que tenemos que conseguir. Si algo nos ha salido particularmente bien, reúno al equipo y le digo, «hoy hemos hecho algo importante; lo hemos hecho bien. Estoy muy contento con vuestro trabajo. Pero esto es lo que quiero que hagáis mañana: quiero ver un trabajo en equipo perfecto, impecable. Si lo conseguís, estaremos preparados para el partido del domingo».

Cuando marcas objetivos pequeños, visibles, y la gente los consigue, empieza a mentalizarse de que puede triunfar. Abandonan el hábito de perder y empiezan a adquirir el hábito de ganar. [Énfasis añadido]»

El ex entrenador de UCLA John Wooden,[12] uno de los mejores entrenadores de baloncesto universitarios de todos los tiempos, dijo una vez, «si mejoras un poco cada día, al final acaban ocurriendo cosas grandes... No busques mejoras rápidas y grandes. Busca la pequeña mejora que puedes conseguir cada día. Es la única forma de conseguirlo; y una vez conseguido, permanece».

Los entrenadores son expertos en reducir la dimensión del cambio. Al animar a sus equipos a conseguir una secuencia de "pequeños cambios visibles", crean impulso. El psicólogo Karl Weick, en un documento titulado *Pequeñas victorias: redefinir la escala de los problemas sociales,*[13] dijo, «una pequeña victoria reduce importancia ("¡no es para tanto!"), reduce las demandas ("eso es todo lo que hay que hacer"), y aumenta el nivel de capacidad percibido ("al menos puedo hacer esto"). Estos tres factores tenderán a hacer el cambio más fácil y más fortalecedor».

Pero tampoco pensemos que todo es tan fácil. Cualquier cambio importante no va a parecer un movimiento continuado, inevitable hacia la victoria. No va a ser simplemente una cadena ininterrumpida de pequeñas victorias. (No olvide que muchos entrenadores se han reti-

---

12 **Entrenador de UCLA John Wooden.** Citado en *El camino del Kaizen* (Zeta, 2008) de Robert Maurer.

13 **Pequeñas victorias.** Ver Weick (1984), «Small Wins: Redefining the Scale of Social Problems», *American Psychologist,* 39 (1), p. 46.

rado sin ganar un campeonato.) Normalmente, das un paso adelante y 1,3 pasos atrás y 2,7 pasos adelante y luego seis pasos a un lado, y en ese momento, llega un nuevo director general y declara un nuevo destino.

Nadie puede garantizar una pequeña victoria. Hay muchas cosas que se escapan a nuestro control. Pero el objetivo es ser muy astutos con lo que controlamos. Y si hay algo que podemos controlar es la forma de definir la victoria final y las pequeñas victorias que nos conducirán hasta ella.

Es muy importante seleccionar pequeñas victorias que reúnan dos características: (1) que sean significativas; y (2) que estén dentro de nuestro alcance inmediato, como dijo Bill Parcells. Y si no reúnen las dos características, hay que elegir la segunda. (Los cinco minutos en la habitación de rescate no era muy significativa en sí misma, pero hacía posible el cambio.)

David Allen,[14] autor de *Organízate con eficacia,* el libro de la productividad personal por excelencia, subraya la importancia de definir objetivos que estén dentro de nuestro alcance. Afirma que mucha gente comete un error fundamental al hacer su lista de cosas que hacer; anota demasiadas cosas: hacer cuentas, hablar con Helen, preparar el pase de diapositivas, etc. En opinión de Allen, estas personas están saboteando la posibilidad de acción siendo poco claros. Dice que es fundamental preguntarse, «¿qué es lo próximo que tengo que hacer?». Esto es lo que dice Allen:

«En mis seminarios, la gente suele tener en sus listas cosas como "pedir hora para la revisión del coche". Pedir hora para una revisión, ¿es una acción que vas a hacer a continuación? No, a menos que lleves una llave inglesa en la mano y que lleves un mono para no mancharte de grasa.

—Entonces, ¿qué vas a hacer a continuación? —preguntó Allen.

—Llevar el coche al taller. Ah sí, tengo que ver si el taller puede aceptarlo. Supongo que tendré que llamar al taller y pedir hora —dijo un participante en el seminario.

---

14 **David Allen.** Ver *Organízate con eficacia* (Empresa Activa, 2008) y *Sé más eficaz* (Alienta, 2010).

—¿Tienes el número?

—¡Vaya!, no... no tengo el número del taller. Me lo recomendó Fred y no tengo el número. Sabía que faltaba algo en la ecuación.

Y esto es lo que le suele pasar cuando la gente tiene tantas cosas que hacer. Echamos un vistazo al proyecto, y una parte de nosotros piensa, «creo que no tengo todas las piezas». Sabemos que nos falta algo, pero no estamos seguros de qué es exactamente, así que lo dejamos correr.

Cuando una tarea parece demasiado complicada, el Elefante se resiste. No es casualidad que Alcohólicos Anónimos (AA) anime a sus pacientes a vivir el día a día. AA reduce la dimensión del cambio. Para un alcohólico, pasar el resto de su vida sin beber parece imposible. Pero pasar 24 horas parece loable.

Así es como Al-Anon[15] explica el mantra de «vivir el día a día»: «en muchos casos, no podemos anticipar todos los giros que pueden dar las cosas, y por muy bien que estemos preparados, al final nos pueden pillar por sorpresa. Al mismo tiempo, hemos dedicado tanto tiempo y energía a tratar de predecir eventos futuros, a tratar de suavizar heridas futuras y a prevenir consecuencias futuras que hemos pasado por alto oportunidades del presente. Y la magnitud de la tarea que nos hemos propuesto conseguir nos ha dejado agotados, abrumados y angustiados».

9.

Los objetivos pequeños llevan a conseguir victorias pequeñas. Y las victorias pequeñas suelen desencadenar una espiral de comportamientos positivos. La terapeuta matrimonial Michele Weiner-Davis escribió sobre sus pacientes Paula y George. Llevaban ocho años casados pero se habían pasado los dos últimos discutiendo. Weiner-Davis llevaba tiempo tratando a la pareja, y habían hecho algún progreso, pero nada importante. Entonces hubo algo que lo cambió todo: un beso.

15 **Al-Anon.** Ver Al-Anon Family Groups (1995), *How Al-Anon Works for Families and Friends of Alcoholics*, Virginia Beach, VA: Al-Anon Family Groups: la cita está en la p. 73.

Una mañana, George besó a Paula.[16] El beso le sorprendió, porque la cogió por sorpresa, y al mismo tiempo le gustó. Su satisfacción le llevó a hacer una pequeña cosa que no había hecho en mucho tiempo: preparar café. «Solíamos tomar café juntos, pero últimamente la tradición se había perdido», le contó a la terapeuta.

George olió el aroma del café y bajó para servirse una taza. Él y Paula tuvieron una conversación agradable. Ambos dijeron que ese rato había hecho que se sintieran mucho más relajados y contentos. Paula dijo que sus compañeros notaron la diferencia en su actitud ese día. Incluso los hijos de George y Paula parecieron afectados por el halo de buenos sentimientos, esa noche se mostraron mucho más relajados, menos discutidores. El beso de George desencadenó una espiral positiva.

¿Por qué una cosa tan insignificante fue tan importante? Porque generó esperanza en que el cambio era posible.

Es un tema que hemos visto una y otra vez; los grandes cambios proceden de una sucesión de pequeños cambios. No importa que los primeros cambios parezcan casi triviales. Lo importante es conseguir que el Elefante se mueva, aunque al principio el movimiento sea muy lento. De modo que no diga a la pareja endeudada que cancele la deuda de su tarjeta de crédito; dígale que pague la factura de la luz. No diga a los empleados del gobierno que adopten una nueva política de compras; dígales que doblen su gasto en tarjetas de crédito del gobierno. No diga a una pareja que deje de pelearse; dígale al marido que dé a su mujer un simple beso de buenos días.

El Elefante no tiene ningún problema en conquistar estos pequeños hitos, y cuando lo hace, pasa algo más. Con cada paso, el Elefante se siente menos asustado y menos reacio, porque las cosas están funcionando. Con cada paso, el Elefante empieza a sentir el cambio. El camino que empezó con pavor está evolucionando, lentamente, hacia un sentimiento de confianza y orgullo. Y al mismo tiempo que va disminuyendo la dimensión del cambio, el Elefante va creciendo.

---

16 **George besó a Paula.** Ver Michele Weiner-Davis (1992), *Divorce Busting*, Nueva York: Simon & Schuster, p. 92.

7
Hacer que se sientan orgullosos

1.

El loro de Santa Lucía es una especie que sólo existe en la isla de Santa Lucía en el Caribe. Es precioso, tiene la cara azul turquesa, las alas de color lima y una raya roja en el pecho. En 1977, en la isla sólo quedaban cien loros de Santa Lucía. La población se había visto diezmada por la destrucción del hábitat, la caza y los que se dedicaban a capturarlos para utilizarlos como mascotas. El loro de Santa Lucía parecía condenado a desaparecer; en palabras de un biólogo, en el año 2000, «la especie no podrá escapar a su extinción».

Pero de pronto apareció un extraño salvador: un estudiante universitario llamado Paul Butler.[1] En 1977, Butler estaba estudiando el último año de carrera en la *North-East London Polytechnic*. Butler era un apasionado de la conservación y pasó cinco semanas de expedición en Santa Lucía investigando sobre el terreno, donde estudió este tipo de loro e hizo algunas recomendaciones para la preservación de la especie.

Justo antes de graduarse —«con el desempleo mirándome a la cara», dijo Butler— recibió una carta del director del departamento forestal de Santa Lucía. Para sorpresa de Butler, le ofrecía un trabajo. Impresionado por las recomendaciones de Butler, el director del departamento forestal le proponía a Butler que regresara a la isla por un período de seis meses en calidad de asesor del departamento de conservación.

---

[1] **Estudiante universitario Paul Butler.** Los hechos de la historia de Butler proceden de una entrevista que Dan Heath hizo a Butler en octubre de 2008. Para una versión reducida de la historia y una foto de Butler, ver http://rareconservation.org/about/page. php?subsection=History (publicado el 28 de mayo de 2009).

El sueldo era de 200 dólares al mes, y Butler se podía alojar en una residencia del gobierno. Butler apenas podía creer su suerte. Sólo tenía 21 años y el gobierno de una preciosa isla del Caribe le pedía ayuda para salvar una especie en peligro de extinción.

Las recomendaciones que había hecho Butler al gobierno habían sido claras y directas: (1) Aumentar la pena por capturar o matar al loro, desde una multa trivial a una multa considerable más un tiempo en prisión. (2) Crear dentro de la reserva forestal existente un «santuario para el loro» que protegiera su hábitat. (3) Recaudar dinero para la gestión de la reserva, organizando visitas al bosque tropical, que ofrecieran a los turistas la oportunidad de ver la reserva y su atracción estrella.

Un apunte rápido: observe que estas recomendaciones —cambiar las leyes, reforzar las nuevas penalizaciones— son exactamente el tipo de cosas de las que huimos en este libro, porque muchos de nosotros no disponemos de estas herramientas en nuestro equipo. Pero esto es lo importante: Butler no disponía de estas herramientas. Y el departamento forestal tampoco. Para que las recomendaciones de Butler pudieran ponerse en práctica, iba a haber que cambiar las leyes de la isla, lo cual, a su vez significaba que el público iba a tener que respaldar la iniciativa. Así que Butler, recién salido de la facultad, trabajando con el departamento forestal y dotado de un presupuesto de centenares de dólares, tuvo que encontrar la manera de conseguir que los habitantes de Santa Lucía aunaran sus esfuerzos para proteger a un loro que muchos de ellos creían protegido —y en algunos casos formaba parte de su dieta—.

No había un motivo económico claro para salvar al loro. No se trataba de la parte primordial del ecosistema, y lo más triste era que seguramente muchos de los habitantes de Santa Lucía no se darían cuenta si llegara a desaparecer totalmente. Butler sabía que no podía desarrollar una argumentación analítica que justificara la protección del pájaro. Tenía que desarrollar una argumentación emocional.

Esencialmente, el objetivo de Butler era convencer a los habitantes de Santa Lucía de que eran el tipo de personas que protegía lo suyo. En eventos públicos, Butler enfatizó, «este loro es nuestro. No lo tiene nadie, salvo nosotros. Tenemos que protegerlo y cuidarlo». Hizo todo lo que estuvo en su mano para que el público se familiarizara con el pájaro. Organizó teatros de marionetas con loros de Santa Lucía, repartió camisetas, contrató a una banda local para que grabara canciones sobre el pájaro, convenció a los hoteles locales para que hicieran pegatinas, contrató a voluntarios para que se disfrazaran de loros y visitaran los colegios locales, y pidió a los sacerdotes locales que citaran versículos de la Biblia relevantes —por ejemplo, versículos que instruían a los creyentes a cuidar bien de las cosas de las que eran responsables—. Incluso llamó a una compañía telefónica para que hiciera tarjetas de teléfono con el loro de Santa Lucía impreso. En una tarjeta, el loro aparecía junto al águila imperial,[2] que era como poner a Salma Hayek al lado de Dick Cheney. No había ninguna duda de quién tenía el pájaro nacional más atractivo.

Los habitantes de Santa Lucía empezaron a aceptar al loro, como si siempre hubiera formado parte de su identidad nacional. Encuestas encargadas por Butler mostraron un aumento espectacular en el apoyo público al pájaro. La oleada de apoyo público hizo posible legalizar las recomendaciones que Butler y el departamento forestal, dirigido por Gabriel Charles, habían propuesto.

A medida que fueron pasando los años, la especie regresó del borde del abismo. En el último recuento, se contabilizaron entre seiscientos y setecientos loros, un aumento asombroso para una especie que estaba en peligro de extinción. La caza cesó totalmente. «En quince años, no se ha cogido a un solo habitante de Santa Lucía cazando un loro», dijo Butler en 2008.

En 1988, el gobierno otorgó a Butler la ciudadanía y más tarde le concedió la medalla al mérito de Santa Lucía, uno de los máximos honores del país. Había demostrado a los habitantes de Santa Lucía lo que significaba estar orgulloso de su identidad y, en el proceso, se había convertido en un lugareño.

---

2 N. de la t.: Símbolo estadounidense.

2.

Otras personas se enteraron de lo que Butler había hecho. A mediados de los años 80, un miembro del consejo de Rare, una organización para la conservación de las especies, le preguntó a Butler si estaría dispuesto a ir a San Vicente a hacer lo que había hecho en Santa Lucía. Intrigado, Butler se incorporó a Rare, trabajando codo a codo con la división forestal de San Vicente y su director general. Al cabo de un año, la isla aprobó una serie de leyes para proteger su propio loro local.

Butler y los demás líderes de Rare se dieron cuenta de que habían resuelto uno de los problemas más acuciantes de la conservación. Es muy difícil proteger las áreas preciosas del mundo sin el apoyo de los que residen en estas áreas, pero Rare había demostrado que podía inspirar a estos residentes para que cuidaran y protegieran su entorno. De modo que los conservacionistas de Rare decidieron lanzar proyectos similares, que empezaron a llamar «Campañas de orgullo»,[3] por todo el mundo. En 2009, Rare había lanzado 120 campañas de orgullo con éxito en 50 países diferentes desde Panamá hasta Indonesia. (Para su información: inspirado por este trabajo, en 2009, Dan Heath se unió al consejo de administración de Rare.) Las campañas de orgullo se centraban en animales que iban desde la tortuga boba hasta el pez Napoleón, un tipo de pez brillante cuyo hábitat es el arrecife de coral.

Hemos visto que una forma de motivar un cambio es reducir la dimensión del cambio, es decir hacer que la gente se sienta grande en relación al cambio. Pero aquí hemos visto algo diferente. Paul Butler no redujo la dimensión del cambio. Lo que hizo, sin embargo, fue hacer

---

3 **Campañas de orgullo.** Información sobre las campañas de orgullo de Rare está disponible en la página web de Rare: http://www.rareconservation.org. Actualmente, Rare se concentra más en proteger áreas de gran belleza, como acantilados y bosques, que en preservar especies particulares. Pero los conservacionistas de Rare siguen trabajando en las áreas de gran belleza, congregando al público en torno a lo que llaman «especies carismáticas», que simboliza áreas específicas que necesitan protección. Por ejemplo, el pez Napoleón fue la especie carismática de las aguas que rodeaban las Islas Togian en Indonesia, que contenían 262 especies de coral y muchas más especies que dependían del coral.

que la gente se sintiera orgullosa de lo suyo. Hizo que los habitantes de Santa Lucía se sintieran muy orgullosos de su loro, una especie que no existía en ningún otro sitio. Los inspiró para sentirse más decididos, más preparados, más motivados. Y cuando consigues que la gente se crezca en este sentido, desarrolla la fuerza para actuar.

3.

El éxito de Rare al motivar a personas de 50 países diferentes sugiere que hay algo universal en juego. La confirmación la obtenemos a partir de la investigación de James March,[4] un profesor de ciencias políticas de la *Stanford University*. March dice que cuando hemos de elegir, tendemos a confiar en uno o dos modelos de decisión básicos: el modelo de las consecuencias y el modelo de identidad. El modelo de las consecuencias resulta familiar para los estudiantes de Económicas. Sostiene que cuando hemos de tomar una decisión, sopesamos los pros y los contras de nuestras opciones y tomamos la decisión que maximiza nuestra satisfacción. Se trata de un modelo racional, analítico. Este es el modelo que Paul Butler sabía que iba a fracasar en Santa Lucía, porque allí no había un argumento coste/beneficio sólido para el loro.

En el modelo de identidad, esencialmente, cuando hay que tomar una decisión, hay que hacerse tres preguntas: ¿Quién soy? ¿De qué tipo de situación se trata? ¿Qué haría alguien como yo en esta situación? Observe lo que falta: el cálculo de costes y beneficios. El modelo de identidad explica el razonamiento que hace la mayoría a la hora de votar, que contradice nuestra noción del «votante que actúa por interés propio». Eso sirve para aclarar por qué un mecánico de Oklahoma votaría contra un demócrata que le diera cobertura médica, y por qué

---

4 **James March... modelo de identidad.** Ver March (1994), *A Primer on Decision Making: How Decisions Happen*, Nueva York: Free Press, especialmente el capítulo 2, en el que March ofrece un magnífico contraste entre la toma de decisiones basada en las consecuencias y la toma de decisiones a través de la identidad. Para un tratamiento más extenso de este tema, ver *Pegar y pegar* (LID, 2008) de Chip Heath y Dan Heath, incluida la historia de la enormemente exitosa campaña publicitaria «No ensucies Texas», para mantener limpias las autopistas texanas, que fue una aplicación de manual del modelo de identidad.

un millonario de Silicon Valley votaría contra un republicano que redujera sus impuestos.

Generalmente, cuando hablamos de identidad, estamos hablando de un rasgo inmutable de algún tipo —como una identidad racial, ética o regional. Pero ese es un uso relativamente limitado del término. No nacemos con una identidad; vamos adoptando identidades a lo largo de nuestra vida. Aspiramos a ser buenas madres o padres, devotos católicos o musulmanes, ciudadanos patriotas, etc.

O considere una identidad profesional, como ser científico. Está claro que no nacemos científicos. Se trata de una identidad que buscamos y una identidad que los demás, nuestros profesores y mentores, cultivan de forma consciente en nosotros. A medida que nos vamos desarrollando y creciendo en esa identidad, va siendo una parte cada vez más importante de nuestra imagen y desencadena el tipo de proceso de decisión que March describe. Por ejemplo, imagine que como profesor de ciencias que da clase de química, tuviera la lucrativa oportunidad de hacer un estudio de la toxicidad de un nuevo fármaco para una importante empresa farmacéutica. Desde el punto de vista del modelo de las consecuencias, la decisión de aceptar el trabajo sería obvia: ganaría mucho más dinero que como profesor universitario. Pero desde el punto de vista del modelo de identidad, la decisión de aceptar el trabajo parecería menos obvia. Se preguntaría qué compromisos sutiles iba a tener que aceptar para complacer al cliente. Se preguntaría, «¿qué haría un científico en esta situación?».

Puesto que las identidades son fundamentales para el proceso que sigue la gente para tomar sus decisiones, lo más probable es que cualquier esfuerzo de cambio que viole la identidad de una persona esté condenado al fracaso. (Por eso resulta tan desastroso cuando la gente, instintivamente, busca incentivos para cambiar el comportamiento de los otros.) Por lo tanto, la pregunta que hay que hacer es la siguiente: ¿cómo conseguir que el cambio sea un tema de identidad en lugar de un tema de consecuencias?

4.

En el *Lovelace Hospital Systems* de Albuquerque, Nuevo México, estaban preocupados por la rápida rotación de sus enfermeras.[5] De hecho, su ratio de rotación no era peor que la media nacional —entre 18 y 30% por año—, pero resultaba incómodo. Cada vez que una enfermera se iba, remplazarla costaba mucho dinero, la moral se resentía, y además durante el período de transición, la atención al paciente se resentía.

Kathleen Davis, enfermera titulada y vicepresidenta de operaciones del hospital, decidió utilizar un método poco convencional para analizar el problema de la rotación. Contrató a Susan Wood, una consultora especializada en Indagación Apreciativa, un método para cambiar las organizaciones analizando lo que funciona en lugar de lo que no funciona (este es otro ejemplo de concentrarse en las excepciones que vimos en el Capítulo 2).

Wood y Davis decidieron no investigar el motivo por el cual se iban tantas enfermeras. En su lugar, empezaron a explorar por qué otras enfermeras se quedaban. En un hospital con 300 enfermeras, el equipo entrevistó a más de un centenar. Wood preguntó a las enfermeras qué les satisfacía más de sus trabajos. Luego explicó, «las enfermeras estaban agotadas y desbordadas de trabajo, pero en cuanto empezamos a hablar con ellas de lo que se les daba mejor, su tono cambió».

Davis y Wood descubrieron que las enfermeras que se quedaban en el hospital eran profundamente leales a la profesión de enfermería. En otras palabras, su satisfacción era una cuestión de identidad; la nobleza de la profesión de enfermera daba sentido a su trabajo. En cuanto los directores del hospital se enteraron, supieron que iban a te-

---

5 **Preocupado por la rápida rotación de sus enfermeras.** Para más información sobre esta historia de la Indagación Apreciativa, ver Tom Krattenmaker (2005), «Change Through Appreciative Inquiry», en *Managing Change to Reduce Resistance* (pp. 49-58), Boston: Harvard Business School Press. La cita de Wood está en la p. 57. Las estadísticas de mejora son de Diana Whitney, Amanda Trosten-Bloom y David Cooperrider (2003), *The Power of Appreciative Inquiry: A Practical Guide to Positive Change*, Nueva York: Berrett-Koehler, pp. 94-95.

ner que hacer más por ayudar a las enfermeras a cultivar su identidad. Por ejemplo, empezaron a buscar formas de reconocer a sus empleadas por su extraordinaria labor de enfermería. Desarrollaron un nuevo programa de orientación que hacía hincapié en la naturaleza inherentemente admirable del trabajo de enfermera. Crearon programas de *apoyo* para ayudar a las enfermeras a mejorar sus conocimientos y habilidades.

El primer indicio de que algo había cambiado se apreció en el estudio anual de satisfacción de los empleados. Los índices de satisfacción de las enfermeras habían aumentado notablemente en muchas categorías, particularmente en comunicación. Todas esas entrevistas y conversaciones sobre la identidad tuvieron impacto. Pero el impacto fue más allá del estudio: durante el año siguiente, la rotación disminuyó un 30%. Y luego el éxito dio un salto inesperado: en los estudios regionales, Davis y Wood empezaron a ver mejoras en el índice de satisfacción de los pacientes con el *Lovelace Hospital*.

Es fundamental darse cuenta de que estas historias de identidad no son situaciones especiales, reservadas a los científicos o a las enfermeras o a los habitantes de Santa Lucía. La identidad desempeña un papel en prácticamente todas las situaciones de cambio. Incluso en la suya. Cuando piense en las personas cuyo comportamiento tiene que cambiar, pregúntese si estarían de acuerdo con esta frase: «aspiro a ser el tipo de persona que haría este cambio». Si cree que lo estarían, ya tiene mucho ganado. Si cree que no, entonces, va a tener que trabajar muy duro para demostrarles que deberían aspirar a una imagen de sí mismas diferente. Y eso es exactamente lo que Paul Butler hizo en Santa Lucía. Convenció a los isleños para que pensaran, «es nuestro pájaro. Si queremos ser buenos ciudadanos de Santa Lucía, tenemos que protegerlo».

Para ver su significado en un contexto empresarial, considere una empresa que inventó una identidad que acabó convirtiéndose en el motor de su éxito. La empresa es Brasilata,[6] una compañía manufac-

---

6 **Brasilata.** La información preliminar procede de la página web de Brasilata (publicada el 13 de febrero de 2009). En 2007, los ingresos de esta página fueron de 384.102 reales

turera brasileña de 170 millones de dólares que produce varios tipos de latas de acero. Como se puede imaginar, la industria productora de latas es relativamente madura —poco crecimiento, poca emoción—. Pero Brasilata desafía el estereotipo de fabricante aburrido, anclado en el pasado. De hecho, tiene fama de ser la más innovadora de América Latina.

¿Cómo es posible que un fabricante de latas tenga fama de innovador? Los fundadores de Brasilata se habían inspirado en la filosofía de los fabricantes de coches japoneses como Honda y Toyota, que daban autoridad a los empleados de primera línea para hacerse cargo de su propio trabajo. Por ejemplo, en Toyota, si un empleado localizaba un defecto, podía interrumpir la línea de montaje (esto habría sido impensable en Detroit en ese momento). Toyota y Honda, además, solicitaban activamente ideas innovadoras a sus empleados. En 1987, los fundadores de Brasilata lanzaron un programa de innovación de los empleados inspirado en los japoneses.

Una nueva identidad era el núcleo del programa. Los empleados de Brasilata empezaron a llamarse «inventores» y cuando se incorporaban nuevos empleados a la empresa, les pedían que firmaran un contrato de innovación. No lo hacían simplemente para causar buena impresión. La dirección animaba a los empleados a estar atentos a cualquier innovación potencial, ideas para crear mejores productos, mejorar los procesos de producción, y reducir costes del sistema. Los procedimientos desarrollados en la empresa, hicieron que para los inventores fuera muy fácil proponer sus ideas. El programa tuvo tanto éxito que superó todas las expectativas. En 2008, los empleados presentaron 134.846 ideas —¡una media de 145,2 ideas por inventor!—. Esta cifra situaba a Brasilata al mismo nivel que los marcadores de tendencias japoneses que habían inspirado el programa.

---

brasileños: http://www.brasilata.com.br/en/financas_resultados.php. El número de ideas por inventor es de http://www.brasilata.com.br/en/projeto_historico.php. Para la lata inspirada en el auto de choque, ver http://www.brasilata.com.br/en/prod_18un_b.php. Para las historias sobre las ideas para ahorrar energía, ver http://www.brasilata.com.br/en/projecto_fatos_relevantes.php. Todas las conversiones de dólares estadounidenses y reales brasileños fueron calculadas el 13 de febrero de 2009.

Muchas de las sugerencias llevaron al desarrollo de productos nuevos. Por ejemplo, a finales de 2008, Brasilata lanzó un nuevo modelo de latas de acero especialmente diseñado para contener líquidos peligrosos o inflamables. Para satisfacer los estándares de Naciones Unidas, estas latas tienen que soportar una caída desde 1,2 metros. Tradicionalmente, muchos fabricantes habían conseguido cumplir este requisito engrosando las capas de metal, para lo cual tenían que utilizar más materias primas y nuevos procesos de producción. Y los diseños reforzados no eran infalibles —si una lata caía de canto, las junturas de metal podían separarse.

Los inventores habían acompañado a Brasilata en situaciones de emergencia. En 2001, una crisis energética severa —el síndrome del apagón— obligó al gobierno de Brasil a racionar la energía. Las empresas recibieron una cuota de electricidad muy estricta. Los inventores iban a trabajar soñando con ideas para ahorrar energía, centenares de ellas. En unas semanas, el consumo de energía de Brasilata se redujo un 35%, cayendo por debajo de la cuota de la compañía y ofreciéndole la posibilidad de revender su energía extra.

Dos empleados, conjuntamente, sugirieron una idea sorprendente: eliminad nuestros puestos de trabajo; ya no son necesarios. La idea fue aceptada, pero la compañía encontró un nuevo puesto para los empleados. Brasilata no tiene política de despidos y además distribuye el 15% de su beneficio neto entre sus empleados. No es de sorprender que Brasilata siempre aparezca en las listas de «mejores lugares para trabajar» de Brasil.

Es importante recordar que la empresa creó esta identidad de «inventor», que ha impulsado el éxito de la empresa y la satisfacción de los empleados. Ningún empleado de Brasilata había nacido «inventor». Les hablaron de la identidad, y les gustó. Parecía un reto que valía la pena aceptar. Ser inventor se había convertido en una fuente de orgullo y fortaleza.

5.

Si cultivar una identidad le parece imposible, anímese. Un estudio de psicología clásico demuestra que se puede conseguir empezando con pequeños pasos. En los años 60, dos psicólogos de la Universidad de Stanford, Jonathan Freedman y Scott Fraser, pidieron a un investigador que fuera puerta por puerta en un barrio acomodado de Palo Alto, California. Cuando los propietarios abrían la puerta, el investigador se presentaba como voluntario de *Citizens for Safe Driving*[7,8] y les preguntaba si les importaría que pusiera en su césped un cartel que rezara «Conduce con cuidado». Les enseñaba una foto del cartel puesto en el césped de otra casa, y lo cierto es que era una auténtica monstruosidad; estaba muy mal hecho y era tan grande que tapaba gran parte de la fachada de la casa. Además, prometía a los propietarios que el cartel «solo haría un pequeño agujero en su césped».

Sin duda si este voluntario llamara a su puerta, le pondría una excusa. Y, de hecho, el 83% de los propietarios declinaron la «oportunidad». Sin embargo, en otro tipo de barrio, los investigadores utilizaron una técnica sencilla que multiplicó el número de síes ¡por más de cuatro!

Las técnicas eran remarcablemente sutiles: dos semanas antes, en estas mismas casas, se había presentado un voluntario diciendo que representaba a una organización para la conducción segura diferente. Les había pedido permiso para poner un pequeño letrero —de menos de la mitad del tamaño de una tarjeta postal— en el que ponía «Conduce con cuidado», en la ventana del coche o de su casa. El voluntario les había dicho que con el letrero se pretendía concienciar más a los

---

7 N. de la t.: Ciudadanos por una conducción segura.

8 **Ciudadanos para la conducción segura.** Ver Jonathan L. Freedman y Scott C. Fraser (1966), «Compliance Without Pressure: The Foot-in-the Door Technique», *Journal of Personality and Social Psychology*, 4, 195-203. Este estudio dio lugar al nacimiento de un nuevo campo que investiga las técnicas «del pie en la puerta». Muchas de estas técnicas parecen funcionar porque forman (o reforman) la identidad. Para un análisis de estas técnicas en profundidad, bajo el título «compromiso y consistencia», ver Robert Cialdini (2000), *Influence: Science and Practice*, cuarta edición, Nueva York: Allyn & Bacon, capítulo 3. Para la cita «Una vez que el dueño de la casa ha accedido...», ver Freedman y Fraser, «Compliance Without Pressure», p. 201.

ciudadanos de la necesidad de conducir con cuidado. Este compromiso parecía tan trivial que casi todos los propietarios dijeron que sí. Su pequeño sí, pareció preparar el terreno para los grandes síes. Cuando los investigadores volvieron dos semanas después y pidieron permiso a los propietarios para instalar el enorme cartel en su césped, el 76% aceptó. Freedman y Fraser llaman a esta estrategia, técnica de «pie en la puerta». Aceptar el pequeño letrero sobre conducir con cuidado aumentó la probabilidad de que los propietarios aceptaran el gigantesco cartel sobre la conducción segura.

Luego los resultados fueron todavía más extraños. Los voluntarios se acercaron a un tercer grupo de propietarios con una propuesta diferente. En lugar de presentarse con un pequeño letrero, se presentaron con una petición para «Mantener California bonita» para que la firmaran. Difícil oponerse a esto, de forma que de nuevo, casi todos aceptaron. Luego, dos semanas después, volvieron a llamar a la puerta de los que habían firmado la petición y les pidieron que pusieran el enorme cartel en su jardín, y ¡la mitad dijeron que sí! Esto supone tres veces la tasa de aceptación de los propietarios que no habían firmado la petición.

Este resultado confundió incluso a Freedman y Fraser. No habían imaginado que la campaña «Mantener California bonita» fuera a servir como estrategia «pie en la puerta» para lograr un compromiso con la conducción segura. Los dos campos no tenían ningún tipo de relación. Después de pensar detenidamente en ello, especularon que la firma de la petición podría haber provocado un cambio en el propio sentimiento de identidad de los propietarios. Freedman y Fraser escribieron, «una vez que el propietario accede a la petición, su actitud puede cambiar, puede convertirse a sus ojos en el tipo de persona que hace este tipo de cosas, que accede a las peticiones que le hacen extraños, que toma cartas en los asuntos en los que cree, que colabora con las buenas causas».

En cierto sentido, para los propietarios, firmar la petición se convirtió en una prueba de que eran ciudadanos comprometidos, y este cambio sutil en su identidad provocó un cambio en su comportamiento. Dos semanas después cuando acudió un voluntario con la propuesta de poner un cartel en el césped de su jardín, subconscientemente se hicieron las tres preguntas de identidad de James March: ¿Quién soy? ¿De qué tipo de situación se trata? ¿Qué haría alguien como yo en esta situación? Si considera que encaja entre sus vecinos, rechazará la propuesta. Si considera que es una persona que le gusta tener el césped inmaculado, puede que agreda al investigador. Pero si es un ciudadano comprometido, recién salido del cascarón, le parecerá honorable poner el cartel.

6.

Muy bien, pero seamos sinceros: el estudio de Freedman-Fraser es un poco sórdido. Vamos a intentar separar la parte desagradable de la parte científica.

La parte desagradable es el engaño. A los propietarios les enredan para que hagan una estupidez. Ninguno de los ejemplos que hemos dado de creación de identidad es como éste. ¿Es engañoso persuadir a la gente para que se una para defender un pájaro nacional? ¿Para cultivar el orgullo profesional? ¿Animar a los empleados a actuar como inventores? Por supuesto que no. En Brasilata nadie se habría molestado si el director general hubiera dicho, «estamos intentando que penséis y actuéis más como inventores porque eso hará que nuestra compañía sea más competitiva e innovadora». El ejemplo del cartel en el jardín es distinto: los propietarios se habrían ofendido si Freedman y Fraser les hubieran dicho abiertamente, «les pedimos que firmen esta petición para que dentro de dos semanas, podamos embaucarles para poner esta cartel gigante en su césped».

Dejando a un lado el factor desagradable, la ciencia del estudio del cartel dice algo bastante importante. Demuestra que la gente se muestra receptiva a desarrollar nuevas identidades, que las identidades crecen y se desarrollan a partir de pequeños comienzos. Cuando te empiezas a ver como un ciudadano comprometido, quieres seguir actuando como tal. Es una noticia realmente fantástica para el que esté liderando un esfuerzo de cambio. Significa, por ejemplo, que si eres capaz de demostrar por qué vale la pena respetar el medio ambiente, no tardarán mucho en considerarte un ecologista. Los propietarios de esas casas sólo necesitaron dos semanas para considerarse ciudadanos comprometidos.

7.

De todos modos, hay un problema. Una nueva identidad se puede arraigar rápidamente; sin embargo, es tremendamente difícil vivir conforme a esa nueva identidad. Por ejemplo, probablemente los empleados de Brasilata tardaron un tiempo en ser un poco buenos inventando. Al principio, seguramente se esforzaban por tener alguna sugerencia que hacer a la compañía, y puede que se sintieran unos farsantes por llamarse inventores.

Es comprensible. En diferentes momentos de nuestras vidas, nuestras parejas nos propusieron hacer clase de salsa con ellas. Obviamente no era nuestra primera opción para nuestras actividades de fin de semana, pero decidimos intentarlo. La fantasía era atractiva; nos imaginábamos con nuestras parejas, llenas de pasión y arte, suscitando miradas de envidia entre los presentes. No hay duda: la identidad de bailarín era atractiva.

No nos resultó muy difícil darnos cuenta de lo profundamente desacertadas que eran nuestras fantasías. Muy pronto, descubrimos que la salsa es un baile sádico creado con el fin de hacer que los hombres de mediana edad se sientan ridículos. La salsa requiere una serie de movimientos de cadera sensuales que nos parecen estructuralmente inverosímiles. Conseguimos hacer este maravilloso baile con toda la fuerza seductora de Al Gore haciendo un *striptease*.

No seguimos con nuestras clases de salsa.

Ésta es la conclusión: si te esfuerzas por hacer un cambio, especialmente un cambio que implica una nueva identidad, tanto tú como tu audiencia tendréis «Momentos Salsa». (Tranquilo, no vamos a adoptarla como frase de moda.) Cualquier intento, incluso los que acaben siendo exitosos, implicará fracasos. No se puede aprender a bailar salsa sin cometer errores. No se puede aprender a ser inventor, enfermera, o científico, sin cometer errores. Ni se puede aprender a transformar el método de producción de la empresa, o a cambiar la mentalidad sobre la pobreza urbana, o a restaurar la comunicación con la pareja, sin cometer errores. Y el Elefante realmente odia cometer errores.

Esto puede suponer un problema cuando estás intentando cambiar o liderar un cambio. Sabes que puedes cometer un error y sabes que el error desatará el instinto de salir corriendo, del mismo modo que nosotros salimos corriendo de nuestras clases de salsa. ¿Cómo mantener al Elefante motivado cuando tiene por delante un camino largo y difícil?

La respuesta puede parecer extraña: hay que crear la expectativa de fracaso; no de fracaso de la misión en sí misma, sino de fracaso en la carretera. Esta noción nos lleva a un área de investigación fascinante que seguramente cambiará su forma de ver el mundo.

8.

Lea las cuatro frases siguientes, y diga si está de acuerdo o en desacuerdo con cada una de ellas.

1. Es un tipo de persona concreta y no hay mucho que se pueda hacer por cambiarla.
2. Independientemente del tipo de persona que sea, siempre puede cambiar sustancialmente.
3. Puede hacer las cosas de forma diferente, pero no puede cambiar las partes más importantes de su persona.
4. Siempre puede cambiar los aspectos más básicos de su persona.

Si está de acuerdo con las frases 1 y 3, es una persona de «mentalidad fija».[9] Y si está de acuerdo con las frases 2 y 4, suele tener «mentalidad de crecimiento». (Si está de acuerdo con las frases 1 y 2 tiene las ideas poco claras.) Como veremos, de la mentalidad puede depender la capacidad para asumir el fracaso y la insistencia con la que se perseguirá el cambio. Puede incluso condicionar el éxito profesional.

---

9 **«Mentalidad fija»... «mentalidad de crecimiento».** Esta cuestión y todo el material sobre mentalidad fija/de crecimiento son de Carol S. Dweck (2006), *Mindset: The New Psychology of Success*, Nueva York: Random House. La diferencia está en la p. 13. Todos los profesores, entrenadores, directores y padres deberían leer el libro de Dweck.

Los que tienen mentalidad fija creen que sus capacidades son básicamente estáticas. Tal vez crea que se le da bastante bien hablar en público, que es un directivo medio, y que es un magnífico organizador. Con una mentalidad fija, cree que puede mejorar o empeorar un poco en estas habilidades, pero básicamente sus capacidades reflejan su manera de ser. Su comportamiento, por lo tanto, es una buena representación de su habilidad natural, del mismo modo que el primer sorbo de vino es una buena representación de la botella que ha comprado.

Si es una persona con mentalidad fija, tenderá a evitar los desafíos, porque le dará miedo que, si fracasa, los demás vean este fracaso como una indicación de su capacidad real y que le vean como un perdedor (del mismo modo que notar que el vino está malo al probarlo le lleva a rechazar la botella). Se siente amenazado por el comentario negativo, porque tiene la impresión de que sus críticos le están diciendo que son mejores que usted y están situándose a un nivel de habilidad natural mejor que el suyo. Intenta que no parezca que está haciendo demasiado esfuerzo. (Las personas que son realmente buenas no tienen que esforzarse tanto, ¿no?) Piense, por ejemplo, en el tenista John McEnroe cuando era una estrella. Tenía talento natural pero no era muy riguroso en la práctica de la superación personal.

Por el contrario, los que tienen una mentalidad de crecimiento creen que las habilidades son como músculos, que con la práctica se pueden desarrollar. Es decir, con esfuerzo, se puede escribir, dirigir o escuchar mejor a su pareja. Con una mentalidad de crecimiento, sueles aceptar más desafíos a pesar del riesgo de fracaso. (Al fin y al cabo, cuando en el gimnasio intentas levantar más peso y no lo consigues, no te preocupa que todo el mundo se burle de ti por ser un «debilucho».) Procuras que te den más responsabilidad en el trabajo. Y no te cuesta tanto aceptar las críticas, porque en último término te ayudan a mejorar. Puede que de momento no seas tan bueno como los demás, pero piensas a largo plazo, un poco como la fábula de la tortuga y la liebre. Piense en Tiger Woods, por ejemplo, que ganó ocho campeonatos más rápidamente que nadie en la historia y que luego decidió que tenía que mejorar su *swing*.

Mentalidad fija frente a mentalidad de crecimiento: ¿qué tipo de mentalidad tiene usted? Ésta no es una de esas preguntas de las revistas que no admiten error (¿es un labrador o un caniche?). Carol Dweck, profesora de psicología de la *Stanford University*, ha dedicado su carrera a estudiar estas dos mentalidades —es la creadora de los términos—. Y los resultados de su investigación son muy claros: si quieres sacar el máximo partido a tu potencial, has de tener una mentalidad de crecimiento.

Dweck ha estudiado cómo influyen estas mentalidades en el rendimiento de los atletas olímpicos, de los músicos virtuosos y de los empresarios a diario. En su libro de obligada lectura *Mindset: The New Psychology of Success*, demuestra que con una mentalidad de crecimiento se tendrá más éxito en casi todo. Esto es así porque los que tienen mentalidad de crecimiento —los que se esfuerzan, se arriesgan, aceptan comentarios y tienen una visión a largo plazo— tienen asegurado el progreso tanto en su vida personal como profesional.

Una vez que conoces estos conceptos, empiezas a reconocer la mentalidad fija por todas partes. Fíjese en cómo elogiamos a nuestros hijos: «¡eres tan listo! ¡Juegas tan bien a baloncesto!». Esto alimenta la mentalidad fija. Una mentalidad de crecimiento elogia más el esfuerzo que las habilidades naturales: «¡estoy tan orgulloso de lo mucho que habéis trabajado en este proyecto! ¡Se nota que hiciste caso de los comentarios del entrenador! ¡Realmente pusiste bien el codo en los tiros en suspensión!».

Nuestra experiencia con la salsa es un ejemplo clásico de fracaso de la mentalidad fija. Después de intentar durante un tiempo un movimiento con el que no estábamos familiarizados, concluimos, definitivamente, que éramos unos pésimos bailarines de salsa y que habíamos nacido así. Y abandonamos, porque permitir que todo el mundo viera nuestra falta de habilidad natural nos hacía sentir incómodos. Una persona con una mentalidad de crecimiento nunca habría llegado a esta conclusión. De hecho, nunca habría esperado que se le diera bien bailar salsa. Esta mentalidad marcaría toda la diferencia.

Lo cual, evidentemente, plantea una pregunta obvia: ¿es posible que una persona con mentalidad fija aprenda a adoptar una mentalidad de crecimiento?

9.

En 2007, Dweck y dos colegas, Kali Trzesniewski de Stanford y Lisa Blackwell de Columbia, decidieron hacer un experimento con los alumnos de primero de ESO: si les entrenaban para que tuvieran una mentalidad de crecimiento ¿mejorarían en matemáticas?

Primero de ESO es, como sabe, una transición difícil para los chicos. Mucha gente tiene recuerdos contradictorios de su primer curso de ESO y el 40% de la gente considera la adolescencia como la peor etapa de su vida. (Supuestamente el otro 60% no tenía acné.) En cuanto la pubertad empieza a manifestarse, los chicos van a colegios nuevos en los que tienen más trabajo y profesores nuevos que no les prestan la misma atención individual y amable que en Primaria. Primero de ESO es un punto de inflexión para los chicos con mentalidad fija: Dweck descubrió que en la etapa de Primaria, los alumnos con mentalidad fija funcionan más o menos igual que los alumnos con mentalidad de crecimiento, pero en primero de ESO sufren una caída inmediata en las notas y luego continúan cayendo durante un tiempo.

Los estudiantes que participaron en el estudio de Dweck solían dar explicaciones de mentalidad fija para justificar su declive: «soy el más tonto. Soy un desastre en matemáticas». Fíjese que estamos hablando de sus habilidades como rasgos permanentes, como si estuvieran diciendo, «tengo los ojos marrones». (Otros estudiantes tendían a buscar la culpa en otro sitio, diciendo cosas como «me ha ido mal porque el profesor se droga», o «el profe de mates es un cerdo asqueroso».)

Dweck y sus colegas hicieron un estudio en el que participaron estudiantes de matemáticas de primero de ESO de un colegio en el que el 79% de los alumnos disfrutaban del programa de servicio de comedor gratuito del estado, exactamente el tipo de entorno socioeconómico bajo en el que los estudiantes tienen un alto riesgo de iniciar un período de fracaso académico. El grupo de control siguió un programa de estudios genérico y el grupo experimental siguió un programa de formación en la mentalidad de crecimiento.

A los estudiantes que fueron formados en la mentalidad de crecimiento les enseñaron que el cerebro es como un músculo[10] que se puede desarrollar con ejercicio; que con trabajo, pueden ser más inteligentes. Al fin y al cabo, les dijo Dweck, «nadie se ríe de los bebés ni les dice lo tontos que son porque no saben hablar».

Los mentores de la clase pidieron a los alumnos que pensaran en las habilidades que habían aprendido —¿recuerdas la primera vez que probaste un patinete o que tocaste la guitarra?— y que recordaran cómo la práctica había sido fundamental para dominar estas habilidades. Recordaron a los alumnos que «todo es difícil antes de ser fácil», y que nunca tenían que rendirse por no dominar algo inmediatamente. En total, los alumnos del grupo formados en la mentalidad de crecimiento recibieron dos horas de clase de «el cerebro es como un músculo» durante ocho semanas. ¿Y los resultados? Increíbles.

Los alumnos del grupo de control que siguieron un programa de estudios genéricos empezaron el primer curso de ESO con unas notas de matemáticas de entre un cinco y un seis. A lo largo del curso escolar, sus notas bajaron a cinco y luego a menos de cinco. Los que participaron en el programa de formación de «el cerebro es como un músculo», sin embargo, interrumpieron esta caída y la invirtieron. Estos alumnos superaron significativamente a sus compañeros.

Algunos alumnos experimentaron unas transformaciones espectaculares.[11] En *Mindset*, Dweck dice, «un día, estábamos presentando la mentalidad de crecimiento a un nuevo grupo de estudiantes. De repente Jimmy —el chico más tozudo, más frío y que menos se esforzaba del grupo— me miró con los ojos llenos de lágrimas y me dijo, «¿quieres decir que no tengo que ser tonto?». Desde ese día empezó a trabajar. Empezó a quedarse hasta tarde para hacer los deberes, que nunca se había molestado en hacer. Empezó a hacer sus tareas enseguida para poder recibir comentarios y revisarlas. Ahora estos chicos creen que trabajar duro, esforzarse, no te hace vulnerable, sino más inteligente».

10 **El cerebro es como un músculo.** Ver Lisa S. Blackwell, Kali H. Trzesniewski y Carol S. Dweck (2007), «Implicit Theories of Intelligence Predict Achievement Across an Adolescent Transition: A Longitudinal Study and an Intervention», *Child Development*, 78, 246-263.

11 **Transformaciones dramáticas.** La cita es de Dweck, *Mindset*, p. 59.

Los profesores, sin conocer las condiciones experimentales que habían sido asignadas a los alumnos, tuvieron que identificar a los alumnos que, en su opinión, habían experimentado un cambio positivo durante el tercer trimestre. El 76% de los alumnos que identificaron pertenecían al grupo que seguía el programa de formación de «el cerebro es un músculo».

Estos resultados fueron totalmente desproporcionados con respecto a la intervención. Al fin y al cabo, la asignatura de matemáticas es acumulativa y los alumnos que participaron en este experimento ya habían recorrido una tercera parte del camino hacia el tercer trimestre. Dos horas de clase, con la revolución hormonal y la popularidad de primero de ESO y de YouTube, tendrían que haber tenido el mismo efecto transformador que un seminario sobre la Pirámide de los Alimentos al finalizar la escuela. Sin embargo, dos horas de clase sobre cómo pensar en la inteligencia hizo que los estudiantes mejoraran mucho en matemáticas. Dweck demostró que la mentalidad de crecimiento se puede enseñar y que puede cambiar la vida de muchas personas.

10.

En el mundo empresarial se rechaza, de manera implícita, la mentalidad de crecimiento. Los empresarios piensan que hay dos etapas: primero planificas y luego ejecutas. No hay «período de aprendizaje» o «período de práctica» entre medio. Desde el punto de vista empresarial, la práctica parece una ejecución mediocre. Lo importante son los resultados: ¡da igual como lo hagas, pero hazlo!

Pero para crear un cambio y mantenerlo, hay que actuar más como un entrenador y menos como un árbitro. Hay que abrazar la mentalidad de crecimiento e infundirla en el equipo. ¿Por qué es tan importante? Porque, como apunta la profesora de la *Harvard Business School*, Rosabeth Moss Kanter al estudiar organizaciones importantes, «en el medio, todo puede parecer un fracaso».[12] Un sentimiento similar

---

12 **«Fracaso en el medio».** Ver Rosabeth Moss Kanter (23 noviembre, 2003), *Leadership for Change: Enduring Skills for Change Masters*, Harvard Business School Note 9-304-06,

expresa la terapeuta matrimonial Michele Weiner-Davis, que dice que «el cambio verdadero, el que permanece, suele implicar dar tres pasos adelante y dos atrás».[13]

Si el fracaso es una parte necesaria del cambio, es muy importante que se entienda bien. Los líderes de IDEO, la empresa de diseño de productos más importante del mundo, han diseñado productos y experiencias que van desde el primer ratón de Apple hasta una nueva campaña de donación de sangre de la Cruz Roja. Entienden la necesidad de preparar a sus empleados —y, más importante, a sus clientes— para el fracaso.

Tim Brown, director general de IDEO, dice que todos los procesos de diseño pasan por períodos de confusión. Uno de los diseñadores de IDEO incluso diseñó un gráfico del estado emocional de los proyectos que predice cómo se sentirá la gente en las distintas fases de un proyecto. Se trata de una curva en forma de U con un máximo de emoción positiva, denominado «esperanza», al principio, y un segundo máximo de emoción positiva, denominado «confianza», al final. Entre ambos máximos hay una valle emocional negativo denominado «percepción».

Brown dice que el diseño «raramente es un salto airoso de una altura a otra». Cuando un equipo se embarca en un nuevo proyecto, los miembros del equipo están llenos de esperanza y optimismo. Cuando empiezan a reunir datos y a observar a personas de verdad luchando con los productos, comprueban que empiezan a tener ideas nuevas, sin hacer ningún tipo de esfuerzo. Luego viene la difícil tarea de integrar todas esas ideas frescas en un nuevo diseño coherente. En este período de «percepción» es muy fácil deprimirse, porque la percepción no siempre se consigue inmediatamente.

Normalmente, en el medio, el proyecto suele parecer un fracaso. Pero si el equipo sigue avanzando por este valle de angustia y dudas,

Boston: Harvard Business School Press, p. 11, basado en su libro de 2001 *Evolve! Succeding in the Digital Culture of Tomorrow*, Boston: Harvard Business School Press. En castellano, *E-value* (Deusto, 2001).

13 **«Tres pasos hacia delante y dos hacia atrás».** Ver Michele Weiner-Davis (1992), *Divorce Busting*, Nueva York: Simon & Schuster, p. 212.

finalmente emergerá con una sensación de impulso creciente. Los miembros del equipo empiezan a poner a prueba sus nuevos diseños, y se dan cuenta de lo que han mejorado y siguen modificando el diseño para mejorarlo todavía más. Y se dan cuenta de que han resuelto el problema. Ahí es cuando el equipo alcanza el máximo de confianza.

Observe lo que están haciendo los líderes del equipo en IDEO con este gráfico de máximos y de valle: están creando la expectativa de fracaso. Están diciendo a los miembros del equipo que no se fíen del brote inicial de buenas sensaciones al principio del proyecto, porque lo que viene a continuación son penurias, trabajo duro y frustración. De todos modos, por raro que parezca, cuando les hacen esta advertencia, la interpretan con optimismo.

Ésta es la paradoja de la mentalidad de crecimiento. Aunque parece atraer la atención hacia el fracaso, y de hecho nos anima a buscar el fracaso, es tremendamente optimista. *Lucharemos, fracasaremos, nos derribarán; pero al final, mejoraremos, y acabaremos ganando.*

La mentalidad de crecimiento, por lo tanto, protege contra la actitud derrotista. Vuelve a considerar el fracaso como una parte natural del proceso de cambio. Y esto es fundamental, porque la gente sólo perseverará si percibe la caída como un aprendizaje en lugar de como un fracaso.

Ésta es la lección que aprendieron, por el camino difícil, varios hospitales que estaban intentando adoptar un nuevo tipo de cirugía cardiovascular denominada cirugía cardíaca mínimamente invasiva (MICS, por sus siglas en inglés). Amy Edmondson,[14] profesora de la *Harvard Business School*, hizo un estudio de 16 hospitales que habían implementado la MICS.

La cirugía tradicional, a corazón abierto, es muy invasiva: se abre el esternón del paciente, se hace circular su sangre utilizando una máquina de *bypass* extracorpórea, y luego el corazón se detiene. La

---

14 **Amy Edmondson.** Ver Edmondson (2003), «Framing for Learning: Lessons in Successful Technology Implementation», *California Management Review*, 45, 34-54. Para proteger a los participantes en su investigación, Edmondson utilizó seudónimos para los hospitales y el personal médico.

MICS es mucho menos invasiva porque permite operar el corazón sin necesidad de abrir el pecho. Los cirujanos acceden al corazón a través de una pequeña incisión realizada entre dos costillas. A continuación, introducen un finísimo catéter con un balón deshinchado por la ingle, que guían hasta la aorta y luego hinchan, bloqueando el flujo de sangre desde dentro. El cirujano procede a operar utilizando el pequeño y estrecho espacio horizontal que queda entre las costillas.

El estrecho espacio de operación que queda disponible cambia toda la cirugía. Con una cirugía a corazón abierto, el cirujano bloquea la aorta con unas pinzas externas, como si pusiera una pinza muy grande en una bolsa de patatas fritas. No necesita ninguna aportación del equipo de cirugía. Con la MICS, el mecanismo del balón tiene que actuar como una pinza interna, inflándose para bloquear el flujo de sangre. El cirujano no puede verlo o sentirlo a menos que lo infle en el lugar adecuado y con la presión adecuada. Para conseguirlo, tiene que confiar en el anestesista para monitorizar el camino del balón a medida que va avanzando hacia el corazón. Cuando por fin el balón está en su sitio e inflado, el trabajo todavía no ha terminado. Es muy importante monitorizar constantemente la posición del balón para asegurarse de que la sangre no fluya después de él. Como dijo una enfermera, «cuando leí el manual de formación, no podía creerlo. Era tan distinto a los procedimientos habituales». El procedimiento requiere realizar unas maniobras muy complejas, en situaciones de vida o muerte, por parte de un equipo que suele trabajar a ciegas. Es un poco como hacer aterrizar un avión comercial o de carga por la noche. (No es que sepamos la sensación que produce. Simplemente nos imaginamos que es mucho más peligroso que escribir un libro de no ficción.) Pero estas maniobras complejas tienen un beneficio enorme: mucho menos sufrimiento para los pacientes. Los pacientes que han sido operados utilizando la MICS se van a su casa a los cuatro días de la intervención, en lugar de ocho, y en tres semanas están totalmente recuperados, en lugar de en dos meses.[15]

---

15 **Recuperación total en tres semanas en lugar de en dos meses.** Las estadísticas de recuperación MICS son de Barbara Kuhn Timby y Nancy E. Smith (2006), *Introductory*

La promesa de la MICS, por lo tanto, es que proporciona grandes beneficios a los pacientes de los equipos que lo adoptan, pero sólo si los equipos de cirujanos están dispuestos a soportar el proceso de aprendizaje inicial. Muchas nuevas tecnologías requieren este esfuerzo: piense en los arquitectos que dejaron de hacer dibujos a mano y empezaron a hacer diseños utilizando el ordenador o en los distribuidores que aprendieron a utilizar los PDA sobre el terreno para hacer un seguimiento de sus envíos y entregas. Decidieron pasarlo mal al principio para tener un beneficio más tarde.

Edmondson estudió 16 hospitales que adoptaron la nueva técnica MICS. Descubrió que algunos hospitales habían aprendido la nueva técnica y la habían adoptado sin problemas, pero que varios habían fracasado y habían tenido que volver a la cirugía a corazón abierto. La conclusión que sacó de los equipos que triunfaron y de los que no lo hicieron es un testimonio muy importante del poder de la mentalidad de crecimiento.

11.

Los equipos más efectivos tendían a adoptar lo que Edmondson llamaba un «marco de aprendizaje». Los miembros de estos equipos imaginaban la cirugía MICS como algo que iba a ser difícil al principio pero que con el tiempo resultaría más fácil, siempre que se mostraran abiertos a cambiar su forma de actuar y de comunicarse.

En el *Mountain Medical Center*, el Dr. M. adoptó un marco de aprendizaje. Solía llevar una cámara en la cabeza, para que el equipo viera lo que estaba sucediendo, y les animaba a hacerle preguntas sobre lo que hacía y por qué lo hacía. Además se aseguraba de que su equipo practicara diligentemente. Deliberadamente, programó las seis primeras cirugías MICS en la misma semana, para que los miembros del equipo pudieran practicar repetidamente, sin posibilidad de olvidarse de lo que aprendían en los tiempos muertos que quedaban entre ellas. Además, se aseguró de que el equipo permaneciera unido en los

---

Medical-Surgical Nursing, novena edición, Nueva York: Lippincott Williams & Wilkins, p. 532.

15 primeros casos. Después, fue incorporando miembros uno a uno, para que cada persona nueva pudiera aprender sin introducir demasiado riesgo en el procedimiento. El *Mountain Medical Center* tuvo mucho éxito con la cirugía MICS, y este éxito se puede atribuir a la mentalidad de crecimiento. El Dr. M. centró la atención en la práctica, actuó como entrenador, y estableció las rutinas de forma que maximizaran las oportunidades de aprender y mejorar.

Otros hospitales desistieron del esfuerzo de adoptar la cirugía MICS. En el *Decorum Hospital*, el director de cirugía cardíaca, el Dr. D. estaba muy motivado para adoptar la cirugía MICS por razones competitivas. «Queremos que todo el mundo sepa que podemos hacerlo. Es una cuestión de marketing. A los pacientes les gustará saber que podemos hacerlo». Los miembros de su equipo hablaron de adoptar el procedimiento para «estar a la altura de los Joneses» —los otros grandes hospitales de la zona—. Por lo tanto, la cirugía MICS era casi como un juguete nuevo que todo el mundo quería adquirir, especialmente desde que los chicos más enrollados lo tenían.

El Dr. D. acabó implementando el procedimiento de una forma única: siguió abriendo el esternón de sus pacientes, aunque haciendo una incisión más pequeña. Una de sus enfermeras remarcó, «el Dr. D. es una persona de hábitos». Y finalmente, los viejos hábitos acabaron ganando. Poco a poco, el uso del nuevo procedimiento fue disminuyendo, y acabó abandonándose.

Entre los distintos hospitales que estudió, Edmondson descubrió que los equipos que fracasaron habían cometido el error de intentar hacerlo bien desde el principio y que les había movido la posibilidad de actuar, brillar o ejecutar perfectamente. Pero, obviamente, nadie brilla en sus primeros intentos; esta mentalidad predispone a los equipos al fracaso. Por el contrario, los equipos exitosos se habían concentrado en el aprendizaje. No dieron por supuesto que el dominio llegaría rápidamente y anticiparon que tendrían que superar situaciones difíciles. Al final, fueron los que tuvieron más probabilidades de hacerlo bien.

El fracaso suele ser el mejor aprendizaje y por lo tanto, el fracaso temprano es una especie de inversión necesaria. Una historia famosa de IBM[16] lo explica muy bien. En los años 60, un ejecutivo de IBM tomó una decisión que acabó haciendo perder a la compañía diez millones de dólares (unos 70 millones de dólares del año 2009). El director general de IBM, Tom Watson, convocó al ejecutivo en cuestión a su despacho de la central corporativa. El periodista Paul B. Carroll describió lo que ocurrió del siguiente modo:

> Cuando el ejecutivo apareció, Watson le preguntó, «¿Sabes por qué te he hecho venir?».
>
> El hombre respondió, «Supongo que para despedirme».
>
> Watson le miró sorprendido.
>
> «¿Despedirte? —preguntó—. Por supuesto que no. Acabo de invertir 10 millones de dólares en tu educación».

12.

En 1995, Molly Howard,[17] una profesora de educación especial con mucha experiencia de Louisville, Georgia, observaba cómo se iba construyendo el nuevo edificio de la *Jefferson County High School*.

«Cada día pasaba por el edificio, y me preguntaba, ¿quién dirigirá esta escuela? Y un día empecé a preguntarme, ¿por qué no solicitas el puesto?», explicó Howard.

Lo solicitó y consiguió el trabajo, pero la promoción supuso un desafío muy difícil de superar. El 80% de los alumnos vivían en la pobreza. Sólo el 15% de los alumnos que habían acabado en la última promoción habían ido a la universidad. «Los chicos que suponías

---

16 **Una historia famosa sobre IBM.** Ver Paul B. Carroll (1993), *Big Blues*, Nueva York: Crown; la cita está en la p. 51.

17 **Molly Howard.** Dan Heath entrevistó a Molly Howard en agosto de 2008. El premio Director del Año está descrito en Del Jones (16 de marzo de 2008), «USA's Top Principal Could Teach CEOs a Thing or Two», *USA Today*, http://www.usatoday.com/money/companies/management/2008-03-16-principal-advice_N.htm (publicado el 6 de febrero de 2009). Howard le dijo a Heath, «Companies can pick and choose the raw materials. Public education accepts all. We are a zero-reject business. That's a big, big difference» (Las empresas pueden elegir las materias primas. La Educación Pública las acepta todas. Somos un negocio que no rechaza nada. Esa es la gran, gran diferencia).

que tendrían éxito, lo tenían», dijo Howard. «Pero ¿qué hay del 85% restante?».

Muchos profesores tenían una actitud bastante derrotista. «Creían que algunos chicos podían y otros simplemente no. Que los profesores estaban ahí para los que podían y que había que aceptar que se perdiera a algunos. Sabía que tenía que cambiar eso», dijo Howard.

Howard actuó con rapidez. En primer lugar tenía que vender una identidad nueva. Howard creía que todos los alumnos podían aspirar a ir a la universidad, de forma que abolió el sistema de itinerarios de la escuela que había separado a los alumnos con potencial para ir a la universidad de los alumnos vocacionales. En su escuela, todo el mundo compartiría la identidad de los primeros.

Organizó evaluaciones y programas de tutoría. Asignó un profesor a cada alumno para que se ocupara de su seguimiento durante los cuatro años. Quizás el cambio más distintivo, sin embargo, fue el sistema de evaluación. Bajo el nuevo sistema las únicas notas que ofrecía la *Jefferson County High School* eran: A, B, C y NY.[18]

Aún no.

En opinión de Howard, los alumnos de *Jefferson* habían aceptado una cultura de fracaso. Con una mentalidad fija, actuaban como si fueran auténticos fracasados. A menudo no hacían sus deberes, o hacían un trabajo de muy mala calidad. Sacar una D o una F era una manera fácil de escapar. Puede que tuvieran una mala nota, pero al menos no tenían que volver a examinarse.

Con el nuevo sistema, los alumnos no paraban hasta que superaban el listón. «Explicábamos a los chicos lo que era una A, una B y una C», explicaba Howard. Si no hacían un trabajo de calidad, el profesor decía, «aún no»... Esto les hacía pensar: mi profesor cree que puedo hacerlo mejor. Cambiaban sus expectativas.

La escuela renació. Alumnos y profesores se implicaron más, la tasa de graduación de la escuela aumentó drásticamente, y las calificaciones de los alumnos mejoraron tanto que se suprimieron las clases de recuperación. En 2008, la *National Association of Secondary*

18 N. de la t.: *Not yet* en inglés, que se traduciría por *aún no* en castellano.

School Principals eligió a Howard directora del año, entre 48.000 candidatos.

Howard transformó a sus alumnos. Cultivó una nueva identidad en ellos. Todos sois alumnos universitarios. Luego hizo un cambio en *Jefferson*, haciendo que pasara de ser una escuela con una mentalidad fija a una escuela con una mentalidad de crecimiento. Creía que todos los alumnos eran capaces de hacer un trabajo aceptable, que ninguno estaba condenado al fracaso. En *Jefferson* el «nunca» ya no existe, sólo el «aún no».

13.

En momentos de cambio, hemos de recordarnos a nosotros y a los demás, una y otra vez, ciertas verdades básicas: nuestros cerebros y nuestras capacidades son como músculos. Con la práctica, se pueden fortalecer. No nacemos patinadores o científicos o enfermeras; tenemos que aprender a patinar, ciencia o a cuidar enfermos. Y nuestra inspiración para el cambio procede de nuestro deseo de vivir de acuerdo a estas identidades.

En la historia de Molly Howard vemos que, si combinamos la aspiración a una nueva identidad con la persistencia de la mentalidad de crecimiento, pueden pasar cosas increíbles. Así es como podemos hacer que los nuestros se sientan orgullosos.

En los últimos capítulos, hemos visto que lo más difícil del cambio es mantener al Elefante avanzando hacia delante. Mientras que el Jinete necesita dirección, el Elefante necesita motivación. Y hemos visto que la motivación tiene su origen en los sentimientos. La información o el conocimiento no es suficiente para motivar el cambio. Pero la motivación también procede de la confianza. El Elefante tiene que creer que es capaz de conquistar el cambio. Y la confianza de una persona se puede aumentar por dos vías, para que se sienta grande con respecto a su desafío. Se puede reducir la dimensión del cambio o se puede hacer que se sienta orgullosa (y, a ser posible, ambas cosas).

Nuestra descripción del cambio sigue siendo incompleta, sin embargo, porque está claro que en algunas situaciones incluso un Elefante reticente y un Jinete confuso serán capaces de cambiar su comportamiento. Por ejemplo, piense que, incluso un conductor que se haya perdido, que esté nervioso porque no puede evitar llegar tarde a una cita, se parará diligentemente ante un semáforo en rojo.

Por eso para que los cambios perduren, hay que pensar en allanar el camino.

Allanar el Camino

8
Modificar el entorno

1.

Seguramente, cuando un conductor le corta con el coche, instintivamente piensa: *vaya idiota.* (O puede que su vocecita interior sea más vulgar.) Lo que seguramente no piensa es: *Dios, ¿qué le debe pasar que tiene tanta prisa?*

No es muy difícil ver por qué no lo pensamos; parece un poco naif, como si estuviéramos buscando una excusa para justificar a una mala persona.

Pero piense en su propio comportamiento. Piense en algún momento en el que haya conducido tan alocadamente que los demás conductores hubieran visto justificado insultarle. ¿Fue su forma de conducir ese día una manifestación de su carácter (es decir, es imbécil hasta la médula)? ¿O estaba motivada por la situación en la que se encontraba?

En la primera historia del Capítulo 1 —la de los espectadores que comían más palomitas cuando les daban cubos más grandes— vimos lo fácil que puede ser sacar conclusiones sobre la gente. Si no hubiéramos sabido el efecto que tenía el tamaño del cubo, habría sido fácil llegar a la conclusión de que los que tenían el cubo más grande eran unos glotones devoradores de palomitas. Pero obviamente, lo sorprendente del estudio es que cuando das a la gente un cubo gigante, se convierten en glotones devoradores de palomitas. Y cuando una persona sentada tras el volante de un coche llega 20 minutos tarde a una reunión de vital importancia, se convierte en un conductor temerario. Lo que aparentemente es una persona problemática, en realidad suele ser una situación problemática.

El mismo fenómeno afecta al mundo empresarial. W. Edwards

Deming,[1] el principal instigador del movimiento de la Gestión de la Calidad Total que revolucionó la producción, contó la historia de una compañía que utilizaba una variedad de productos inflamables en su proceso de producción. Como puede suponer, los incendios son frecuentes en este tipo de plantas. Pero el presidente de la compañía no pensó que tuviera un problema de situación: pensó que tenía una persona problemática. Envió una carta a los 10.500 empleados de la compañía en la que suplicaba que provocaran menos incendios. ¡Ejem! (Muchas veces, lo que parece un problema de piromanía es un problema de productos químicos inflamables.)

Normalmente, nos resulta muy difícil ver el poder que pueden tener las situaciones. En un artículo famoso, el psicólogo de *Stanford*, Lee Ross realizó docenas de estudios de psicología y observó que la gente tiene una tendencia sistemática a ignorar las fuerzas situacionales que condicionan el comportamiento de los demás. Denominó a esta tendencia, tan profundamente arraigada, «error fundamental de atribución».[2] El error de atribución consiste en nuestra tendencia a atribuir el comportamiento de las personas a su forma de ser en lugar de a la situación en la que se encuentran.

El error fundamental de atribución complica las relaciones huma-

1 **W. Edwards Deming.** Ver Deming (1982), *Out of the Crisis*. Boston: Massachusetts Institute of Technology Center for Advanced Engineering Study. La historia sobre los despidos está en la p. 325.

2 **Error fundamental de atribución.** Ver Lee Ross (1977), «The Intuitive Psychologist and His Shortcomings: Distortions in the Attribution Process», en L. Berkowitz (ed.), *Advances in Experimental Social Psychology* (vol. 10), Nueva York: Academic Press. Menciones al error fundamental de atribución se pueden encontrar en los principios generales de muchos campos. Los vendedores hablan de identificar el psicográfico adecuado para un bien de consumo. Los psiquiatras hablan de la importancia de concentrarse en los que están «preparados» para dejar de fumar. Los de recursos humanos hablan de clasificar a las personas en tres grupos, en cualquier esfuerzo de cambio: creyentes, obstaculizadores y resistentes o reacios al cambio. Pero la psicología social está llena de ejemplos que demuestran que las situaciones triunfan sobre los atributos personales. Por ejemplo, el estudio sobre el ansia de comer discutido en la segunda sección de este capítulo afirma que es mucho mejor un resistente al impulso de comer con un mapa que un auténtico creyente sin mapa.

nas. La terapeuta matrimonial Michele Weiner-Davis[3] dijo, «mucha gente atribuye sus problemas maritales a rasgos de la personalidad de su pareja profundamente arraigados». Una mujer podría decir, «mi marido es muy tozudo». Pero Weiner-Davis podría responder: «tienes que admitir que tu marido no siempre es tozudo. No le importa que sus compañeros de trabajo sugieran una nueva forma de tratar a los clientes. Y no se hace el sueco cuando le propones nuevas formas de administrar las finanzas familiares. La tozudez aparece principalmente cuando le sugieres una nueva forma de tratar a los niños en casa, y cuando lo haces, casi siempre se muestra muy tozudo. Depende de la situación, no es que la tozudez sea un rasgo de su carácter que produce el comportamiento». (Esto no excusa su tozudez, evidentemente, pero debería dar esperanza para una solución, ya que las situaciones deberían ser más fáciles de controlar que el carácter de una persona.)

El error fundamental de atribución explica que nos gusten programas de TV como *El encantador de perros* o *Supernanny*, en los que perros y niños aparentemente incontrolables son domesticados por una persona ajena a su entorno que consigue que adopten un nuevo sistema de disciplina. Al principio de los episodios, nos presentan a un perro que muerde todo lo que tiene delante, o a un niño que no obedece ni la más simple de las órdenes, y nosotros, sencillamente, no podemos evitar sacar conclusiones sobre su carácter: este perro es un salvaje. Este chico es terrorífico. Y cuando se reforman, en el curso de una breve intervención, nos quedamos perplejos.

Si pudiéramos curarnos del error fundamental de atribución, estos programas parecerían tan evidentes que rozarían el absurdo. (Sería

3 **La terapeuta de pareja Michele Weiner-Davis.** Ver Weiner-Davis (1992), *Divorce Busting*, Nueva York: Simon & Schuster, p. 42. Se ha demostrado que el tipo de pensamiento desencadenado por el error fundamental de atribución perjudica el matrimonio. La investigación ha demostrado que las parejas tienen más problemas cuando insisten en atribuir sus problemas de relación a rasgos de carácter de su pareja que son globales e invariables. Estas atribuciones propician conversaciones más negativas y discusiones más serias cuando las parejas tratan de resolver sus problemas. Ver Norman Epstein, Donald H. Baucom y Lynn A. Rankin (1993), «Treatment of Marital Conflict: A Cognitive-Behavioral Approach», *Clinical Psychology Review*, 13, 45-57.

como ver un programa que afirmara que si metes algún líquido que esté hirviendo —peligroso y resbaladizo— en el congelador durante mucho tiempo, pierde sus propiedades y ¡se convierte en hielo!)

Ahora puede entender por qué el tercer elemento de nuestro marco de trabajo, el Camino, es tan importante. Si quiere que alguien cambie, puede proporcionarle una dirección clara (Jinete) o aumentar su motivación y determinación (Elefante). Alternativamente, puede simplemente facilitarle el viaje. Crear una pendiente pronunciada y darle un empujón. Eliminar fricción del camino. Poner muchas señales para informarle de que se está acercando.

En resumen, puede allanar el Camino.

2.

Para ver de qué forma un camino allanado puede cambiar el comportamiento, considere un estudio que se hizo para averiguar por qué los alumnos de un colegio donaban, o no, alimentos para una campaña de recogida de latas para una organización benéfica. Los investigadores sabían que algunos alumnos serían más caritativos y generosos que otros y que tendrían una mayor inclinación a donar alimentos. Los investigadores se preguntaban: ¿podemos alterar la situación para que los «malos» también donen?

En primer lugar, para distinguir a los «buenos» de los «malos»,[4] reunieron a todos los alumnos en una habitación, y les pidieron que evaluaran cuáles de sus compañeros presentes, de entre aproximadamente un centenar, creían más o menos probable que hicieran una donación. Una vez dispusieron de esa información, pudieron tener una idea bastante precisa de qué estudiantes eran caritativos y cuáles no.

Luego alteraron el camino. Enviaron una carta tipo a un grupo de alumnos anunciando el lanzamiento de una campaña de recogida de alimentos la próxima semana y pidiéndoles que trajeran latas de comida y las llevaran a *Tressider Plaza* (un lugar muy conocido del campus).

4   **Distinguir los buenos de los malos.** El estudio sobre el ansia de comer está descrito en L. Ross y R. E. Nisbett (1991), *The Person and the Situation: Perspectives of Social Psychology*, Nueva York: McGraw-Hill, pp. 132-133.

Al otro grupo de alumnos, le enviaron una carta más detallada, que incluía un mapa del lugar exacto, la petición concreta de una lata de alubias, y la sugerencia de que pensaran en algún momento en el que pudieran estar cerca de *Tressider Plaza* para no tener que desviarse expresamente de su camino.

Las dos cartas fueran enviadas al azar a los buenos y a los malos. Una semana más tarde, una vez finalizada la campaña, los investigadores tenían una lista exacta de los que habían donado latas y los que no.

Los alumnos que habían recibido la carta tipo no habían sido muy generosos. Sólo el 8% de los buenos donaron y ni uno solo de los malos. En este sentido, los malos actuaron de acuerdo a su reputación (pero tampoco es que los buenos estuvieran superándose precisamente).

Entonces vino la sorpresa. Los alumnos que habían recibido la carta más detallada fueron sustancialmente más generosos: el 42% de los buenos donaron, y ¡el 25% de los malos también!

Es un resultado inspirador. Estos investigadores lograron que el 25% de los peores individuos de la habitación donaran simplemente allanándoles un poco el camino. (Conclusión: si tiene hambre y necesita una lata de comida, puede confiar el triple en un «malo» con un mapa que en un «santo» sin él.)

Lo más importante es que el Camino no cambió de una forma drástica; la carta simplemente daba instrucciones ligeramente más concretas. Imagine qué ocurriría con una intervención más agresiva: ¿y si los voluntarios hubieran ido puerta por puerta pidiendo latas de comida?

Lo que parece un problema de las personas, suele ser un problema de la situación. Y sea cual sea su papel, tiene cierto control sobre la situación.

3.

Hoy, mientras vaya avanzando en su día, observe cuántas veces los que le rodean modifican el entorno para modelar su comportamiento. Los ingenieros de tráfico querían que condujera de forma predecible, metódica, así que pintaron líneas en las carreteras e instalaron semáforos y señales de tráfico. Los encargados de las tiendas de alimentación querían que pasara más tiempo en su tienda, así que pusieron las neveras de los productos lácteos al final de todo. El jefe de su jefe quería fomentar una mayor colaboración entre los empleados, así que aprobó un «plan de espacio de trabajo abierto» en el que no había cubículos ni mamparas divisorias. El banco estaba harto de que los clientes se olvidaran la tarjeta en el cajero, así que diseñó un sistema para que para retirar el dinero, fuera necesario retirar primero la tarjeta.

Modificar el entorno es hacer el comportamiento adecuado un poco más fácil y el comportamiento inadecuado un poco más difícil. Es así de simple. Para verlo mejor, piense en el sistema de pedidos de Amazon con un solo click. Con una décima parte del esfuerzo que supone hacer una llamada telefónica, puedes comprar un libro o un DVD. Estamos hablando de gratificación inmediata. Los diseñadores de la página web de Amazon simplemente han hecho que un comportamiento deseado —que la gente gaste dinero en su sitio— sea un poco más fácil. Han bajado el listón de la compra hasta lo humanamente posible (al menos hasta que lancen la posibilidad de hacer un pedido con un parpadeo). Al hacerlo, han generado millones de dólares en ingresos adicionales.

Las oportunidades, en este sentido, son infinitas. Hace unos años, una empresa de consultoría pidió ayuda a un consultor llamado Peter Bregman[5] para resolver un problema administrativo. Los empleados no presentaban sus hojas de horas de trabajo a tiempo, lo cual ralentizaba el proceso de facturación de la empresa porque a los clientes se les facturaba en función de las horas trabajadas. Tradicionalmente, los consultores presentaban sus hojas de horas de trabajo en papel, y lo hacían bastante bien. Luego la empresa desarrolló una nueva herramienta para que lo hicieran online. Los consultores la utilizaban. Los ejecutivos tenían clases para aprender a utilizar la nueva herramienta. Pero la inmensa mayoría seguía presentando sus hojas de horas trabajadas en papel.

5 **Peter Bregman.** La fuente de esta cuenta es el blog de Bregman, «The Easiest Way to Change People's Behavior» (11 de marzo de 2009), http://blogs.harvardbusiness.org/bregman/2009/03/the-easiest-way-to.html, y una entrevista entre Chip Heath y Bregman en mayo de 2009.

Frustrados, los ejecutivos trataron de hacer uso del poder que les otorgaba su cargo y anunciaron que la nueva herramienta *online* era obligatoria. «Funcionó con la mitad de los empleados», dijo Bregman. «El resto simplemente lo ignoró». Los ejecutivos estaban dispuestos a intensificar el ataque: prepararon un memorándum para informar de que nadie cobraría la nómina a menos que utilizara la herramienta. (Por cierto: en nuestra experiencia, es muy frecuente que cuando se quieren cambiar las cosas se haga un uso instintivo de los premios y los castigos. Sin embargo, esta estrategia indica una visión bastante rudimentaria del comportamiento humano —que la gente sólo actúa en respuesta a sobornos y castigos—. Y rápidamente resulta absurdo. ¿Va a recurrir al castigo de no pagar la nómina cada vez que quiera hacer un cambio en su empresa?)

Bregman lo dijo muy claro. «Un momento», dijo. «¿Sabemos por qué no hacen su hoja de horas trabajadas *online*?». Los ejecutivos asumían que los consultores eran *ludditas* o simplemente obstinados, etiquetas clásicas inspiradas por el error fundamental de atribución. Bregman convenció a los ejecutivos de que investigaran un poco más.

Preguntaron a los que presentaban las hojas de horas trabajadas en papel por qué no utilizaban la herramienta *online*. El papel era más fácil, dijeron. Escépticos, los entrevistadores preguntaron si podían observar a los empleados mientras cumplimentaban la hoja de horas trabajadas *online*. Los resultados fueron reveladores.

Muchos empezaron a protestar en cuanto vieron el tutorial que habían introducido en la herramienta *online*. Irónicamente, el tutorial se había introducido con la intención de ayudar a cumplimentar la hoja. Piense en el molesto tipo en forma de clip sujetapapeles de Microsoft Office que quiere ayudarte a escribir una carta. Ahora imagine que no tuviera más remedio que aceptar su «ayuda». Cuando los ejecutivos quitaron el tutorial, ofreciendo la posibilidad de pasar directamente al formulario, las tasas de aceptación aumentaron inmediatamente, y al cabo de unas semanas todo el mundo estaba utilizando la herramienta *online*.

«No es que fueran rebeldes», dijo Bregman. «Es que sencillamente optaban por el camino más fácil».

Lamentablemente, lo típico de esta historia es que, inicialmente, los ejecutivos no buscaron una solución de Camino. En su lugar quisieron asustar al Elefante amenazándole con no pagarle la nómina. Bregman dice que estaban mentalmente bloqueados: «Bueno, ya les he pedido que lo hagan. Les he enseñado a hacerlo. Les he dicho que tienen que hacerlo. ¡No sé qué más puedo hacer!». En ese punto, los ejecutivos sentían que habían hecho uso de todas las armas a su alcance, de forma que pasaron a los castigos.

«En la universidad nos enseñaron a concentrarnos en los incentivos», dice Bregman. «O incluso nuestros padres nos decían: "¡haz esto o no te daré la paga!"». Pero normalmente los ejecutivos —y los padres— tienen más herramientas de las que creen. Si cambia el Camino, cambiará el comportamiento.

CLINIC
¿Puede conseguir que los alumnos conflictivos lleguen puntuales a clase?

SITUACIÓN. Bart Millar, un profesor de historia estadounidense de la *Lincoln High School* de Portland, Oregon, está frustrado porque algunos de sus alumnos, como Robby y Kent, suelen llegar tarde con frecuencia y sentarse al final del aula, hablando y riendo y molestando a toda la clase. Millar ha intentado ser duro con ellos; ha sido estricto e incluso los ha mandado al despacho del director en algunas ocasiones. Nada parece funcionar. ¿Qué puede hacer para tener a estos estudiantes bajo control? (Bart Millar y la situación son reales, pero los nombres de los chicos se han cambiado.)

¿QUÉ HAY QUE CAMBIAR Y QUÉ ESTÁ FRENANDO EL CAMBIO?
Si Millar intenta que Robby y Kent se comporten como estudiantes modélicos estará condenado al fracaso. Vamos a concentrarnos en el movimiento crítico: Millar quiere que Robby y Kent estén sentados en su sitio antes de que empiece la clase. Si lo consigue (un reto muy ambicioso), hará que el cambio continúe produciéndose.

¿Qué está frenando el cambio? Afrontémoslo, probablemente no se trata de un problema del Jinete. Robby y Kent saben perfectamente cuándo se supone que tienen que estar sentados en su sitio, por lo tanto ni siquiera podemos pensar en el Jinete. Es un problema del Elefante. Los chicos no tienen ninguna motivación para llegar puntuales a clase, especialmente si hacerlo supone tener menos tiempo para estar por ahí con sus amigos en los pasillos. El Camino también podría desempeñar un papel: ¿hay aspectos del entorno o de la cultura que hacen que para los chicos sea más fácil enmendar su falta de puntualidad?

¿CÓMO HAY QUE HACER EL CAMBIO?

- *Dirigir al Jinete.* No es posible. Los adolescentes saben lo que se espera de ellos.

- *Motivar al Elefante.* **1. Descubrir el sentimiento.** Puede que los chicos vean a Millar más como una figura autoritaria abstracta que como un ser humano. Imagine una conversación con cada uno de los chicos en la que Millar dijera «estoy muy estresado porque se supone que tengo que cubrir mucho material en muy poco tiempo. Y me juzgan en función de eso. Y sé que pensáis que no es tan grave que lleguéis unos minutos tarde, pero hace que para mí sea mucho más difícil hacer un buen trabajo. ¿Podéis hacerme un favor y llegar un par de segundos más pronto?». Dependiendo del nivel de empatía de los chicos, podría funcionar. O lo más probable, fracasar totalmente.

- *Allanar el Camino.* **1. Modificar el entorno.** Cerrar la puerta cuando suena la campana para que los que lleguen tarde se queden en el pasillo. **2. Crear hábitos.** Empezar haciendo un pequeño examen diario, de una o dos preguntas, al principio de cada clase. Si Robby y Kent no están presentes en el momento del examen, suspenderán. **3. Aprovechar la fuerza del grupo.** Colgar una hoja de puntualidad en la pared. Tal vez cuando Robby y Kent vean que son los únicos alumnos que violan la norma social de puntualidad, sus hábitos cambiarán. **4. Crear hábitos.** Establecer la política de que el alumno que se siente el último en clase, cada día, tendrá que responder a la primera pregunta. **5. Aprovechar la fuerza del grupo.** Buscar la forma de conseguir que Robby y Kent se enteren de que al resto de la clase no le gusta lo que hacen (algo que seguramente es cierto). Normalmente, los que causan problemas tienen la ilusión de que su comportamiento rebelde los convierte en héroes ante los demás. Sus ilusiones se desvanecerán rápidamente cuando reciban el comentario sincero de sus compañeros. **6. Modificar el entorno.** Hacer lo que hizo Bart Millar: compró un sofá de segunda mano y lo puso al principio de la clase. Fue inmediatamente obvio que el sofá era el sitio en el que todos querían sentarse, los alumnos podían tumbarse y relajarse en lugar de tener que estar sentados en un pupitre incómodo. De repente, Robby y Kent empezaron a llegar pronto a clase, para coger buen sitio. Se ofrecían voluntarios para sentarse delante en la clase. Genial.

4.

Becky Richards[6] trabajaba en el Hospital *Kaiser South* de San Francisco, donde las enfermeras administraban unos ochocientos medicamentos al día. La administración de medicamentos es el proceso que transcurre desde el momento en que un médico receta una medicación (como 100 mg de ibuprofeno, por ejemplo) y el paciente la recibe. Las enfermeras cogen la receta ilegible del médico, la transcriben para que se pueda leer y luego envían el pedido a la farmacia por fax. Cuando la medicación llega de la farmacia, la reparten en la dosis adecuada según el método adecuado —gota a gota, inyección, vía oral...— al paciente adecuado en el momento adecuado.

Las enfermeras tienen un expediente de precisión increíble: de media, cometen aproximadamente un error por cada 1.000 medicaciones

6 **Becky Richards... «chalecos de medicación».** Esta historia está basada en una entrevista entre Chip Heath y Becky Richards en junio de 2008 y en una presentación de Richards en *BEACON collaborative* en San Franciso en abril de 2008.

administradas. Teniendo en cuenta el enorme volumen de medicaciones suministradas en el *Kaiser South*, esta tasa de error supone un total de unos 250 errores al año, y un solo error puede ser nocivo e incluso mortal. Por ejemplo, si un paciente recibe demasiada heparina, un anticoagulante, la sangre del paciente dejará de coagularse y el paciente puede sufrir una hemorragia. Si un paciente recibe demasiada poca heparina, puede desarrollar un coágulo que le puede llegar a provocar una embolia.

Richards, que era directora de servicios clínicos del *Kaiser South* y sus enfermeras querían reducir el número de errores cometidos con la medicación. Richards creía que muchos errores se cometían por distracciones de las enfermeras. Era muy fácil distraerse, porque en la mayoría de los hospitales tradicionales, las áreas de administración de medicamentos están justo en el medio de las unidades de enfermería, que suelen ser los lugares más ruidosos de la planta. De memoria, Richards citó a Tess Pape, un profesor de la Universidad de Texas que hizo un estudio de los errores cometidos con la medicación, diciendo, «hoy admiramos a la gente por las multitareas, felicitamos a los que son capaces de hacer varias cosas a la vez. Pero cuando se trata de administrar un medicamento, olvídate de las multitareas».

Póngase en el lugar de Richards por un momento. Su objetivo está claro: cambiar la conducta de las enfermeras para que estén más concentradas, para que tengan menos probabilidades de distraerse. ¿Cómo puede hacerlo? Para empezar, tiene que identificar el problema fundamental.

Las enfermeras saben lo que se espera de ellas —los movimientos críticos están claros— por lo tanto no es un problema del Jinete. Las enfermeras no tienen ningún tipo de resistencia emocional que les impida concentrarse más. De hecho, les molesta que les distraigan, lo cual significa que, en este caso, tenemos la suerte de contar con un Elefante colaborador. El problema, aparentemente, es el de las propias distracciones. Nadie se lo piensa dos veces antes de llamar a una enfermera que está recorriendo los pasillos repartiendo la medicación. Peor aún, las enfermeras se sienten obligadas a responder cuando alguien las interrumpe. Ninguna quiere decirle a un cirujano, «lo siento, chico, pero ahora no te puedo ayudar. Estoy repartiendo la medicación». Y sin embargo esto es exactamente lo que tiene que pasar si queremos que los errores disminuyan.

Lo que Richards tenía que hacer era conseguir que todo el mundo supiera que estaba interrumpiendo a las enfermeras. Tenía que hacer visible el mal comportamiento. Idealmente, cuando las enfermeras repartían la medicación, tendrían que hacerlo en una burbuja insonorizada, como el «cono del silencio» de la película *Superagente 86*. Como esta solución era estructuralmente inviable, Richards tuvo la idea de utilizar un símbolo visual, algo que pudieran llevar las enfermeras y que señalara a las demás personas, *¡No me molestes, estoy repartiendo la medicación!*

Tras considerar los pros y los contras, Richards se decidió por unos chalecos y decidió llamarlos «chalecos de medicación». Pero ¿dónde se puede comprar un chaleco de medicación? Richards tuvo que conformarse con lo que pudo encontrar: «el primer chaleco lo pedimos por Internet. Era realmente cutre. De plástico barato. Naranja chillón. Cuidado con lo que pides por Internet».

Más tarde, con los chalecos en la mano, Richards comunicó la idea a su equipo: *cuando repartáis la medicación, tenéis que poneros uno de estos chalecos. Es lo suficientemente brillante para que la gente lo vea desde el fondo del pasillo. Y todos, incluidos los médicos, sabremos que cuando alguien lleva uno de estos chalecos, no se le puede molestar.*

Eligió dos unidades del *Kaiser South* para hacer un estudio piloto de seis meses de los chalecos de medicación y en julio de 2006 empezaron a funcionar.

Al poco tiempo, Richards descubrió un problema. Las enfermeras odiaban los chalecos. Y los médicos también. «Las enfermeras pensaban que el chaleco era denigrante y que cuando lo necesitaban, no lo encontraban», dijo Richards. No les gustaba el color. Preguntaban, ¿cómo lo limpiaremos? Y los médicos odiaban no poder hablar con sus enfermeras cuando se cruzaban con ellas por el pasillo.

El comentario que las enfermeras daban por escrito era tremendo: «quieres que todo el mundo se entere de que podemos cometer un error», «quieres que la gente crea que llevamos orejas de burro, que somos tan estúpidas que no podemos pensar por nosotras mismas». «Si me das un casco y un cono, me pondré a trabajar para la red de concesionarios de autopistas».

«Eran bastante despiadadas», dijo Richards. La idea fue tan mal recibida que Richards estuvo a punto de desecharla y probar otra cosa. Pero entonces llegaron los datos.

Durante el período de prueba de seis meses, los errores habían caído un 47%. «Nos quedamos sin habla», dijo Richards.

Una vez conocidos los datos, el odio desapareció. Impresionado por los resultados, el hospital adoptó los chalecos de medicación, excepto una unidad que insistió en que no eran necesarios. Los errores cayeron un 20% el primer mes de la adopción por parte de todo el hospital, excepto en una unidad, que de hecho experimentó un incremento de los errores. (Adivine cuál.)

Usted sabe que ha encontrado una buena solución cuando todo el mundo la odia y aun así funciona; y de hecho funciona tan bien que ese odio acaba convirtiéndose en entusiasmo. Becky Richards encontró la forma de cambiar el Camino.

5.

Durante mucho tiempo, la industria aérea ha utilizado una práctica consistente. Teniendo en cuenta que la mayoría de los accidentes aéreos se producen durante el despegue y el aterrizaje —las partes del vuelo que requieren más coordinación y atención— la industria adoptó la regla de la «cabina estéril».[7] Cuando un avión vuela por debajo de 10.000 pies, tanto si está subiendo como si está bajando, en la cabina sólo se puede hablar de lo que haga referencia al vuelo. A 11.000 pies la tripulación de cabina puede hablar de fútbol, de sus hijos, o de los pasajeros odiosos. Pero no a 9.500.

---

7 **Regla de la «cabina estéril».** Ver http://en.wikipedia.org/wiki/Sterile_Cockpit_Rule (publicado el 23 de julio de 2009). La regla fue desarrollada por la FAA en 1981 después de que las investigaciones demostraran que algunos accidentes de aviación ocurridos en los años 70 se habían producido porque la tripulación no había prestado la suficiente atención a los instrumentos por estar charlando en la cabina.

Un grupo de informáticos adoptó el concepto de la «cabina estéril»[8] para promover un importante proyecto de software. El grupo se había propuesto un objetivo ambicioso: reducir el tiempo de desarrollo de un producto nuevo de tres años a nueve meses. En proyectos previos con plazos de entrega apretados, el entorno de trabajo había resultado muy estresante. Cuando los trabajadores veían que iban atrasados, tendían a interrumpir a sus compañeros para que los ayudaran, y sus superiores se les acercaban con frecuencia para preguntarles por el estado del proyecto. Como resultado, los ingenieros de software cada vez sufrían más interrupciones y las semanas de trabajo pasaban de 60 a 70 horas ya que tenían que trabajar los fines de semana, para avanzar en su trabajo sin ningún tipo de interrupción.

Los líderes del grupo de informáticos decidieron hacer un experimento. Establecieron unas horas de tranquilidad los martes, jueves y viernes por la mañana antes del mediodía. El objetivo era proporcionar a los codificadores una cabina estéril, para que pudieran concentrarse en fragmentos complejos de la codificación sin verse afectados por las interrupciones continuas. Incluso los socialmente insensibles respondieron bien a este cambio en el Camino. Un ingeniero, que solía ser de los que más interrumpía, dijo, «siempre me preocupaba por mi propio tiempo de tranquilidad y por cómo podría tener un poco más de ese tiempo, pero este experimento me ha hecho darme cuenta del efecto que produzco en los demás».

Al final, el grupo cumplió su objetivo de reducir el tiempo de desarrollo a nueve meses. El vicepresidente de la división atribuyó este éxito a las horas de tranquilidad en la cabina estéril: «creo que sin ella no lo hubiéramos conseguido», dijo. Es un nuevo hito.

En estos entornos tan dispares —cabinas de aviones y hospitales y

---

8 **El grupo IT... «cabina estéril».** Ver Leslie A. Perlow (1997), *Finding Time: How Corporations, Individuals and Families Can Benefit from New Work Practices*, Ithaca, NY: Cornell University Press. Las citas sobre los resultados del experimento de las horas de tranquilidad están en la p. 126. Perlow realizó este estudio para su tesis doctoral. Como externa a la compañía, y como estudiante, en aquella época (actualmente es profesora senior de Harvard), Perlow hizo una sola intervención que el vicepresidente calificó de «¡nuevo hito!».

grupos de trabajo de informáticos— los comportamientos adecuados no se consiguieron de forma natural. A las enfermeras no les dieron espacio suficiente para trabajar sin distracción de forma natural, y a los programadores no les dejaron solos para concentrarse en la codificación de forma natural. Para conseguirlo, los líderes tuvieron que modificar el Camino conscientemente. Con algunas modificaciones muy simples en el entorno, emergieron los comportamientos adecuados. No cambió la gente; cambió la situación. Lo que parece un problema de las personas, suele ser un problema de la situación.

6.

Hemos visto modificaciones del entorno en muchas organizaciones —oficinas, compañías aéreas, hospitales— pero, ¡cuidado!, estas herramientas también se pueden volver en nuestra contra. Mucha gente ha descubierto que, cuando tiene que cambiar de comportamiento, las modificaciones del entorno le hacen perder el control.

Por ejemplo, Brian Wansink, autor del estudio de las palomitas descrito en el Capítulo 1, hizo un seguimiento de varias personas que hacían régimen y que ponían en práctica la recomendación de reducir el tamaño de la vajilla. Utilizar platos, boles y tazas más pequeños.

Wansink sabe que si utilizamos platos grandes, nos vemos obligados a llenarlos de comida; en cierta forma, un plato a medias parece moralmente incorrecto. Y como nos han educado para acabarnos lo que tenemos en el plato, es un problema. Platos grandes = raciones grandes = demasiada comida. Para controlar la comida, según Wansink, hay que empezar por controlar los platos. Hay que guardar los platos en una caja en el armario, y empezar a cenar cada noche con el plato de ensalada. Utilizar copas de vino pequeñas, no vasos grandes. No tomar nunca los aperitivos directamente de la bolsa o de la caja; servir una cantidad razonable en una pequeña fuente de aperitivos. Estas modificaciones tan simples del entorno —guardar los platos, boles y vasos en el armario— producen unos efectos enormes en los hábitos alimenticios.

Todos jugamos a estos juegos con nosotros mismos, intentando ayudarnos a hacer lo correcto. Tenemos un amigo que cada noche, antes de acostarse, se prepara religiosamente la ropa y las zapatillas de deporte. De este modo, cuando se levanta, le resulta un poco más fácil arrancar. Otro amigo no se va a dormir sin preparar la cafetera para que se ponga en marcha automáticamente por la mañana. El aroma del café recién hecho le ayuda a combatir el deseo de quedarse en la cama. Y una mujer congela la tarjeta de crédito en un bloque de hielo, de forma que cuando siente la necesidad de comprar tiene que esperar que pase el período de descongelación (o más bien de calentamiento).

La automanipulación funciona. Amanda Tucker[9] utilizó estos mismos principios de modificación del entorno para mejorar su estilo de gestión en el trabajo. Tucker era directora de Nike en Vietnam desde su país. Viajaba con frecuencia para visitar fábricas que se encontraban en zonas remotas, y mientras estaba fuera de la oficina, el trabajo se le acumulaba. Normalmente, cuando volvía a casa, estaba desbordada. «Tenía más cosas en marcha de las que podía asumir», dijo. Le resultaba muy tentador cerrar la puerta de su despacho y zambullirse en todo el trabajo acumulado, pero sabía que era importante estar disponible para su equipo. De hecho, estableció una política de puertas abiertas, para que todos pudieran verla en cualquier momento cuando estaba en la ciudad.

Cuando llevaba nueve meses en el puesto, Tucker solicitó comentarios a los miembros de su equipo sobre su actuación como directora. Se quedó de piedra cuando se quejaron de que tuviera poco tiempo para ellos. «A algunos les ofendía que cuando entraban en mi despacho, muchas veces seguía mirando la pantalla del ordenador y tecleando mientras hablaban. Esto, obviamente, les enviaba una señal muy clara de que lo que estaba haciendo era más importante que ellos», dijo Tucker.

Sabía que tenían razón. Era una mala costumbre. Y también sabía que la distribución del despacho fomentaba esa costumbre. Cuando alguien venía a verla, se sentaba en unas sillas que estaban al otro lado de su mesa. Cuando la miraba, seguía teniendo la pantalla del

9 **Amanda Tucker.** Esta historia está basada en un ejemplo que Tucker utilizó en mayo de 2009 en una clase sobre «Cómo cambiar las cosas cuando el cambio es difícil» en la *Stanford Graduate School of Business*. Utilizada con su autorización.

ordenador en su campo visual. Por lo tanto era fácil, demasiado fácil, que Tucker mirara la pantalla de vez en cuando.

Tucker decidió reorganizar su despacho. Movió la mesa para no estar separada de sus visitas, y añadió un área de reunión con dos pequeños sofás y una mesa. Ahora, cuando estaba frente a sus visitas, el ordenador estaba totalmente fuera de la vista. Fuera tentaciones.

«Sólo con cambiar la distribución de los muebles, pude conectar mucho mejor con los que venían a verme», dijo. Seis meses después, volvió a preguntar y le complació comprobar que las puntuaciones sobre su comunicación habían mejorado.

Si hubiera visto las primeras evaluaciones de rendimiento de Tucker, habría concluido que, a pesar de su política de puertas abiertas, era una de esas ejecutivas insensibles que nunca escucha a sus subordinados. Y habría cometido el error fundamental de atribución. Simplemente reorganizando los muebles de su despacho, Tucker se convirtió en una persona diferente. Éste es el poder que tiene allanar el Camino.

7.

La superación personal resulta muy gratificante. (A estas alturas, se habrá dado cuenta de lo que «la superación personal» significa, —que nuestros Jinetes superan a nuestros Elefantes—.) La solución de Tucker era atractiva por su elegancia —un problema de gestión aparentemente desagradable, resuelto en una tarde cambiando la distribución de la oficina—. Tucker modificó su entorno para anular su propia mala conducta.

Éste es un tema que nos afecta a los dos —los coautores—. Mientras escribíamos este libro, nos incomodaba mucho nuestra tendencia natural a distraernos con el correo electrónico. Éramos conscientes de que aconsejábamos a los lectores que tomaran las riendas de sus Elefantes, y sin embargo, nuestros propios Elefantes, con frecuencia, nos incitaban a revisar nuestro correo. Así que decidimos tomar un poco de nuestra propia medicina.

Si utiliza Microsoft Outlook, sabrá que cuando llega un correo electrónico nuevo, el altavoz emite un sonido de alerta. Este sonido es como una tentación digital. ¿Cómo puedes no revisar tu correo electrónico cuando lo oyes? ¿Y si un rico político nigeriano hubiera muerto en un accidente aéreo y dispusiera de una cantidad de tiempo limitada para apoderarse de parte de su fortuna?

Chip decidió modificar el entorno: revisó el panel de control hasta que encontró un sitio que le permitía borrar el sonido del correo electrónico a nivel del sistema. Más tarde, descubrió que cuando llegaba un correo electrónico aparecía un icono de alerta en la barra de tareas —otra tentación irresistible para el Elefante—. La tapó con *post-it* ennegrecido con un rotulador permanente de su hija. Ya no podía atormentarle. La ignorancia es una bendición.

En cuanto a Dan, fue muy drástico. Se compró un ordenador de segunda mano, borró todos los buscadores y, con mucho criterio, borró los *drivers* que le permitían la conexión inalámbrica a Internet. Ahora, cuando necesita concentrarse, se lleva el ordenador viejo a la cafetería o a la biblioteca. No puede conectarse. Ha quedado liberado de la tentación gracias a esta restricción.

Las luchas que tenemos con el correo electrónico son un poco patéticas, pero vale la pena considerar el tema: ¿es posible diseñar un entorno en el que los comportamientos no deseados —los suyos o los de sus colegas— no sólo sean más difíciles, sino que sean imposibles? Como sabemos, hay mucha gente que, de hecho, se gana la vida investigando cómo erradicar los comportamientos inadecuados.

Considere, por ejemplo, el tema de la seguridad industrial. Muchas fábricas utilizan maquinaria peligrosa que tiene la mala costumbre de cortar los dedos o las manos que están en el lugar y en el momento equivocado. Suponga que es supervisor de una fábrica y que uno de sus trabajadores pierde el dedo índice en un accidente laboral. Quiere asegurarse de que no vuelva a ocurrir nunca más. ¿Cómo puede hacerlo?

Puede dar una dirección clara a los Jinetes de sus trabajadores mediante unas señales claras: «MANTENER LAS MANOS ALEJADAS DE LA MÁQUINA», o «PELIGRO: RIESGO DE HACERSE DAÑO», acompañado de una ilustración que identifique el punto problemático de la máquina.

Puede apelar a los Elefantes de sus empleados, apelar al miedo. Aquí nos podemos inspirar en las clases de conducir en las que los jóvenes se ven obligados a ver películas muy sangrientas, accidentes de coche espantosos, para que una vez que tengan el carnet no conduzcan de forma imprudente. En homenaje a estas películas, puede reunir a sus empleados y pasarles el vídeo del tipo que perdió el dedo. Muéstreles el aspecto tan terrible que tenía la herida. Consiga que digan a sus colegas que se tomen la seguridad en serio. «Ojala hubiera prestado más atención», diría.

O puede concentrarse en el Camino, en cuyo caso no tendrá que prestar atención ni a los corazones ni a las mentes. De hecho, suponga que ha llegado a la conclusión de que sus empleados no tienen remedio, que son unos temerarios incorregibles que están decididos a meter los dedos en la zona de peligro de la máquina, simplemente por el mero hecho de hacerlo. ¿Seguiría siendo capaz de impedir que se lastimaran?

Por supuesto que sí. Muchas fábricas han hecho exactamente eso. Por ejemplo, hay una máquina que está diseñada de forma que sólo puede ponerse en marcha si se presionan dos botones al mismo tiempo. Los botones están colocados de forma que para presionarlos a la vez, hay que tener los brazos en alto y separados (como la Y del baile del YMCA). Lo bueno es que, si las manos están presionando los botones, no pueden estar —por diseño— cerca de la zona de peligro. Y si no están presionando los botones, la máquina no funciona. En cualquier caso, los dedos ganan.

¡Caramba! Ha hecho que un comportamiento peligroso sea imposible.

8.

Teniendo en cuenta este ejemplo, piense en todas las innovaciones que han hecho imposible o casi imposible el mal comportamiento: tapones a prueba de niños en los medicamentos, coches que no se ponen en marcha a menos que se pise el freno, artículos y productos a prueba de incendios. Observe que se trata de productos con diseños innovadores creados para prevenir lesiones. El área de la prevención de lesiones es, de hecho, muy próspera. Todos los gobiernos tienen un grupo de personas en su equipo —por lo general tremendamente infradotado— cuyo trabajo consiste en pensar cómo reducir las lesiones o las muertes causadas por caídas de los niños en las piscinas, de los ancianos en sus hogares, accidentes de coche y otras desgracias. Es raro que estos incidentes se puedan evitar, pero al menos las lesiones resultantes se pueden reducir.

Al tratar de minimizar el riesgo de malos resultados, los expertos en prevención de lesiones suelen utilizar la matriz de Haddon,[10] un marco muy simple que ofrece una forma de considerar los accidentes teniendo en cuenta tres períodos de tiempo: «pre-evento», «evento» y «post-evento».

Supongamos que nuestro objetivo es reducir las lesiones graves provocadas por los accidentes de coche. Las intervenciones «pre-evento» incluirían todo lo que tendería a evitar que se produjeran los accidentes: instalar luces brillantes en las autopistas, pintar líneas muy claras en las carreteras, popularizar los frenos ABS, lanzar campañas publicitarias contra la conducción bajo los efectos del alcohol.

En las intervenciones «evento», aceptamos que los accidentes se van a producir y nos preguntamos cómo podemos reducir la probabilidad de sufrir lesiones. Los cinturones de seguridad y los *airbags* son intervenciones de evento clásicas, pero piense también en los postes de luz y en los grandes barriles naranjas que señalan las rampas de salida (que pretenden reducir las colisiones).

Con las intervenciones «post-evento», reconocemos que los accidentes se van a producir y que la gente va a sufrir heridas. El objetivo de las intervenciones «post-evento» es minimizar la gravedad de las heridas y optimizar el estado físico. Un equipo médico rápido y efectivo será muy importante.

La matriz de Haddon también es útil para considerar temas que son

10 **Matriz de Haddon.** Para una versión resumida de la matriz de Haddon, ver una presentación *online* producida por el San Francisco Department of Health (que a su vez está basada en el trabajo de Carolyn Fowler de la Johns Hopkins University's Bloomberg School of Public Health): http://www.ccsf.edu/Resources/Faculty/jeskinne/documents/HAD2Complete.pdf (publicado el 14 de junio de 2009). Nuestro agradecimiento a Carolyn Fowler y Eric Tash por sus aportaciones sobre la matriz de Haddon.

de vida o muerte. Supongamos que es responsable del departamento de informática de una pequeña empresa y que una de sus muchas obligaciones es evitar la pérdida de datos importantes que se suele producir cuando un ordenador se estropea. Algunos especialistas informáticos en esta situación, no adoptan la Matriz de Haddon, sino el Manifiesto Hectoring y reprenden a sus colegas por no respaldar su trabajo (cometiendo así el error de atribución fundamental: ¡mis colegas son imprudentes y perezosos!). Pero si se utiliza la Matriz de Haddon, se puede ver una imagen mucho más integral.

Piense en las intervenciones «pre-evento»: si el ordenador no se estropea, no perderá datos. Así que puede instaurar revisiones mensuales periódicas de los ordenadores, comprar bolsas de ordenador extra acolchadas para todo el mundo, y presupuestar la sustitución de todos los ordenadores cada tres años.

Las intervenciones durante el «evento» incluirían formas de prevenir que el mal funcionamiento de los ordenadores provocara la pérdida de datos. Por ejemplo, algunos ordenadores tienen un disco duro adicional que almacena los datos en tiempo real. En caso de que el ordenador se estropeara, sería menos probable que quedaran afectados ambos discos.

Las intervenciones «post-evento» aceptarían la realidad de la pérdida de datos pero se concentrarían en formas de minimizar el daño. La estrategia más obvia sería crear un proceso de *backup* nocturno y automático, de forma que si un ordenador se estropeara y se perdieran datos se pudieran recuperar los de la noche anterior. Otra estrategia «post-evento» sería buscar formas de evitar que los datos más importantes acabaran en un ordenador portátil. Por ejemplo, se podría utilizar una aplicación *online* como *SalesForce.com* para almacenar información de contacto de los clientes, para que los datos más importantes no dependieran nunca de la condición de un disco duro local.

Observe que hemos conseguido crear un plan sólido y robusto para evitar la pérdida de datos sin tener que preocuparnos por lo que nuestros empleados pensaban o sentían. No hemos mencionado ni a los Elefantes ni a los Jinetes. Simplemente hemos modificado el entorno para hacer que el mal comportamiento sea imposible.

9.

En 1999, una empresa llamada Rackspace[11] hizo imposible un mal comportamiento de manera radical. En un momento dado, los empleados de la compañía dejaron de hacer una cosa y empezaron a hacer otra, y ese cambio de comportamiento pasó a ser el punto de inflexión más importante en la historia de la compañía. Pero antes de centrarnos en ese momento, hay que hacer un poco de historia.

Rackspace es una compañía que ofrece servicios de alojamiento para páginas web de otras compañías. Está muy orgullosa de su política de servicio al cliente, como sugiere su eslogan, «apoyo ciego». La focalización de la compañía en el servicio al cliente ha resultado muy beneficiosa. Con el paso de los años, Rackspace ha ganado una cantidad considerable de premios por su servicio, y su *Net Promoter Score*[12] ha sido la envidia de la industria.

Pero Rackspace no siempre ha cuidado tan bien de sus clientes. En 1999, Rackspace no pensaba mucho en el servicio al cliente. El fundador de la compañía Graham Weston dijo que al principio, Rackspace tenía un modelo de negocio de negación de servicio. Las interacciones con los clientes se consideraban costes que había que minimizar —cuantos más obstáculos se pudieran poner para evitar que el teléfono sonara, mayores serían los beneficios—. (Observe las referencias incómodas a la Matriz de Haddon: si consideras las llamadas de los clientes como un comportamiento inadecuado que hay que evitar, harás todo lo posible por eludirlas. Recuerde que durante años, la política de Amazon.com fue no publicar un número de teléfono de atención al cliente.)

Pero un día, en otoño de 1999, Rackspace recibió La Llamada. Aparentemente, empezó siendo bastante normal. Un cliente llamó para pedir ayuda. Pulsó el 5 para pedir ayuda, pero lo que obtuvo fue la respuesta automática de una máquina, que de hecho le dijo, «puede

11 **Rackspace.** La historia y las citas sobre Rackspace proceden de dos entrevistas entre Dan Heath y Graham Weston, realizadas en octubre de 2007 y febrero de 2009. Los datos sobre el crecimiento de los ingresos fueron suministrados a los autores.
12 N. de la t.: Índice que mide la disposición de los clientes a recomendar una compañía.

dejar su mensaje, pero no solemos revisarlos muy a menudo, así que será mejor que nos mande un correo electrónico». El cliente, rabioso, mandó un mensaje por correo electrónico a la dirección sugerida. Pero el equipo de Rackspace nunca le contestó.

Tras unos cuantos más de estos ciclos irritantes, el cliente estaba furioso, y utilizando sus contactos, consiguió localizar a Graham Weston en la oficina de una inmobiliaria que tenía. Sorprendido, Weston le pidió que le reenviara los emails y le prometió que le echaría un vistazo al tema.

Weston revisó la larga cadena de correos electrónicos, que eran cada vez más airados, a medida que sus peticiones iban siendo ignoradas. «Hubo algo de lo que pedía el cliente que me impactó», dijo Weston. «Era algo que nosotros podíamos hacer sin problemas y que sin embargo para él era imposible. Entonces me pregunté, "¿por qué no servimos bien a los clientes?"».

Weston sabía que su equipo no podía sostener una empresa pasando por alto a sus clientes. «Dimos un giro de 180 grados», dijo.

Weston contrató a David Bryce como director de atención al cliente. En su primera reunión con el equipo, Bryce anunció que Rackspace iba a pasar de ser una compañía que pasaba totalmente del servicio al cliente a ser una compañía apasionada por él. Colgó un ambicioso cartel en la pared: «RACKSPACE OFRECE UN APOYO CIEGO». La frase hizo mella inmediatamente.

Obviamente, no eran más que palabras, pero iban a estar respaldadas con actos. Weston empezó revisando el modelo de negocio de la empresa. Ofrecer un buen servicio al cliente iba a costar más, y si Rackspace quería ofrecer un servicio de primera y una experiencia tecnológica puntera, iba a verse obligada a subir tanto los precios que nadie le compraría. Así que, sorprendentemente, Weston empezó a presionar para que la compañía fuera tecnológicamente mediocre: «no queremos ser tecnológicamente punteros. Creemos en la estandarización. Queremos tener un objetivo claro y concreto; esto es lo que hacemos, y esto es lo que no hacemos. Si su empresa es ETrade o Amazon, tiene que alojar su propia página web, no podemos ayudarle», dijo. (Observe que es una dirección clara para el Jinete.)

Probablemente, el cambio más drástico que hicieron Weston y Bryce fue, además, el más simple. Rackspace, como todas las compañías de alojamiento, tenía un sistema de respuesta automática de llamadas: «su llamada es importante para nosotros. Por favor, pulse 1 si las opciones grabadas no resuelven su problema. Pulse 5 para dejar un mensaje que no responderemos. Pulse 8 para repetir las opciones». Puede que el sistema de respuesta automática sea la herramienta más básica de atención al cliente.

Weston la eliminó.

«Si un cliente llama, significa que necesita nuestra ayuda, y que hay que atenderle», dijo. Sin el sistema de respuesta automática, desapareció la red de seguridad. El teléfono seguía sonando hasta que alguien lo cogía. Para Weston, era una señal fundamental de la ética de servicio. «Si un cliente tiene un problema, no hemos de atenderle cuando a nosotros nos vaya bien. Hemos de atenderle cuando a él le vaya bien». Cuando Weston eliminó el sistema de respuesta automática, eliminó la posibilidad de evitar al cliente. En 2007, la compañía hablaba con un cliente una media de tres veces por semana.

Posteriormente, la compañía lanzó los premios «camisa de fuerza», que consistía en auténticas camisas de fuerza con el logo de Rackspace, que se entregaban, como premio, a los empleados que se habían volcado y dedicado tanto a los clientes que se habían vuelto totalmente locos. (Éste es un atractivo de identidad para el Elefante: somos fanáticos, eso es lo que nos hace especiales.) No es casualidad que en 2008 Rackspace fuera una de las compañías incluidas en la lista de las Mejores Compañías en las que trabajar de la revista *Fortune*.

La dedicación al servicio al cliente dio sus frutos. En 2001, Rackspace era la primera empresa proveedora de servicios de alojamiento que tenía beneficios, y a lo largo de los seis años siguientes, tuvo un crecimiento medio anual del 58%. En 2008, Rackspace había superado a AT&T como compañía con más ingresos de la industria.

10.

¿Qué transformó el carácter del equipo de servicio al cliente de Racks-pace? Nada. Esencialmente tenían el mismo carácter antes y después del cambio. La única diferencia es que operaban en un nuevo entorno. El antiguo comportamiento —ignorar a los clientes— resultaba mucho más difícil, y el nuevo comportamiento —servir a los clientes— era mucho más fácil.

En este capítulo hemos visto que, por lo general, lo que parece un problema de carácter se puede corregir modificando el entorno. Las transformaciones son sorprendentes. Coja un puñado de vagos del servicio al cliente y elimine el sistema de respuesta automática de llamadas y empezarán a ayudar a los clientes. Coja a una jefa cuyos subordinados se quejen de que no les escucha y cambie la distribución de sus muebles, y de repente la frustración de su equipo se desvanecerá. Coja a los más «pasotas» de la residencia de estudiantes de *Stanford* y déles una hoja de instrucciones, y empezarán a donar más comida a los necesitados que los santos.

Pequeñas modificaciones en el Camino pueden provocar cambios espectaculares en el comportamiento.

9
Crear hábitos

1.

Mike Romano,[1] el menor de cuatro hermanos nació en 1950 en Milwaukee. Su padre era «un manitas» que arreglaba averías de fonta-
nería o de calefacción. Su madre tenía un título en arte comercial; se
quedaba en casa cuidando de los niños y de vez en cuando hacía algún
trabajillo para ayudar a pagar facturas.

Romano tenía mucho carácter. En bachillerato, cuando tenía
18 años, participó en una pelea y tiró a un chico por la ventana. Te-
miendo lo que le pudiera pasar en el tribunal, decidió alistarse en
el Ejército. Pensó que, en cualquier caso, acabarían llamándole a filas.
El tribunal le dejó ir.

Finalmente, Romano acabó siendo asignado a la Brigada del Aire
173 en Vietnam, una unidad de paracaidistas de élite muy respetada.
No obstante, los soldados de la 173 tenían un secreto a voces: hacían
un uso desenfrenado de las drogas. Otros les apodaban los «yonquis
saltarines». Al venir del Ejército, Romano no tenía mucha experiencia con las drogas. Trató de no meterse en ningún lío con los yonquis
saltarines.

Unos meses después de llegar a Vietnam, le explotó una zona mina-
da de Claymore muy cerca y resultó herido en la mano, el antebrazo
y el pie derecho. Le llevaron al hospital de Camron Bay para que se
recuperara. Ahí fue donde probó el opio por primera vez.

Se enganchó rápidamente, como muchos otros a su alrededor. In-

---

1   **Mike Romano.** El nombre de Mike y unos cuantos detalles relevantes han sido alterados
    para proteger su identidad. La información procede de una entrevista entre el soldado y
    la ayudante de investigación Elaine Bartlett en enero de 2009.

cluso cuando fue transferido a otros hospitales, siguió consumiendo. Básicamente fumaba porros de opio, pero también era fácil conseguir opio líquido e incluso opio de mascar (por no hablar de otras drogas, como LSD y marihuana). Su adicción siguió atormentándole a lo largo de su misión de 13 meses.

La caída de Romano en el mundo de las drogas fue una historia muy típica durante la guerra de Vietnam. La Casa Blanca[2] estaba tan preocupada por los informes del abuso de drogas entre los soldados que encargó una investigación para determinar el alcance del problema. Los resultados fueron inquietantes. Antes de la guerra, el soldado típico tenía una experiencia puntual con las drogas duras, y menos del 1% eran adictos a los narcóticos. Pero una vez en Vietnam, casi la mitad de los soldados probaban los narcóticos, y el 20% se volvían adictos. La demografía no había predicho quién se volvería adicto a las drogas en Vietnam, la raza y la clase eran irrelevantes.

El consumo de drogas empezaba muy pronto. El 20% de los consumidores empezaba la primera semana en Vietnam, el 60% durante los tres primeros meses. Curiosamente, el consumo de drogas no parecía estar provocado por el trauma de la situación. Los investigadores no encontraron ninguna relación estadística entre el consumo de drogas y la dificultad de las asignaciones de los soldados, el peligro al que se enfrentaban o la muerte de sus amigos. A diferencia de muchos soldados, Romano empezó a consumir opio porque estaba herido. Para muchos soldados en Vietnam, las drogas eran una parte más de la vida, una parte de la cultura.

A los oficiales del gobierno les aterraba pensar lo que ocurriría cuando miles de drogadictos regresaran a Estados Unidos. A los líderes militares y civiles les preocupaba que los programas de desintoxicación del país no pudieran dar abasto, que su capacidad se viera totalmente

---

2 **La Casa Blanca tenía muchos problemas.** El caso de estudio sobre el consumo de drogas entre los soldados antes y después de la guerra de Vietnam es de Lee N. Robins, John E. Helzer y Darlene H. Davis (1975), «Narcotic Use in Southeast Asia and Afterward», *Archives of General Psychiatry*, 32, 955-961.

desbordada. Les preocupaba que los veteranos no fueran capaces de cumplir con sus trabajos, que volvieran al crimen.

Mike Romano era una de esas personas que preocupaba a los militares. En 1969, cuando finalmente se embarcó en el vuelo que le llevaría de regreso a Estados Unidos, a su casa de Milwaukee, llevaba consigo un alijo de porros de opio.

Pero entonces su vida empezó a cambiar. Una o dos semanas después de su regreso, estaba dando una vuelta en coche con sus amigos por la ciudad cuando vio a una chica que había conocido en el colegio. «¡Para el coche!», dijo. Fue tras ella. Trabajaba de cajera en una farmacia cercana. «Pensé que era muy guapa», dijo Romano.

Empezaron a quedar. Ella no tardó mucho en darse cuenta de que Romano era un adicto, y le presionó mucho para que lo dejara. Él intentó dejarlo varias veces, pero cada vez que lo hacía se encontraba mal y le dolía todo, y volvía a consumir. Mientras tanto, empezó a trabajar —construcción y pintura de casas y otros trabajos temporales— y empezó a asistir a clase de arte en la Universidad de Wisconsin en Milwaukee. Consiguió un trabajo como diseñador de pósteres promocionales de grupos que tocaban en el centro estudiantil.

Tras unos cuantos ciclos de abandono y recaída, empezó a desengancharse del opio y, en un mes, estaba limpio. Desde entonces no ha vuelto a probar el opio. Lo que vemos en la vida de Romano parece una historia de cambio casi imposible: un adicto al opio que consigue recuperarse. Mike Romano fue uno de los afortunados.

2.

¿Lo fue? Los investigadores de la Casa Blanca siguieron investigando el problema del consumo de drogas entre los soldados que volvían y descubrieron algo muy extraño. Como parte de la política de seguimiento de las tropas que volvían a casa, los investigadores les llamaban ocho o 12 meses después de su regreso para preguntarles si seguían consumiendo. Durante la guerra, el 50% de los soldados habían sido consumidores puntuales, y el 20% se habían vuelto adictos, es decir, que habían consumido drogas más de una vez por semana durante un período de tiempo extendido y habían experimentado síntomas de abstinencia (escalofríos, calambres, dolor) si habían intentado dejarlo. Pero cuando los investigadores hicieron el seguimiento, descubrieron algo que les dejó perplejos. Sólo el 1% de los veteranos seguían siendo adictos a las drogas. Éste era aproximadamente el mismo porcentaje que había antes de la guerra. La tan temida catástrofe social, provocada por las drogas, no se había producido. ¿Qué había ocurrido?

3.

Somos increíblemente sensibles al entorno y a la cultura —a las normas y a las expectativas de las comunidades a las que pertenecemos. Queremos llevar la ropa adecuada, decir las cosas adecuadas, frecuentar los sitios adecuados. Como tratamos de encajar instintivamente en nuestro grupo de amigos o compañeros de trabajo, el comportamiento es contagioso, algunas veces de forma sorprendente.

Suponga que su trabajo fuera diseñar un entorno que extinguiera la adicción a las drogas. Cogería a los soldados americanos adictos a las drogas, los pondría en este entorno, y confiaría en que las fuerzas del mismo fueran lo suficientemente poderosas como para ayudarles a superar su hábito. Piense en este entorno como si fuera un parque temático antidroga y suponga que pudiera gastar todo lo que quisiera en construirlo. ¿Cómo sería su parque temático?

Podría parecerse mucho al barrio de Romano en Milwaukee.

Querría rodear a los ex soldados de gente que les quisiera y que se preocupara por ellos, y que les tratara como las personas que no consumían drogas que una vez fueron. Les daría trabajo interesante para hacer —tal vez diseñar pósters para grupos de rock— para que tuvieran la mente alejada de los placeres del opio. Crearía sanciones bien publicitadas del consumo de drogas. Mantendría la economía de las drogas oculta, para que les resultara muy difícil conseguir y consumir drogas. Se aseguraría de que sus novias se lo hicieran pasar mal por el consumo de drogas. Establecería prohibiciones sociales para que los soldados se sintieran miserables, incluso patéticos, si seguían consumiendo. Eliminaría el comportamiento contagioso de consumir drogas del entorno —prohibidos los soldados adictos— y lo remplazaría por un comportamiento libre de drogas contagioso.

Y proporcionaría todo tipo de pistas ambientales —señales, canciones, comida, ropa, y casas— que recordarían a los ex soldados sus identidades previas a la guerra.

El Parque Temático de Milwaukee: esto es exactamente lo que hizo que Mike Romano se convirtiera en un ex adicto. Cuando Romano volvió a Milwaukee, su entorno cambió y el nuevo entorno le cambió.

4.

Como demuestra la historia de Romano, el entorno refuerza —o debilita— nuestros hábitos.

Cuando pensamos en hábitos, normalmente pensamos en hábitos malos: mordernos las uñas, dejar las cosas para más tarde, comer dulces cuando estamos ansiosos, etc. Pero obviamente también tenemos muchos hábitos buenos: hacer footing, rezar, lavarnos los dientes. ¿Por qué son tan importantes los hábitos? Porque, esencialmente, son comportamientos automáticos. Permiten que los buenos comportamientos se produzcan sin que el Jinete tenga que hacerse cargo. Recuerde que la capacidad de autocontrol del Jinete se puede agotar, por lo tanto es muy bueno que puedan ocurrir cosas buenas de forma «libre», en piloto automático.

Para cambiar, hay que cambiar los hábitos, y lo que vemos en Romano es que sus hábitos cambiaron cuando cambió su entorno. Tiene sentido: nuestros hábitos están profundamente asociados a nuestro entorno. La investigación lo demuestra. Según un estudio de personas que han hecho cambios en sus vidas, el 36% de los cambios exitosos[3] se asociaban a traslados a una nueva ubicación, y sólo el 13% de los cambios no exitosos incluían un traslado.

A muchos fumadores, por ejemplo, les resulta fácil dejar de fumar cuando están de vacaciones porque en casa, su entorno está lleno de asociaciones con el tabaco. Es como intentar dejar de fumar viendo un anuncio de Camel, todo lo que ves te recuerda al hábito. Está ese

---

3 **El 36% de los cambios exitosos.** Ver Todd F. Heatherton y Patricia A. Nichols (1994), «Personal Accounts of Successful Versus a Failed attempts at Life Change», *Personality and Social Psychology Bulletin*, 20, 664-675.

cajón de la cocina en el que guardas las cerillas, el cuenco de barro del porche que se ha convertido en un depósito de ceniza, el siempre presente olor a tabaco del coche y del armario. Cuando un fumador se va de vacaciones, el entorno se vuelve mucho más neutro. Esto no significa que sea fácil dejarlo, pero sí más fácil.

Es absurdo, sin embargo, pensar que podemos cambiar el entorno tan drásticamente. Si está intentando cambiar los hábitos de sus equipos en el trabajo, reorganizar su despacho será de gran ayuda. Buena suerte vendiendo esa idea. ¿Algunos consejos prácticos para crear un hábito?

Lo primero que hay que tener en cuenta es que incluso las pequeñas modificaciones del entorno pueden marcar la diferencia. Esto es lo que vimos en el Capítulo 8. ¿Recuerda cómo Amanda Tucker reorganizó su despacho para que le resultara más fácil escuchar a sus empleados? Fue el primer paso para establecer un nuevo hábito. (Los cambios del entorno pueden incluso forzar un hábito, como vimos en el ejemplo de Rackspace. Cuando se eliminó el sistema de respuesta automática de llamadas, el equipo de atención al cliente desarrolló el hábito de contestar el teléfono.)

Pero crear un hábito no sólo tiene que ver con el entorno, también es mental. Sería muy difícil modificar el entorno de forma que te obligara a aprender a tocar el piano, por ejemplo. ¿Cómo se puede preparar la mente para un nuevo hábito?

5.

Supongamos que hace tiempo que no va al gimnasio. Se ha propuesto: mañana por la mañana, en cuanto deje a Ana en el colegio, iré directamente al gimnasio. Vamos a llamar a este plan mental «desencadenante de la acción». Ha tomado la decisión de ejecutar una determinada acción —hacer ejercicio— cuando se encuentre con cierto desencadenante situacional —el círculo del colegio, mañana por la mañana.

Peter Gollwitzer,[4] psicólogo de la *New York University*, es pionero

---

4 **Peter Gollwitzer.** El resumen de Gollwitzer de su trabajo sobre los desencadenantes —Gollwitzer los llama «intenciones de implementación»— se puede encontrar en

en el trabajo en este área. Él y su colega Veronika Brandstatter descubrieron que los desencadenantes de la acción son bastante efectivos para motivar la acción. En un estudio, hicieron un seguimiento de varios estudiantes universitarios que podían optar a conseguir un punto adicional en una asignatura determinada, si hacían un trabajo sobre cómo pasaban la Nochebuena. Pero la cosa tenía trampa: para conseguir el punto adicional, tenían que presentar el trabajo el 26 de diciembre. Muchos alumnos tenían intención de hacer el trabajo, pero sólo el 33% lo hicieron y lo presentaron. Otros alumnos que participaron en el estudio tuvieron que definir desencadenantes de la acción: decir, previamente, cuándo y dónde pensaban hacer el trabajo exactamente (por ejemplo, «lo haré en el despacho de mi padre, el día de Navidad por la mañana, antes de que se levante»). Sorprendentemente, el 75% de estos alumnos hicieron el trabajo.

Es un resultado bastante sorprendente para una inversión mental tan pequeña.

¿Significa esto que sólo por imaginar el tiempo y el lugar en el que vas a hacer algo tienes más probabilidades de hacerlo realmente? Sí y no. Los desencadenantes de la acción no te obligan a hacer algo —a ti o a otra persona— que realmente no quieres hacer. Un desencadenante de la acción nunca habría convencido a los estudiantes universitarios de que participaran en un concurso de cálculo *online* el día de Navidad. Pero, como demuestra el estudio del punto adicional, los desencadenantes de la acción pueden tener mucho peso a la hora de motivar a hacer las cosas que sabemos que hay que hacer.

Peter Gollwitzer sostiene que el valor de los desencadenantes de la acción reside en el hecho de que anticipan la decisión. Dejar a Ana en el colegio desencadena la próxima acción, ir al gimnasio. No hay un ciclo de deliberación consciente. Al anticipar la decisión, el Jinete conserva su autocontrol.

El concepto de anticipar la decisión es más fácil de ver con un ejem-

---

Gollwitzer (1999), «Implementation Intentions: Strong Effects of Simple Plans», *American Psychologist*, 54, 493-503. Muchos de los estudios descritos en esta sección tienen referencias en este artículo. La cita sobre «pasar el control al entorno» está en la p. 495.

plo. Imagine que es uno de los estudiantes universitarios del estudio de Gollwitzer. Es Navidad, y está en su casa. Sus padres están dándole un sermón y sus hermanos están hablando de algo interesante. La TV está encendida, el árbol de Navidad está iluminado, y su chihuahua *Fredo* está mirándole con adoración. No olvidemos la comida —pavo con salsa, pastel de nueces, trufas de chocolate— y *Guitar Hero*, y un sueñecillo y las llamadas que va recibiendo de viejos compañeros del bachillerato. Las distracciones están por todas partes. Por lo tanto, si recorre esta enorme oferta de estímulos y no ha anticipado una decisión sobre el trabajo para subir nota —si no se ha dicho a sí mismo, «haré este trabajo en el despacho de mi padre el día de Navidad por la mañana, antes de que se levanten todos»— está perdido.

Por esto, precisamente, los desencadenantes de la acción tienen un valor inesperado. Gollwitzer dice que cuando anticipamos una decisión «pasamos el control de nuestro comportamiento al entorno». Gollwitzer dice que los desencadenantes de la acción «protegen los objetivos de las distracciones tentadoras, los malos hábitos, o los objetivos en conflicto».

En el trabajo, hay muchas formas de utilizar los desencadenantes de la acción. Si a sus vendedores les motiva más conseguir clientes nuevos que cultivar los que ya tienen, déles un desencadenante de la acción «*coffee and call*». Dígales que en cuanto tiren la primera taza de café, tendrán que llamar a uno de sus clientes más importantes. O piense en los empleados que van a asistir a una conferencia del sector. Cuando vuelvan a la oficina, tendrán tal cantidad de correos electrónicos acumulados que no estarán en disposición de compartir lo que han aprendido. Tendrá que proporcionarles un desencadenante de la acción —sugiérales que durante el vuelo de regreso a casa, en cuanto anuncien que se pueden utilizar los dispositivos electrónicos, escriban algunas reflexiones para el resto del equipo—. Los desencadenantes de la acción tienen que ser lo suficientemente específicos y visibles para interrumpir el flujo de conciencia normal de una persona. El desencadenante de «elogiar a los empleados cuando hagan algo bien» es demasiado vago para ser útil.

Gollwitzer ha demostrado que los desencadenantes de la acción son más útiles en las situaciones difíciles, las que más merman el autocontrol del Jinete. Un estudio analizó el porcentaje de éxito a la hora de conseguir objetivos fáciles o difíciles. En el caso de los objetivos fáciles, los desencadenantes de la acción sólo incrementaban los éxitos ligeramente, de un 78 a un 84%. Pero en el caso de los objetivos difíciles, los desencadenantes de la acción casi triplicaban la probabilidad de éxito: el porcentaje de objetivos cumplidos aumentó espectacularmente, de un 22 a un 62%.

Para ver de qué forma los desencadenantes de la acción pueden ayudar en momentos difíciles, vamos a considerar el estudio de unos pacientes que se estaban recuperando de una operación de prótesis de cadera o de rodilla.[5] La edad media de los pacientes era de 68 años, y antes de la cirugía llevaban un año y medio con dolor. En principio, las operaciones suelen empeorar más las cosas; suponen un impacto tan fuerte para el cuerpo que los pacientes requieren asistencia para llevar a cabo las tareas básicas de la vida diaria, como ducharse, acostarse e incluso ponerse de pie. El camino hacia la recuperación puede ser largo y doloroso.

Todos los pacientes aspiraban a recuperarse lo antes posible, por supuesto. Pero un grupo de pacientes tuvo que definir un desencadenante de la acción. Por ejemplo, «si esta semana vas a dar una vuelta, escribe cuándo y adónde piensas ir».

Los resultados del estudio fueron asombrosos. De media, los pacientes que habían definido un desencadenante de la acción se bañaban solos, sin ayuda de nadie, a las tres semanas de la operación. Los otros pacientes tardaron siete semanas. Los pacientes que habían definido desencadenantes de la acción se ponían de pie a las tres semanas y media. Los otros tardaron 7,7 semanas. En sólo un mes, los pacientes que habían definido desencadenantes de la ac-

---

5   **Recuperación de una operación de prótesis de cadera o rodilla.** Ver Sheina Orbell y Paschal Sheeran (2000), «Motivational and Volitional Processes in Action Initiation: A Field Study of the Role of Implementation Intentions», *Journal of Applied Social Psychology*, 30, 780-797.

ción entraban y salían solos del coche, sin ayuda. Los otros tardaron dos meses y medio.

Gollwitzer dice que, básicamente, los desencadenantes de la acción crean un hábito instantáneo. Los hábitos son comportamientos que tienen lugar en piloto automático y eso es exactamente lo que los desencadenantes de la acción provocan. Ésta es la prueba del concepto del hábito instantáneo: un estudio demostró que el indicador más importante de si las mujeres se examinan el pecho cada mes, es si siempre han tenido el hábito de hacerlo. Cuando un grupo de mujeres que no tenían ese hábito tuvieron que definir desencadenantes de la acción, acabaron haciéndolo igual de bien que las mujeres que ya tenían el hábito desde hacía tiempo. Al anticipar la decisión, crearon un hábito instantáneo.

Los desencadenantes de la acción no son infalibles, por supuesto. A los adolescentes que tienen el hábito de fumar profundamente arraigado, por ejemplo, no les sirve de nada definir desencadenantes de la acción para dejar de fumar. Su adicción a la nicotina es, simplemente, demasiado fuerte.

Pero a pesar de que los desencadenantes de la acción no son infalibles, es difícil imaginar una manera más fácil de conseguir que un cambio inmediato sea más probable. Un macro-estudio reciente[6] que analizó 8.155 participantes en un total de 85 estudios concluyó que la persona típica que había definido un desencadenante de la acción había hecho mejor su trabajo que el 74% de las personas que habían hecho ese mismo trabajo pero no habían definido ningún desencadenante de la acción.

Hábitos instantáneos. Se trata de un punto de intersección poco común entre las aspiraciones de autoayuda y la realidad de la ciencia. Y no se puede ser mucho más práctico. La próxima vez que su equipo decida cambiar su forma de actuar, desafíele a ir un poco más allá.

6 **Meta-estudio reciente.** Peter M. Gollwitzer, Pascal Sheeran y Thomas L. Webb (2005), «Implementation Intentions and Health Behaviors», en M. Conner y P. Norman (eds.), *Predicting Health Behavior: Research and Practice with Social Cognition Models* (segunda edición). Buckingham, UK: Open University Press.

Oblíguele a concretar cuándo y dónde va a poner en marcha el plan. Oblíguele a definir un desencadenante de la acción. (Luego defina otro para usted.)

CLINIC
¿Cómo conseguir que los empleados respeten una nueva política de seguridad laboral?

SITUACIÓN. Patti Poppe es directora de departamento de la planta de General Motors en Lordswtown, Ohio, y está pensando cómo puede instaurar una nueva política de seguridad. Su departamento, compuesto por 950 personas, es responsable de la soldadura de grandes piezas de metal en el chasis. Es un trabajo que puede ser peligroso. Los cantos del metal, cuando sale de la prensa, están muy afilados. Si un trabajador pusiera la mano en uno de los cantos y se apoyara en él, el metal le cortaría la mano. Por ese motivo, es fundamental utilizar guantes y ropa de protección. Además, los soldadores llevan gafas de protección, pero aun así algunas veces les salta alguna chispa a los ojos por el lado y se hacen daño. Por lo tanto, la nueva política recomienda utilizar gafas con protección lateral. La antigua política de seguridad era compleja y estaba llena de excepciones; por ejemplo, un trabajador que manejaba una carretilla elevadora, no tenía que llevar equipamiento de seguridad. Poppe dice, «todos creen que entran dentro de la cláusula, "esto no me afecta a mí"». Está decidida a conseguir que todo el mundo se tome la nueva política en serio. (Ésta fue una situación real.)

¿QUÉ HAY QUE CAMBIAR Y QUÉ ESTÁ FRENANDO EL CAMBIO?
Poppe quiere que los trabajadores se protejan de laceraciones y chispas. Se encuentra con tres barreras potenciales. En primer lugar, la complejidad de la antigua política puede haber disuadido a algunos trabajadores de abrazarla. Recuerde que lo que puede parecer resistencia suele ser una falta de claridad. Poppe tiene que redactar

los movimientos críticos. En segundo lugar, en cualquier situación de riesgo, suele entrar en juego el sentimiento de «macho». Es un problema de identidad. Si parece más varonil no ponerse las gafas que ponérselas, el Elefante se resistirá. En tercer lugar, la presión social actúa en contra de la seguridad, debido al sentimiento «esto no me afecta a mí». Poppe tiene que erradicar esta norma social. Además, ¿habría alguna forma de utilizar el entorno para dar una pista de los comportamientos adecuados?

¿CÓMO HAY QUE HACER EL CAMBIO?

• *Dirigir al Jinete.* **1. Redactar los movimientos críticos.** Poppe eliminó la antigua y complicada política y redujo la nueva política de seguridad a dos normas de conducta específicas: (1)Todo el mundo tiene que llevar gafas con protección lateral. (2) Nadie puede exponer ninguna parte de su cuerpo desnuda (no se puede ir con pantalones cortos ni con manga corta). Eso es todo. Luego Poppe encontró la manera de concretar estas reglas. En una reunión multitudinaria, organizó un juego de seguridad. Un empleado tenía que subir al escenario; una vez allí, tenía que evaluar si una serie de modelos cumplían las nuevas reglas de seguridad. Algunos de los modelos violaban el código de forma sutil, como por ejemplo utilizando gafas de protección en las que faltaba alguna pieza. Invitó a los miembros de la audiencia a ayudar al concursante, y éstos empezaron a gritar las respuestas, reforzando y absorbiendo los comportamientos que se esperaba de ellos. **2. Apuntar hacia el destino.** A Poppe le preocupaba la argumentación, que los empleados pudieran poner una excusa del tipo «esto no me afecta a mí». De forma que creó un objetivo B&N para eliminar la posibilidad de escurrir el bulto. Si estabas en la planta, tenías la obligación de cumplir las dos reglas, hicieras lo que hicieras. Las reglas afectaban a todo el mundo, siempre.

• *Motivar al Elefante.* **1. Hacer que se sientan orgullosos.** A los machistas no les gusta llevar gafas de protección ridículas. Tal vez Poppe podría encontrar unas gafas que se parecieran más a las de

Bono y menos a las de un profesor de ESO. Esto podría hacer que el cambio se viera menos como una amenaza a la identidad.

- *Allanar el Camino.* **1. Aprovechar la fuerza del grupo.** Al obligar a toda la planta a llevar las gafas de protección siempre, Poppe estaba fomentando el cumplimiento de la norma social. Cuando miras a tu alrededor y ves que todo el mundo lleva gafas de protección, es mucho más probable que te las pongas. **2. Crear hábitos.** Poppe añadió un toque final, inspirador: pintó una gran línea azul alrededor de toda la planta e hizo la nueva política de seguridad efectiva en todo lo que quedaba dentro de la línea. Además, en las entradas, puso unos hombres de madera de color azul que llevaban el equipo adecuado. Básicamente, al instalar la línea y los hombres azules, Poppe estaba introduciendo un desencadenante de la acción. Estaba preparando a los trabajadores para que pensaran, «cuando cruce esta línea, tengo que ponerme el equipo». El desencadenante de la acción ayudó a hacer el comportamiento habitual.

   (Lo que ocurrió: como consecuencia de las innovaciones de Poppe, los accidentes en la planta cayeron un 21% con respecto a los niveles previos, que ya estaban entre los mejores de las empresas con una actividad similar.)

6.

Los hábitos son comportamientos automáticos y por eso son una herramienta tan importante para los líderes. Los líderes que pueden infundir hábitos que refuerzan los objetivos pueden avanzar de forma gratuita. Cambian el comportamiento de una forma que no mina las reservas de autocontrol del Jinete.

Los hábitos se forman inevitablemente, intencionadamente o no. Lo más probable es que haya creado muchos hábitos de equipo sin darse cuenta. Si las reuniones con su equipo siempre empiezan con unas conversaciones geniales, entonces ha creado un hábito. Ha definido el piloto automático de su reunión para tener unos minutos de conversación de calentamiento. Lo difícil para un líder no es saber cómo crear hábitos sino qué hábitos fomentar.

El general William «Gus» Pagonis dirigió la operación de logística de la guerra del Golfo, bajo el mando del presidente George H. W. Bush. Pagonis era responsable de mover 550.000 tropas por todo el mundo, así como su equipamiento. Su equipo dispuso lo necesario para servir 122 millones de comidas, suministrar 4,9 billones de litros de combustible y repartir 32.000 kilos de correo. Incluso un ejecutivo de Wal-Mart se hubiera horrorizado sólo de pensarlo.

No hace falta decir que la comunicación clara y eficiente fue esencial. Cada mañana, el general Pagonis tenía una reunión que empezaba a las 8.00 y terminaba a las 8.30. No mucha innovación en este sentido, pero Pagonis hizo dos cambios importantes en la rutina. En primer lugar, abrió la reunión a todo el mundo, y obligó a que hubiera, como mínimo, un representante de cada grupo funcional. De ese modo, se aseguró un intercambio libre y abierto de información por toda la organización. En segundo lugar, obligó a todos los presentes a permanecer de pie durante toda la reunión.[7]

Esto es lo que dice Pagonis de los beneficios de permanecer de pie durante toda la reunión:

«Enseguida descubrí que si se quedaban de pie, las cosas fluían mucho más deprisa. Cada uno decía lo que tenía que decir y luego rápidamente pasaba el testigo al siguiente. En la rara ocasión que alguien empezaba a alargarse demasiado o a filosofar, entre la multitud se empezaba a vislumbrar un inconfundible lenguaje corporal. Trasladaban el peso del cuerpo de un pie a

---

7 **Reunión de pie.** Ver William G. Pagonis y Jeffrey L. Cruikshank (1992), *Moving Mountains: Lessons in Leadership and Logistics from the Gulf War*, Boston: Harvard Business School Press; la cita está en las pp. 185-186. Para el uso de las reuniones de pie en el desarrollo de software, ver http://en.wikipedia.org/wiki/Stand-up_meeting (publicado el 27 de mayo de 2009). Los programadores rápidos desdeñan el típico estilo de informático de entregar un programa de golpe (y normalmente tarde). En su lugar, colaboran en una serie de prototipos rápidos, cada uno de los cuales recibe aportaciones de los clientes, con la esperanza de detectar los problemas en cuanto aparecen y evitar el coste de tener que volver a hacerlos más tarde.

otro, bostezaban, miraban el reloj, y en poco tiempo, la conversación volvía a centrarse... No recuerdo la última vez que tuve que poner orden. La presión del grupo tiene mucha fuerza».

Pagonis había creado un hábito de forma consciente. Cualquier formato de reunión que hubiera elegido se habría convertido rápidamente en habitual. Hubiera resultado igual de fácil organizar una reunión de dos horas, en la que todo el mundo estuviera sentado. Lo importante aquí no es el hábito, sino el concepto de que el hábito tiene que favorecer la misión. Cuando tienes que ubicar 550.000 tropas, tienes que tener visión, claridad y eficiencia. Una reunión de pie no garantiza nada de eso, pero ayuda, y además es gratis, no es más difícil crear ésta que la otra. (Reuniones similares se utilizan en proyectos de programación Agile en Silicon Valley, que dan mucha importancia a la colaboración rápida.)

¿Cómo puede usted crear un hábito que soporte el cambio que está intentando hacer? Sólo tiene que pensar en dos cosas: (1) El hábito tiene que favorecer la misión, como las reuniones de pie de Pagonis. (2) El hábito tiene que ser relativamente fácil de adoptar. Si es demasiado difícil, crea su propio problema de cambio independiente. Por ejemplo, si está intentando hacer más ejercicio y decide crear el hábito de ir al gimnasio, en realidad sólo está cambiándole el nombre al problema esencial. Sería más productivo intentar empezar creando un hábito más fácil, como prepararse la ropa de deporte antes de acostarse o pedirle a un amigo que realmente haga ejercicio que le recoja de camino al gimnasio.

Considere el estudio realizado en la *Penn State University*, durante un año, de un grupo de personas que estaban haciendo régimen. La dieta básica consiguió una pérdida de ocho kilos en el curso de un año. Sin duda es un resultado impresionante, pero el inconveniente de muchas dietas de adelgazamiento es que cuando las dejas, vuelves a retomar tus viejos hábitos y vuelves a aumentar de peso de nuevo. En este estudio, la señal de peligro fue que sólo el 36% de los que estaban siguiendo la dieta básica dijeron sentirse «muy llenos» o «extremadamente llenos» durante la dieta. ¿Hasta qué punto se puede aguantar un régimen que no te hace sentir realmente lleno?

Otros de los participantes en el mismo estudio podían tomar dos tazas de sopa al día,[8] aparte de las comidas que tenían pautadas. Las dos tazas de sopa eran como un extra de comida. Estos participantes perdieron 6,9 kilos a lo largo del año, y el 55% dijeron haberse sentido «muy llenos» o «extremadamente llenos». No perdieron tanto peso, pero sus probabilidades de sentirse llenos aumentaron sustancialmente. Tomar dos tazas de sopa es un hábito de apoyo clásico. Es un hábito fácil de implementar; los investigadores simplemente pidieron a los participantes que comieran más. Y contribuyó al éxito de la misión global; ayudó a los participantes a sentirse llenos, lo cual hizo que les resultara más fácil controlar sus raciones en las comidas.

7.

Este empeño por crear hábitos fue puesto en práctica con gran destreza, en un contexto totalmente diferente, por Natalie Elder,[9] directora de un colegio de enseñanza primaria de Chattanooga, Tennessee. Cuando Elder estaba considerando el puesto de directora de la *Hardy Elementary School*, pidió una copia de los resultados que había tenido el colegio en los exámenes estatales. Al final, sin embargo, no llegó a verlos hasta que hubo aceptado el trabajo. Recordándolo, bromeaba diciendo que la dirección del colegio había hecho todo lo posible para que primero aceptara el trabajo.

Cuando finalmente Elder pudo ver las notas, no pudo creer lo que estaba viendo. *Hardy Elementary* no sólo tenía unas calificaciones muy bajas; tenía las más bajas del estado de Tennessee. Se preguntó, «¿dónde me he metido?».

Fue un comienzo brutal, pero las cosas aún empeoraron más. El primer día de colegio, tuvo que expulsar a un alumno. Aparentemente cada semana, Elder descubría una nueva forma de mal comportamien-

8 **Dos tazas de sopa al día.** Ver Barbara J. Rolls, Liane S. Roe, Amanda M. Beach y Panny M. Kris-Etherton (2005), «Provision of Foods Differing in Energy Density Affects Long-Term Weight Loss», *Obesity Research*, 13, 1052-1060.

9 **Natalie Elder.** Dan Heath entrevistó a Natalie Elder en agosto de 2008.

to. En las clases, los alumnos insultaban a los profesores. (Recuerde que estamos hablando de niños de 6 a 8 años.) Algunas veces, los padres irrumpían en las aulas en plena clase para hablar con sus hijos. Un padre fue escoltado esposado fuera del edificio después de haber abusado verbalmente del encargado de la cafetería.

Los intentos de Elder por restaurar la disciplina en el colegio fueron recibidos con resistencia. «Venían los padres y me insultaban a gritos. Un padre intentó atropellarme», contó. Elder no se estaba enfrentando a un problema de enseñanza o a un problema de aprendizaje. Se estaba enfrentando a algo mucho más grave. Dijo, «sabía que si quería enseñar, antes tenía que tomar el control del edificio».

Prohibió a los padres entrar en el edificio en horario escolar sin un permiso suyo. Suspendió a los que se portaban mal de forma crónica. En casos extremos, implicó a la policía para obligar a cumplir las nuevas reglas.

Pero estas acciones no fueron más que una forma de eliminar el comportamiento realmente atroz. Su verdadero objetivo era transformar el caos en calma. En su opinión, el problema empezaba en el momento en que los alumnos llegaban al colegio. Si los alumnos ya se portaban mal a las 8.30, Elder razonó, no había muchas posibilidades de que se portaran bien el resto del día. Decidió conquistar la mañana creando una serie de rutinas sistemáticas que tranquilizaran a los alumnos y los prepararan para aprender.

Los problemas empezaban en el momento de la entrada, cuando los padres acompañaban a sus hijos al colegio. Elder contó que muchas veces «la madre ya estaba gritando al niño, que algunas veces la música era insoportable, y que cuando el niño entraba en el edificio, ya estaba alterado o enfadado». Así que Elder y su equipo hicieron algo increíble: decidieron convertirse en porteros (como si fueran porteros de un hotel).

Decidieron recibir y saludar a todos los alumnos antes de que entraran en el edificio del colegio. Esperaban fuera, en la curva, abrían la puerta del coche de los niños, sonreían, decían buenos días a los padres, y luego acompañaban a los niños hasta la cafetería. Su servicio de recepción y acompañamiento ayudaba a suavizar la transición a un día de colegio de lo que para muchos niños era un entorno familiar muy ruidoso.

Una vez que los niños estaban reunidos en la cafetería, Elder empezaba el día con una asamblea de grupo disciplinada. «La continuidad es buena para los niños», dijo. «Lo que estos niños no tienen en sus vidas es estabilidad. Tienen que aprender que aquí tendrán orden y estructura».

En la asamblea, Elder empezaba haciendo una serie de anuncios y manteniendo un breve diálogo con los niños. «¿Somos una escuela de qué?» preguntaba una profesora. Los niños contestaban gritando, «¡Excelencia!». A las 7.50, Elder daba una breve clase de educación del carácter, normalmente centrándose en una sola palabra, como por ejemplo, perseverancia. Buscaba voluntarios que deletrearan la palabra y la definieran. A las 7.55, todos se ponían de pie y recitaban el himno estadounidense, luego cantaban una canción patriótica —por ejemplo, la versión de *América* de Whitney Houston—. Algunas veces los niños leían en voz alta, o Elder les ponía un ejercicio rápido de deletrear palabras o un problema de matemáticas. Normalmente el premio era un permiso para ir sin uniforme el viernes, para ir vestido de calle.

A las 8.00, los niños se ponían en pie y en silencio se dirigían a sus clases con los brazos cruzados a la espalda, eliminando así la tentación irresistible de pelearse con sus amigos. Cuando llegaban a sus clases y se sentaban, estaban preparados para aprender.

Elder demuestra que los nuevos hábitos pueden allanar el Camino. Heredó el caos de *la Hardy Elementary School* y se preguntó, «¿qué partes de este caos puedo domesticar? ¿Qué tipo de rutina matinal puedo establecer para aumentar la probabilidad de que los chicos estén preparados para aprender?».

Tuvo que combatir las fuerzas que agitaban a los niños antes incluso de haber puesto un pie en el aula: los tensos acompañamientos, el alboroto de la cafetería, la errática transición a la clase. Al poner orden y continuidad en el entorno, pudo crear una evolución positiva y favorable para un grupo de niños que habían crecido acostumbrados a un ciclo de comportamiento destructivo.

Observe, además, que gracias al entorno tranquilo que Elder logró crear, los niños malos empezaron a comportarse como niños buenos. Un buen líder del cambio no piensa, «¿por qué se comporta tan mal esa persona? Debe ser una mala persona». Un líder del cambio piensa, «¿cómo puedo crear una situación que saque todo lo bueno que hay dentro de esa persona?».

8.

De momento, a medida que hemos ido viendo cómo allanar el Camino, hemos visto dos estrategias: (1) modificar el entorno y (2) crear hábitos. Hay una herramienta que combina perfectamente estas dos estrategias. Se trata de un instrumento que se puede añadir al entorno para hacer que el comportamiento sea más consistente y habitual.

Esta herramienta es la humilde lista de tareas.[10] La abordamos con cierto temor, ya que sabemos las asociaciones que suelen hacer los lectores: mundana, rutinaria, burocrática. «Utilizar una lista de tareas», lo admitimos, suena como el consejo que un padre daría a su hijo universitario, junto con algunos consejos sobre la presión de los neumáticos y no cargar cerveza a la cuenta de su Visa.

Pero créanos, porque sus percepciones están a punto de cambiar. ¿Y si le dijéramos que las listas pueden cambiar todo, que pueden salvar vidas?

El Santo Grial de las listas[11] podría ser la que describió Atul Gawande en *The New Yorker*. Los pacientes de la UCI suelen llevar vías intravenosas a través de las cuales reciben la medicación que necesitan. Si estas vías se infectan, pueden surgir complicaciones importantes. Frustrado por estas «infecciones de las vías», que se pueden prevenir, el Dr. Peter Pronovost del *Johns Hopkins* elaboró una lista compuesta por cinco elementos.

La lista contenía indicaciones muy claras: hay que lavarse bien las

10 **La humilde lista de tareas.** Originalmente, las partes de la sección dedicada a las listas de tareas aparecieron en nuestra columna *Fast Company* (marzo 2008), «The Heroic Checklist», http://www.fastcompany.com/magazine/123/heroic-checklist.html.

11 **Santo Grial de las listas de tareas.** Ver Atul Gawande (10 de diciembre de 2007), «The Checklist: If Something So Simple Can Transform Intensive Care, What Else Can It Do?» *New Yorker*, pp. 86-101.

manos antes de insertar una vía, hay que desinfectar la piel del paciente con antiséptico en el punto de inserción, etc. La lista no tenía nada nuevo, nada polémico. Sin embargo los resultados fueron sorprendentes: cuando la lista se puso en práctica en la UCI de varios hospitales de Michigan durante un período de 18 meses, prácticamente se eliminaron las infecciones causadas por las vías, ahorrando a los hospitales unos 175 millones de dólares puesto que ya no tenían que tratar las complicaciones asociadas. Además se salvaron unas 1.500 vidas.

¿Cómo puede algo tan simple tener un impacto tan fuerte? Las listas educan a las personas en lo que es mejor,[12] mostrándoles la forma incuestionable de hacer las cosas. (Esto significa que las listas son efectivas para dirigir al Jinete.) Como dijo el Dr. Pronovost, respaldado por una investigación médica sólida, sus cinco pasos eran infalibles: puedes ignorar la lista, pero no puedes rebatirla.

Incluso cuando no hay una forma clara de hacer las cosas bien hechas, las listas de tareas pueden ser muy útiles para evitar cometer errores en entornos muy complejos. ¿Alguna vez su empresa ha cometido un error grave por no haber considerado toda la información adecuada? Una lista podría haberle ayudado. Cisco Systems, una de las compañías de hardware de Internet más importante, utiliza listas para analizar las adquisiciones potenciales: ¿estarán dispuestos a trasladarse los ingenieros más importantes de la empresa? ¿Podremos vender servicios adicionales a su base de clientes? ¿Cuál es el plan para continuar apoyando a los clientes actuales de la compañía? Como empresario inteligente, seguramente investigará el 80% de estas cuestiones tan importantes antes de cerrar cualquier negocio. Pero no sería aconsejable revisar el 20% restante después de cerrar

12 **Las listas de tareas educan a la gente en relación a lo que es mejor.** No estamos defendiendo el tipo de listas que se asocian con algunos procesos de mejora de la calidad, por ejemplo, los elaborados manuales de procedimientos que hay que preparar para obtener la certificación ISO 9000. Para educar a la gente en lo que es mejor y ayudarle a evitar cometer errores, la lista de tareas tiene que ser lo suficientemente simple para que la gente la utilice. La lista de tareas antes de hacer volar un 747 ocupa menos de una página. Si su lista de tareas requiere más de una hoja, tiene que simplificarla.

una operación de adquisición de 100 millones de dólares. (*¡Uy! Estos ingenieros tan buenos se niegan a abandonar la nieve de Boulder.*) Las listas son una garantía contra el exceso de confianza.

Y vale la pena asegurarse contra el exceso de confianza porque todos tendemos a tenerlo. En un estudio clásico, se pidió a los participantes que propusieran soluciones para el problema crónico de aparcamiento[13] de su universidad. Las propuestas fueron desde aumentar el precio del aparcamiento hasta hacer más plazas «sólo para coches de tamaño medio, ni muy grandes ni muy pequeños». Una vez recogidas todas las propuestas, fueron evaluadas por un panel de expertos que eliminaron las opciones absurdas o impracticables y eligieron las mejores soluciones.

El participante individual medio propuso el 30% de las mejores soluciones, lo cual está bastante bien, teniendo en cuenta que se trata del esfuerzo de una sola persona. Esto es lo que no está tan bien: los participantes estaban convencidos de que habían identificado el 75% de las mejores soluciones. (Todos conocemos a alguien que cree que la sabiduría acumulada del mundo sólo suma un 25% a su propia contribución. Tal vez esté casado con uno de ellos.)

Una lista podría haber ayudado a estas personas. Suponga que les hubiera dado una lista de «categorías de soluciones» para guiar su argumentación, recordándoles que pensaran en «soluciones que aumentaran el coste del parking» y en «soluciones que permitieran dar cabida a más coches en el mismo espacio de parking», etc. Esta lista habría tenido la misma función que las categorías de adquisición de Cisco; habría puesto en marcha su razonamiento mental y habría impedido que se olvidaran de considerar aspectos muy importantes.

A la gente no le gustan las listas porque le parecen deshumanizantes, tal vez porque se asocian con las exhaustivas listas que permiten que adolescentes inexpertos operen en cadenas de comida rápida con éxito. Creen que si algo es lo suficientemente simple para ponerlo en

---

13 **Problemas crónicos de aparcamiento.** Para el estudio del aparcamiento, ver C. F. Gettys y cols. (1987), «An Evaluation of Human Act Generation Performance», *Organizational Behavior and Human Decision Processes*, 39, 23-51.

una lista, cualquiera lo puede hacer, hasta un mono. Bien, si eso es cierto, coja la lista de tareas de un piloto y póngase al mando de un 747.

Las listas de tareas reducen la probabilidad de error. Como dijo el Dr. Provonost, «queríamos que estandarizaran los elementos críticos para la misión,[14] las áreas en las que teníamos las evidencias más claras. Y lo que es tan importante para la misión, hay que hacerlo siempre».

¿Qué tiene que hacer su organización en todos los ciclos de producto? ¿Qué tiene que comprobar en todos los contratos o negociaciones? ¿Qué tiene que hacer su familia para prepararse para cada nuevo curso escolar? Ponga todo esto en una lista. Puede que no salve ninguna vida, pero sin duda evitará cometer un error que puede resultar muy perjudicial.

Además, evitará cometer el error fundamental de atribución. La investigación del Dr. Pronovost demostró que las infecciones provocadas por las vías —problemas de vida o muerte que son evitables— iban en aumento. Sin embargo no dijo, «nuestro sistema sanitario está plagado de médicos descuidados y negligentes». En su lugar, se preguntó, «¿cómo puedo cambiar la situación de estos médicos para que aumente la probabilidad de que eviten infecciones de las vías?». (Por lo tanto, antes de concluir que su marido es un despistado incorregible, que siempre se olvida de pasar por la tintorería o de comprar leche, tal vez debería intentar allanarle el Camino. ¿Por qué no le engancha una lista al volante?)

Cuando esté intentando hacer un cambio, lo más difícil será mantener la motivación, mantener al Elefante en el camino. Esto supone una carga enorme para el Jinete, que tiene que contener al Elefante cuando se desboca. En este último capítulo, hemos intentado encontrar maneras de utilizar el entorno para aliviar la carga del Jinete. Empezamos con la historia de Mike Romano, el soldado que volvió de Vietnam adicto al opio. Si el destino de Romano hubiera dependido únicamente de la batalla entre su Jinete y su Elefante, no habría su-

---

14 **Estandarización de los elementos críticos para la misión.** Dan Heath entrevistó al Dr. Pronovost en enero de 2008.

perado su adicción. Fue el entorno el que puso las fuerzas a su favor. Cuando Romano volvió a su casa de Milwaukee, cambiar le resultó mucho más fácil.

¿Cómo puede crear un entorno que facilite el cambio? Hemos visto que los hábitos de apoyo —como hacer reuniones de pie o tomar dos tazas diarias de sopa— pueden ayudar, así como los desencadenantes de la acción que permitirán anticipar decisiones difíciles. Incluso una simple lista de tareas puede marcar la diferencia. En el próximo capítulo, veremos la última pieza del puzzle: la influencia del grupo. Es más fácil perseverar en un camino largo cuando viajas con un grupo.

Aprovechar la fuerza del grupo

1.

Piense en la última vez que se encontró en una situación en la que no estaba muy seguro de cómo comportarse. Tal vez era su primera vez en una iglesia, su primera vez en otro país, o tal vez era una fiesta en la que no conocía a muchos de los invitados. ¿Qué hizo para tratar de encajar?

Observó a los de su alrededor, por supuesto.

En situaciones ambiguas, todos observamos a nuestro alrededor, tratando de identificar pistas de cómo comportarnos. Tal vez ha pasado por la experiencia de analizar frenéticamente la mesa intentado averiguar cuál era el cubierto de postre. (Si no ha pasado por esa experiencia, esperamos que conozca bien los cubiertos, porque todos le hemos copiado.) Cuando el entorno es desconocido, activamos las antenas sociales que son exquisitamente sensibles.

En la situación de la cena, nuestra antena funcionó muy bien, porque alguien en la mesa sabía lo que había que hacer y le copiamos. Pero a veces, en momentos de cambio, nadie sabe cómo actuar, y eso puede causar muchos problemas. Por ejemplo, si alguna vez se encuentra en una situación de emergencia, rece para que haya una persona cerca que pueda ayudarle, en lugar de una multitud. Para entenderlo, considere la investigación realizada por Bibb Latané y John M. Darley.

Los alumnos de la *Columbia University*, que se habían ofrecido voluntarios para participar en un estudio de investigación, tuvieron que sentarse en una serie de aulas y responder unos cuestionarios. Algunos estaban solos; otros estaban en aulas con dos estudiantes más. Cuando empezaron a responder los cuestionarios, hubo una emergencia. De pronto el aula empezó a llenarse de humo que entraba por una rejilla de ventilación de la pared. El humo siguió entrando, a bocanadas irregulares, hasta que finalmente, toda el aula se llenó de humo. De los estudiantes que estaban solos, el 75% se levantó y fue en busca de alguien para alertarle del humo. Pero cuando había tres estudiantes en la misma aula, sólo el 38% de los grupos alertaron del humo. Simplemente se quedaron sentados, inhalando el humo, señalando con su inacción individual a cada uno a los otros dos que *esta nube de humo no es tan grave.*[1]

En un estudio similar, individuos o parejas que estaban haciendo una encuesta oyeron lo que parecía una mujer que se caía estrepitosamente en la habitación de al lado. De los que estaban solos, el 70% fueron a ayudarla, pero de los que estaban por parejas, sólo acudieron el 40%. Y en el caso de las parejas que ayudaron, actuaron más lentamente que los que estaban solos.

¿Por qué los grupos no responden tan bien como los individuos?

En situaciones ambiguas —humo entrando en una habitación; el aparente ruido de una caída— es normal mirar a nuestro alrededor buscando pistas de cómo interpretar el evento. Si ves que, de repente, un hombre se desploma en el centro comercial, tu cerebro se apresura a buscar posibles interpretaciones: ¡le ha dado un infarto! O, espera, a lo mejor se ha resbalado y se ha caído. ¿Y si está haciéndole una broma a alguien? No corre inmediatamente hacia él, porque si ha sido un simple resbalón, su comportamiento alarmista les dejará a los dos en ridículo.

Si es la única persona cercana que puede reaccionar, probablemente, hará su mejor pronóstico posible —*un infarto*— y correrá hacia él.

---

[1] **Una nube de humo.** Ver Latané y Darley (1968), «Group Inhibition of Bystander Intervention in Emergencies», *Journal of Personality and Social Psychology*, 10, 215-221. El trabajo de Latané y Darley sobre la no intervención es uno de los mejores trabajos de investigación de la psicología social. Puesto que es un clásico, los profesores de psicología social suelen enseñarlo con frecuencia, y lo recomiendan a sus alumnos como técnica sencilla para superar la no intervención: señalar a una persona y darle una instrucción específica, como «llama al 911». No es que la gente no quiera ayudar. Es sólo que el Jinete se encuentra dentro de un círculo infinito, tratando de localizar pistas de cómo comportarse, y esas pistas no le llegan.

Pero si hay mucha gente alrededor, tendrá que procesar dos estímulos: el colapso en sí y la reacción del grupo al colapso. Podría hacer una breve pausa para estudiar al grupo. *¿Están actuando como si fuera un infarto?* Se quedaría ahí, sin hacer nada, preparado para pasar a la acción ante la primera señal de crisis. Pero mientras estuviera esperando, los demás le mirarían, y cuando vieran que no hace nada, su comportamiento se convertiría en un dato para justificar su teoría de que no era una emergencia. Y éste es el motivo por el que tres personas puedan estar en una habitación llena de humo y no hacer absolutamente nada.

Todos hablamos del poder de la presión del grupo, pero hablar de presión puede ser excesivo. La percepción del grupo es muy importante. En este libro, no encontrará una sola frase tan rigurosamente respaldada por la investigación empírica como ésta: hacemos las cosas porque vemos que los demás las hacen. No es sólo su hijo adolescente que lleva el cuerpo lleno de pendientes el que copia a la multitud. Usted también. El comportamiento es contagioso. Vamos a echar un vistazo rápido al comportamiento.

Empezaremos por una conclusión sorprendente: la obesidad es contagiosa.[2] Un estudio revolucionario liderado por el Dr. Nicholas Christakis de la *Harvard Medical School*, que hizo un seguimiento a 12.067 personas durante 32 años, concluyó que cuando una persona se vuelve obesa, la probabilidad de que sus amigos más íntimos también se vuelvan obesos ¡se multiplica por tres! Curiosamente, la proximidad física no parecía importar. La obesidad parecía expandirse entre los amigos incluso cuando estaban en distintos puntos del país. Al explicar estas conclusiones, el Dr. Christakis dijo, «cuando miras a los que tienes a tu alrededor, cambia tu idea de lo que es un cuerpo aceptable».

2 **La obesidad es contagiosa.** Ver Nicholas A. Christakis y James H. Fowler (2007). «The Spread of Obesity in a Large Social Network over 32 Years», *New England Journal of Medicine*, 357, 370-379. La cita es de Gina Kolata (25 de junio, 2007), «Study Says Obesity Can Be Contagious», *New York Times*. Hay que estar pendiente de la publicación del libro de Christakis y Fowler *Connected: The Surprising Power of Our Social Networks and How They Shape Our Lives*, Nueva York: Little, Brown and Company (2009).

Beber es contagioso.[3] Un estudio demostró que cuando los universitarios tenían un compañero de habitación que bebía con frecuencia, sus calificaciones bajaban en un cuarto de punto, de media. La lista de comportamientos contagiosos es interminable: el matrimonio; estrechar la mano de una persona para saludarla; llevar las botas afelpadas que están de moda; invertir en Google. Y seguramente evitará estar cerca de los jugadores de béisbol, a menos que quiera empezar a escupir compulsivamente.

Está claro que, de forma consciente o no, imitamos los comportamientos de los demás. Tenemos una tendencia especial a ver lo que hacen cuando la situación es desconocida o ambigua. Y las situaciones de cambio son, por definición, ¡desconocidas! Por lo tanto, si quiere cambiar algo, va a tener que prestar mucha atención a las señales sociales, porque pueden facilitar un esfuerzo de cambio o condenarlo.

Cuando diriges a un Elefante por un camino desconocido, lo más probable es que siga al grupo. Si es así, entonces, ¿por qué no crea un grupo?

2.

El Elefante siempre observa a la multitud buscando pistas de cómo comportarse. Por esto los camareros ponen el bote encima de la barra —están intentando enviar señales de la «norma» del grupo. Se trata de una táctica muy antigua. De hecho, las compañías de ópera solían sentar a un miembro del grupo entre la audiencia para que se riera y aplaudiera en los momentos apropiados. (Si le parece extraño, recuerde que esta figura también existe en muchas de sus series preferidas.)

Pero algunas veces las pistas sociales están ocultas. Por ejemplo, en el cuarto de baño de los hoteles suele haber unas pequeñas tarjetas que sugieren a los clientes que reutilicen las toallas,[4] normalmente apelando a un objetivo pro-ambiental, como el ahorro de agua. (De

---

3   **Beber es contagioso.** Ver Michael Kremer y Dan Levy (2005), «Peer Effects and Alcohol Use Among College Students», Working paper, Harvard University.

4   **Los huéspedes del hotel reutilizan las toallas.** Ver Noah J. Goldstein, Steve J. Martin y Robert B. Cialdini (2008), *Yes! 50 Scientifically Proven Ways to Be Persuasive*, Nueva York: Free Press, cap. 1. En castellano, *¡Sí!* (LID, 2008).

paso, casualmente, se ahorran costes laborales en la lavandería del hotel.) ¿Tiene que reutilizar su toalla? No está muy claro. En casa, lo más seguro es que utilice la toalla más de una vez, pero en un hotel, podría esperar que le mimaran un poco más, que le dieran una toalla limpia cada vez que la necesitara. No hay una norma social obvia a la que se pueda remitir, porque no puede entrar en el cuarto de baño de los demás huéspedes.

Conscientes del poder del comportamiento contagioso, un grupo de psicólogos sociales convenció al director de un hotel para que pusiera a prueba una nueva tarjeta en el baño del hotel. No hacía ningún tipo de mención al medio ambiente; simplemente decía, «la mayoría de los huéspedes del hotel reutilizan sus toallas al menos una vez durante su estancia». Funcionó; los huéspedes que tenían la tarjeta en su baño tenían un 26% más de probabilidad de reutilizar sus toallas. Siguieron el ejemplo de la mayoría.

Observe, sin embargo, el lado negativo. Si en la tarjeta hubiera puesto, «aproximadamente el 8% de nuestros huéspedes deciden reutilizar sus toallas», los nuevos huéspedes hubieran tenido menos probabilidades de reutilizar las suyas. (El mismo efecto explica por qué no le da propina a la persona que embolsa su compra en el supermercado, a pesar de que está haciendo un trabajo tan valioso como su camarero. El grupo le dice que no lo haga.) En situaciones en las que el grupo adopte el comportamiento adecuado, tiene que hacerlo público. Por ejemplo, si el 80% de su equipo presenta las hojas de tiempos puntualmente, asegúrese de que el otro 20% se entere. Lo más seguro es que se corrijan. Pero si sólo el 10% de su equipo presenta las hojas a tiempo, publicar estos resultados resultará perjudicial, no beneficioso.

Cuando las normas van en su contra, ¿qué puede hacer para aprovechar la fuerza del grupo? Éste fue, básicamente, el problema al que tuvo que enfrentarse Gerard Cachon,[5] profesor de operaciones de la *Wharton School*. En 2006, Cachon fue nombrado editor de la revista

5 **Gerard Cachon.** Chip Heath entrevistó a Gerard Cachon en agosto de 2008 y en mayo de 2009.

Manufacturing and Service Operations Management (MSOM). Éstos son los títulos de algunos de los artículos publicados en MSOM:

- «Requirements Planning with Substitutions: Exploiting Bill-of-Materials Flexibility in Production Planning» (Planificación de los requerimientos con sustituciones: sacar provecho de una lista de materiales flexible en la planificación productiva).
- «A General Framework for the Study of Decentralized Distribution Systems» (Un esquema general para el estudio de sistemas de distribución descentralizados).
- «Stock Positioning and Performance Estimation in Serial Productions-Transportation Systems» (Ubicación del inventario y estimación del rendimiento para sistemas de producción y transporte en serie).
- «Contract Assembly: Dealing with Combined Supply Lead Time and Demand Quantity Uncertainty» («Contract Assembly»: gestionar plazos de entrega combinados y pedidos de cantidad incierta).

Si siente que el pulso se le acelera, no hay ninguna duda de que es una persona de operaciones.

No hace falta decir que MSOM no es el tipo de publicación de masas que estará situada entre *Maxim* y *People* en el quiosco del barrio. Su objetivo es mostrar las últimas tendencias en el campo de las operaciones. Los profesores compiten enérgicamente por la publicación de sus artículos en revistas como MSOM, porque si quieren ser promocionados en los departamentos de sus universidades, tienen que tener un currículo de publicaciones sólido. (Seguramente habrá oído alguna vez la expresión «publica o muere».)

La publicación de un artículo es un proceso muy largo. Primero tienes que investigar mucho —normalmente varios años—. Luego tienes que escribir un artículo en el que describir la investigación y enviarlo a un periódico. El editor del periódico pasa el artículo a «la competencia», es decir, a otros profesores que acepten valorarlo (de forma anónima). Luego, el editor resumirá las valoraciones y emitirá un veredicto: sí, no, o revisar y volver a enviar. Si el veredicto es revisar y volver a enviar, normalmente tendrás que iniciar una nueva investigación para llenar las lagunas de tu trabajo, y luego, finalmente, podrás volver a presentar tu artículo para un nuevo ciclo de revisiones. Es un proceso agotador. Normalmente la publicación de un artículo lleva años.

Uno de los obstáculos más difíciles de superar es la fase de revisión por parte de otros profesionales. Si los profesores tardan mucho en leer el artículo y dar su opinión, el proceso se interrumpe. Los tiempos de revisión estándar de muchas publicaciones académicas suelen ser de tres a seis meses. Una revista científica de primera línea como *Science* o *Nature* puede completar las revisiones en unas semanas.

Cuando Gerard Cachon asumió la dirección de MSOM, muchos de los lectores tardaban entre siete y ocho meses en emitir su veredicto y algunos incluso un año. Al principio de su mandato, Cachon recibía correos electrónicos de profesores que le preguntaban por algún artículo. Un correo típico podía decir, «hace dos años que envié el artículo y quería saber cómo va». En varios casos, cuando Cachon comprobaba el artículo en cuestión, descubría que el periódico no tenía constancia de que se hubiera estudiado. Imagine escribir la respuesta a este correo electrónico. (Y tómese un segundo para contemplar un entorno en el que los profesores se sienten mal por tener que preguntar después de dos años. Podemos hablar de impotencia aprendida.)

Irónicamente, se supone que los expertos en operaciones tienen que hacer que las cosas funcionen a tiempo —son responsables de la logística, de los cuellos de botella, las cadenas de aprovisionamiento y los ciclos de tiempo—. Que un periódico de psicología supere a un periódico de operaciones es tan terrible como que Michael Phelps sea derrotado en los 100 metros libres por el Dr. Phil.

El objetivo de Cachon era obvio: hacer que las cosas fueran más deprisa. Pero ¿qué podía hacer? No tenía poder sobre ninguno de los lectores. No eran sus empleados. El trabajo de lector es voluntario e implica desempeñar una tarea difícil de forma gratuita. ¿Cómo podría verificar la lógica de las derivaciones matemáticas de una persona en un artículo sobre sistemas de transporte por entregas?

El plan de trabajo de Cachon constituye una magnífica revisión del marco de trabajo de *Switch*. En primer lugar, habló a los Jinetes de los participantes señalándoles el destino. «Sabía que había un objetivo colectivo al que podía apelar», dijo. «Todos los autores quieren un ciclo de tiempo rápido y están dispuestos a cumplirlo si todos los demás lo hacen. Pero nadie quiere ser el único imbécil que cumpla el ciclo de tiempo rápido, y que cuando presente su artículo el proceso sea eterno». Cachon anunció que MSOM revisaría los artículos en 75 días como máximo: ¡era un 72% más rápido que el tiempo medio anterior!

En segundo lugar, apeló a la identidad. *¡Somos de operaciones, por Dios! ¡Deberíamos dar ejemplo de eficiencia y tiempo de respuesta!* En tercer lugar, describió un comportamiento claro: cada lector tenía que dar su opinión en un plazo máximo de cinco semanas. De este modo, Cachon hizo que los lectores se comprometieran a cumplir el plazo, de antemano.

Por último, Cachon encontró la forma de motivar al grupo. Cada viernes, colgaba una hoja de cálculo en Internet que mostraba el estatus de todos los artículos que habían sido enviados al periódico. De este modo, los lectores podían comprobar lo que habían hecho los demás (y cuándo). Si violaban su compromiso de cinco semanas, la hoja de seguimiento les ponía una presión muy fuerte, especialmente cuando Cachon les llamaba y decía, «mira, hay otros que lo están haciendo puntualmente, y, por cierto, éstos son los datos». Cuando veían los datos, pensaban *vaya, soy el cuello de botella.*

Con la hoja de seguimiento, Cachon estaba utilizando la estrategia de las toallas del hotel. Estaba publicando la norma del grupo. *Otras personas están haciendo su trabajo a tiempo. Y tú ¿por qué no?*

Cachon se propuso hacer contagioso el buen comportamiento, y lo consiguió. Como resultado del brillante plan de Cachon, actualmente MSOM tiene el tiempo de respuesta más rápido de todas las publicaciones del área de la ciencia de la gestión. Y a raíz de su trabajo, le pidieron que asumiera el mando del diario insignia de todo el sector, *Management Science.*

Cachon dijo, «ahora, cuando los autores reciben la valoración en 50 días, llaman y dicen, "¡Caramba, aún me acuerdo del artículo!"».

3.

Hemos visto que el comportamiento es contagioso tanto a nivel individual (obesidad y bote para las propinas) como de grupo (críticos puntuales de Cachon). Seguramente no le sorprenderá que el comportamiento también sea contagioso a nivel social (véase los pantalones acampanados y la comida orgánica y la frase «al fin y al cabo»). Pero lo que tal vez le sorprenda es que hay un comportamiento particular, actualmente ubicuo en América, del que podemos averiguar su origen. A continuación relatamos la historia de un hombre que, al final, acabó cambiando el comportamiento de una sociedad.

En 1980, Jay Winsten, profesor de salud pública de Harvard, se interesó por la idea de «designar a un conductor».[6] Había sacado la idea de los países escandinavos, donde ya era una norma. En aquella época, el concepto no existía en Estados Unidos. Nadie sabía lo que era «un conductor designado».

Winsten y su equipo de Harvard se propusieron el objetivo de crear una norma social en Estados Unidos: si salías e ibas a beber, tenías que elegir a un conductor que se comprometiera a no beber esa noche. ¿Cómo se puede crear una norma social de la nada? La idea de Winsten era que podías hacer que el comportamiento fuera contagioso exponiendo repetidamente a la gente a ese comportamiento, en muchos contextos diferentes, incluso si esos contextos eran ficticios.

Winsten y su equipo colaboraron con productores, escritores, y actores de más de 160 programas de TV emitidos en *prime-time*, mostrando historias en las que se elegía a un conductor determinado con toda naturalidad. Segmentos en los que aparecían los conductores designados se incluyeron en series como *Hunter, The Cosby Show, Mr. Belvedere* y *Who's the Boss?* En un episodio de la exitosa serie de abogados de los 80 *L.A. Law*, el abogado, ídolo de todas las quinceañeras, protagonizado por Harry Hamlin, pedía al camarero que llamara a

---

6 **Conductor designado.** Las estadísticas son de la *Harvard University's School of Public Health*, http://www.hsph.harvard.edu/research/chc/harvard-alcohol-project/ (publicado el 14 de junio de 2009). Las citas sobre el Grant Tinker son de Nikki Finke (29 de diciembre de 1988), «A TV Crusade on Drunken Driving», *Los Angeles Times*, p. 5E.

su conductor designado. En *Cheers* apareció en el bar el póster de un conductor designado.

«La cruzada de Jay, a diferencia de muchas otras causas muy dignas, era una con la que se podía colaborar con bastante facilidad», dijo Grant Tinker, entonces vicepresidente de NBC, que presentó a Winsten a docenas de guionistas de las principales cadenas. Winsten siempre pedía cinco segundos de diálogo para hablar de la idea del conductor designado, no un episodio entero o ni siquiera una escena entera. «Considerando la simplicidad de todo ello», dijo Tinker, «nos resultaba muy difícil pensar que nuestra independencia estaba siendo cuestionada».

Observe lo inteligente que fue Winsten: utilizó el poder del Camino para cambiar el comportamiento del público, pero utilizó el poder del Jinete y del Elefante para cambiar el comportamiento de los ejecutivos de la cadena. Con estas intervenciones de cinco segundos, proporcionaba dirección al Jinete describiendo una acción muy simple que iba a ayudar a resolver un problema complejo, y motivaba al Elefante reduciendo la dimensión del cambio.

En 1991, tres años después del lanzamiento de la campaña, nueve de cada diez personas estaban familiarizadas con el término *conductor designado*. Y como resultado su comportamiento estaba cambiando. El 37% de los estadounidenses confesaron haber sido conductores designados alguna vez, y el 54% de los bebedores habituales habían sido acompañados a sus casas por uno de ellos. El cambio de comportamiento salvó vidas. Los accidentes de tráfico relacionados con el consumo de alcohol, disminuyeron de 23.626 en 1988 a 17.858 en 1992.

Winsten utilizó el poder de la televisión para simular una norma social. Pero no hace falta recurrir a Hollywood para crear un rebaño. Cuando Steven Kelman, de quien hablamos en el capítulo sobre reducir la dimensión del cambio, asumió la gestión de la reforma de la política de aprovisionamiento del gobierno, descubrió que una de sus mejores estrategias era dar rienda suelta al cambio. Con ello, se estaba refiriendo a que tenía que enviar señales a los que ya apoyaban la reforma. Kelman sabía que tenía que decir a los que la apoyaban, «no hay ningún riesgo en dejarse oír». Al principio, no tuvo tanta necesidad de conseguir nuevos adeptos como de dar rienda suelta a los que ya tenía.

En otoño de 2007, un grupo de expertos en sanidad pública y SIDA tuvo la oportunidad de involucrarse en una situación en la que había que dar rienda suelta al cambio. El lugar era Tanzania y el tema era el problema de los *sugar-daddies*.

4.

En Tanzania, es bastante común la figura del *sugar-daddy*.[7] Ya conoce la historia: un hombre mayor persigue a una mujer más joven; empiezan a tener relaciones sexuales; y como parte del «contrato» la mujer joven recibe regalos o favores: un teléfono móvil, dinero para pagar los estudios, ropa, etc. Ésta es una característica prácticamente única de la cultura de Tanzania, como demostró Hugh Hefner y las seis rubias con las que compartía techo.

Pero las relaciones *sugar-daddy* en Tanzania suelen ser bastante problemáticas. En primer lugar, las mujeres suelen ser menores, de 15, 16 y 17 años. En segundo lugar, la dinámica de poder en este tipo de relaciones suele llevar a que las mujeres acaben practicando sexo no seguro. (No es fácil insistir en que tu pareja se ponga un preservativo cuando es mucho mayor que tú y además es tu benefactor.) Esta dinámica de poder es universal, evidentemente. Las adolescentes estadounidenses que salen con hombres que son seis años o más mayores que ellas tienen cuatro veces más probabilidades de quedarse embarazadas que las adolescentes que salen con chicos que les llevan un par de años.

La realidad es que cuando un hombre mayor quiere sexo no seguro, suele salirse con la suya. En Estados Unidos, esto se traduce en que las chicas se quedan embarazadas. En Tanzania, se traduce en que cogen

---

7   **Relaciones *sugar-daddy*.** Las estadísticas sobre las relaciones intergeneracionales son del Population Reference Bureau (2007), *Addressing Cross-Generational Sex: A Desk Review of Research and Programs*. La estadística sobre los adolescentes estadounidenses está en la p. 16; la estadística de África subsahariana está en la p. 9.

el SIDA y se mueren. Y este es el motivo por el que la figura del *sugar-daddy* supone un problema de salud pública serio.

Los expertos en salud llaman a este tipo de relaciones «intergeneracionales». En el grupo de edad de los 15 a los 24 años, las mujeres del África subsahariana tienen el triple de probabilidad de ser seropositivas que los hombres de la misma franja de edad. Son las relaciones que estas mujeres jóvenes tienen con hombres mayores las que explican esta disparidad. La relación intergeneracional tiende un puente para que el SIDA viaje entre poblaciones que normalmente no tendrían ningún tipo de conexión.

Otra característica especial de estas relaciones típicas de Tanzania es que, a pesar de los riesgos para la salud, no se consideran un comportamiento social tabú. En Estados Unidos, los cincuentones libidinosos que van detrás de las quinceañeras son castigados socialmente por ello. ¿Puede oír a la hermana del hombre diciéndole, «eres patético»? ¿Puede ver cómo pone los ojos en blanco en su oficina? Pero en Tanzania no hay un equivalente real a este estigma social. Se acepta que los hombres de cierto estatus lo demuestren de este modo.

No obstante, la inmensa mayoría de los tanzanos —el 89% según una encuesta— cree que las relaciones intergeneracionales están mal. Lamentablemente, su oposición tiende a ser calmada y tapada; es un tema incómodo de discutir.

En agosto de 2007, Pamela White y Mike Gehron de USAID, una organización de ayuda al desarrollo que forma parte del Departamento del Estado Estadounidense, emplazaron a un equipo de expertos diverso (incluidos nosotros) en un hotel de Dar es Salaam. La misión, desarrollar una campaña para combatir el sexo intergeneracional. Lideraba el equipo un grupo de la *Johns Hopkins University's Bloomberg School of Public Health*. Otros eran expertos en SIDA y una docena de artistas y creativos locales (productores, actores, guionistas y al menos una estrella de las telenovelas de Tanzania, que fue interrumpida en un momento dado para firmar un autógrafo).

Las discusiones fueron difíciles. El tema era complicado y ni siquiera estaba claro por dónde empezar. Por ejemplo, nadie creía que reprender a los *sugar-daddies* pudiera ser efectivo para frenar su comportamiento. Y los expertos en salud pública pensaban que íbamos a ser incapaces de convencer a las jóvenes de que rechazaran las propuestas de estos hombres, porque las presiones sociales y financieras que tenían que soportar eran demasiado fuertes para ser contrarrestadas por una campaña. Así que empezamos a pensar: si no podemos cambiar los actores principales de esta historia, ¿podemos cambiar su entorno?

Recuerde que en el Capítulo 8, Rackspace cambió a los empleados cambiando su entorno, su cultura. Pero se trataba de una compañía. ¿Sería posible cambiar la atmósfera social de todo un país? El equipo sabía que los tanzanos se oponían a las relaciones intergeneracionales, pero que, por algún motivo, no hacían nada al respecto. ¿Podía el equipo dar voz a ese resentimiento?

Teníamos que encontrar la manera de hacer que los tanzanos se sintieran cómodos hablando de algo incómodo, una forma de desarmar la conversación. Y alguien espetó: «¡necesitamos que se puedan reír de esto! ¡Necesitamos sentido del humor!».

Inspirado, al equipo se le ocurrió la idea de introducir la figura de un villano. Sería un villano que a la gente le encantaría odiar, como J. R. Ewing, el eternamente maquiavélico petrolero de la vieja serie de TV *Dallas*. A medida que el grupo fue madurando la idea, empezó a emerger el retrato del villano: sería un hombre mayor que representara la figura del *sugar daddy*, un hombre que acosaría constante, despiadada y descaradamente a las niñas. Se acercaría a ellas allí donde pudiera encontrarlas y les brindaría favores: comida o bebida gratis, ropa, o tiempo de su teléfono móvil.

Alguien sugirió que el villano se llamara Fataki,[8] y a todo el mundo se le iluminaron los ojos. *Fataki* es una palabra en swahili que se traduce aproximadamente como «explosión» o «fuegos artificiales», algo

---

8 **Fataki.** Dirigimos el seminario que desarrolló la idea del Fataki y los tres primeros anuncios de radio. Un vídeo de Chip Heath hablando del trabajo el día que se grabaron los primeros anuncios de radio se puede encontrar en la web de *The NewsHour with Jim Lehrer:* http://www.pbs.org/newshour/bb/africa/july-dec07/aids_11-30.html. Dan Heath estaba, en ese momento, haciendo un trabajo en Photoshop de los primeros carteles de Fataki.

peligroso y un poco inestable. En otras palabras, un Fataki es alguien de quien quieres mantenerte alejado.

El plan era empezar a contar la historia de Fataki por la radio, porque en Tanzania la radio es un medio de comunicación prácticamente universal. El equipo empezó a imaginar docenas de situaciones en las que podía poner al Fataki, y en todas ellas había un elemento común: a pesar de su estatus y de su privilegiada situación económica, y a pesar de su labia, Fataki nunca se salía con la suya. Fracasaba una y otra vez porque alguien intervenía e interrumpía sus esfuerzos de seducción. Igual que el Coyote que siempre perseguía al Correcaminos, Fataki persigue y persigue y persigue pero nunca alcanza a su presa. Es patético. Da risa.

Ésta es la traducción de un anuncio de Fataki titulado «Pollo con patatas»:

(Ruidos de un restaurante)

Niña:	Oh, hay tantas cosas...
Fataki:	Elige la que quieras, por favor...
Niña:	Ah, camarera, ¿qué es esto, pollo o...?
Camarera:	Te recomiendo esto...
Fataki:	¡Es muy caro! Mira. Tráele pollo con patatas con salsa. ¿Te parece bien, no, cariño?
Niña:	Emmmm... ok.

(La camarera toma nota del pedido y se va)

Fataki	*(a la niña):* ¡Por favor, dile que es para llevar!
Niña:	Vale...

(Se oyen voces de fondo de los camareros que piden la comida)

Camarera	*(susurrando):* menos mal que puedo hablar contigo a solas. ¿No te da vergüenza tener una relación con un hombre tan mayor? Toma, coge tus patatas y vete corriendo por esta puerta de atrás...

(Sonido de una puerta que se abre)

Fataki:	Camarera, ¿qué está pasando aquí?
Camarera:	Señor, la niña se acaba de ir. ¿Quiere algo?
Fataki:	¿Qué? Venía conmigo. ¿Por dónde se ha ido?

Camarera:	Pero no ha pagado las patatas, señor...
Fataki:	¿¿Eeeh??
Camarera:	Señor, esta niña no es de su edad...
Fataki:	¡Coja el dinero y déjeme en paz!
Camarera:	¡Je, je, je! ¡Le he pillado!
Anunciante:	¡Protege a tus seres queridos de Fataki!

Los anuncios de radio como éste formaban parte de una campaña unificada lanzada en una zona rural llamada Morogoro. La campaña consistía en diez anuncios de radio emitidos en tres emisoras, y en 170 carteles colgados en tiendas y edificios públicos. La persona típica escuchaba un anuncio de radio al día. La campaña tenía dos objetivos. El primero era crear una etiqueta burlesca para el comportamiento del *sugar-daddy*. El objetivo del equipo creativo era conseguir que un día se pudiera entrar en un club nocturno de Tanzania y se oyera que un cliente le decía a otro, «ese tipo es un Fataki». Al hacer que fuera normal reírse de los Fatakis, el equipo ayudaría a contrarrestar las ventajas propias del estatus de los hombres mayores y con mucho dinero. El segundo objetivo de la campaña era fomentar las intervenciones de terceros —amigos, parientes, profesores, incluso camareros— modelando su comportamiento en los anuncios de radio. El mensaje era: «Somos responsables de proteger a estas niñas. ¡Protege a tus seres queridos de los Fatakis!».

Los resultados de la campaña piloto superaron todas las expectativas. Al final del cuarto mes de campaña, el 44% de las personas a las que les preguntaron «¿cómo llamaría a un hombre de 50 años que siempre está intentado seducir a las jovencitas?», espontáneamente respondían, «Fataki». El 75% de los morogoranos dijeron que hablaban de los Fataki con los demás. Y el porcentaje de los que decían «puedo hacer algo por el sexo intergeneracional» pasó del 64% antes del ensayo piloto al 88% después.

Tras su éxito en Morogoro, la campaña fue lanzada a nivel nacional, y empezó a correr la voz por todo el país. Un trabajador sanitario que realizaba análisis de VIH en zonas muy apartadas de Tanzania dijo que incluso en los pueblos más remotos, la figura del Fataki había conseguido hacer público el problema. Unas semanas después del lanzamiento de la campaña a nivel nacional, el titular de un tabloide de Tanzania acusaba a Kanumba, un actor popular, de ser un Fataki —le habían pillado registrándose en el Hotel Lambada con una niña—. El público de Tanzania se había apropiado de un nombre y un carácter que simbolizaba el mal comportamiento que había sufrido, en silencio, durante mucho tiempo.

CLINIC
¿Cómo puede acabar con la adicción de John a la Blackberry?

SITUACIÓN. John es adicto a la Blackberry. El cuerpo se le pone en tensión cada vez que le suena la Blackberry. No puede evitar mirar cada mensaje que le entra. Se ha convertido en una distracción seria. En las reuniones de trabajo, está constantemente manoseando el aparato debajo de la mesa para ver los mensajes disimuladamente —para sus compañeros resulta realmente incómodo—. A su mujer le resulta muy irritante que durante la cena no pueda concentrarse en sus conversaciones y un día casi chocan porque estaba intentado enviar un correo electrónico mientras conducía. John sabe que tiene que parar, pero cada vez que decide hacerlo, vibra la Blackberry. (John es ficticio, pero seguro que todos conocemos a algún John.)

¿QUÉ HAY QUE CAMBIAR Y QUÉ ESTÁ FRENANDO EL CAMBIO?

Éste es el último clinic del libro y esperamos que, a estas alturas, saque partido a esta situación. El cambio de comportamiento está muy claro; John tiene que dejar de utilizar la Blackberry, especialmente mientras conduce. ¿Qué se lo impide? Su Elefante, evidentemente. En cualquier situación de adicción, el Elefante es el culpable. Para dominar al Elefante de John, utilizaremos las tres partes del marco de trabajo. Dedique unos minutos a diseñar un plan para John, y luego compare sus notas con las nuestras.

¿CÓMO HAY QUE HACER EL CAMBIO?

- *Dirigir al Jinete.* **1. Identificar las excepciones.** ¿Hay algún momento en el que John no siente la compulsión de la Blackberry? ¿Qué tienen de diferente estos momentos y cómo podemos replicar estas condiciones? **2. Apuntar hacia el destino.** John necesita un objetivo B&N, como «prohibidos los pozos secos» de BP. Recuerde que los objetivos B&N son particularmente útiles en situaciones en las que hay tendencia a poner excusas. (John está constantemente diciéndose, «tengo que ver si me ha llegado ese correo electrónico que estoy esperando».) John podría experimentar con diferentes objetivos B&N: no utilizaré la Blackberry durante la cena, o a partir de las seis de la tarde, no utilizaré la Blackberry, o sólo utilizaré la Blackberry cuando esté de viaje. Tiene que eliminar su propia libertad de acción.

- *Motivar al Elefante.* **1. Descubrir el sentimiento.** Hacer que la mujer de John le obligue a leer en voz alta los diez últimos correos electrónicos que ha recibido y le pregunte si hay alguno que sea realmente tan importante. Ridiculizarle un poco puede hacerle mucho bien. **2. Descubrir el sentimiento.** Los accidentes de coche son cada vez más frecuentes por culpa de gente como John. Enfrentar a John con una noticia particularmente aleccionadora —«cachorro atropellado por un conductor que estaba revisando su correo electrónico»— podría ser una buena idea. **3. Crear identidad.** La mujer de John —o sus colegas— podría hacerle ver que su adicción a la Blackberry no va con su carácter: «John, normalmente eres una persona muy controlada. Es raro verte tan enganchado». **4. Crear la mentalidad de crecimiento.** Algunos fumadores consiguen dejarlo al decimoséptimo intento. Si John realmente quiere superar su hábito, sus amigos no pueden dejar que se rinda si recae unas cuantas veces.

- *Allanar el Camino.* **1. Destrozar el entorno.** La mujer de John puede simplemente destrozar la Blackberry con un martillo. Problema resuelto. **1a. Modificar el entorno.** Si no es posible destrozar la

Blackberry. John puede meterla en el maletero del coche cada vez que tenga que conducir. De este modo, cuando suene, no tendrá que luchar con su Elefante. **2. Modificar el entorno.** La tentación de la Blackberry es su vibración, o timbre o luz roja intermitente. ¿Puede quitar el sonido? ¿Tapar la luz? (Taparla con tipex si es preciso.) **3. Aprovechar la fuerza del grupo.** Los colegas de John tienen que asegurarse de que sepa que en las reuniones no engaña a nadie. Tienen que pactar que cada vez que John revise su Blackberry por debajo de la mesa, le mirarán fijamente hasta que les mire a los ojos (unos ojos desaprobadores).

5.

Puede que el caso de Fataki le haya resultado muy ajeno. Probablemente no tendrá muchas similitudes con los cambios que está contemplando. Pero fíjese en la dinámica subyacente: quiere que ciertas personas actúen de forma diferente, pero son reacias al cambio. Así que intenta conseguir el apoyo de los otros, que a su vez, pueden influir en los que espera que cambien. Básicamente, es un intento por cambiar la cultura, y la cultura suele ser el eje del cambio organizativo exitoso. Como ex director general de IBM, Lou Gerstner[9] dijo, «he llegado a la conclusión, durante el tiempo que he estado en IBM, de que la cultura no es sólo uno de los elementos del juego; es el juego». Pero la cultura de la organización es un concepto resbaladizo, abstracto. ¿Cómo cambiarla? ¿Por dónde empezar?

En 1984, Libby Zion, una alumna de 18 años del *Bennington College* que estaba visitando a sus padres, murió en un hospital universitario de Manhattan. Un médico residente, que llevaba más de 19 horas seguidas trabajando, le administró una medicación equivocada. Su muerte desencadenó una protesta por las excesivas horas que tenían que trabajar los médicos internos. (Los internos son residentes de primer año. Han completado tres años de medicina y están empezando a

---

9 **Lou Gerstner... «Cultura... es el juego».** Ver Louis V. Gerstner (2002), *Who Says Elephants Can't Dance?*, Nueva York: HarperBusiness, p. 182.

trabajar a tiempo completo en hospitales.) Tradicionalmente, los internos habían llegado a trabajar la increíble cifra de 120 horas semanales.

La historia de Libby Zion se convirtió en el eje principal de una campaña para limitar las horas de trabajo semanales de los médicos residentes. Finalmente, casi dos décadas después, en 2003, el Congreso parecía dispuesto a hacer algo. Más tarde, el *American Council for Graduate Medical Education*, que acredita a las universidades de medicina, hizo un esfuerzo por adelantarse a la legislación del Congreso exigiendo semanas de trabajo de 80 horas para los residentes a partir de julio de 2003. Parecía que era el fin de la historia. Hubo un cambio en las universidades de medicina porque alguien con poder de decisión dictaminó el cambio.

En este caso, sin embargo, el poder de decisión fracasó. Un estudio posterior, realizado por el *Journal of the American Medical Association*, descubrió que sólo una tercera parte de los programas de residencia en cirugía cumplían con los nuevos límites de la semana laboral. ¿Por qué los hospitales no habían cambiado sus hábitos a pesar de que estaban poniendo en peligro a sus pacientes, así como su propia acreditación?

Katherine Kellog,[10] antropóloga de la *Sloan School of Management* del MIT, quería saber por qué algunas organizaciones cumplían estas regulaciones y otras no. Decidió estudiar dos hospitales universitarios del noroeste, a los que dio los nombres ficticios de Alpha y Beta, respectivamente, que eran similares en tamaño, sector, estructura y otros factores. Le dieron acceso total a los empleados de los dos hospitales y los observó detenidamente durante una media de 20 horas por semana cada uno, a lo largo de 20 meses. Kellogg fue el testigo perfecto de un esfuerzo de cambio en el mundo real.

---

10 **Katherine Kellogg.** Gracias al concienzudo trabajo de Kellogg, éste es uno de los esfuerzos de cambio más observado de toda la literatura sobre el comportamiento organizativo. Ver Katherine C. Kellogg (2008), «Not Faking It: Making Real Change in Response to Regulation at Two Surgical Teaching Hospitals», Working paper, MIT.

6.

En la búsqueda de una reforma, la batalla más encarnizada fue la de combatir una práctica sorprendentemente mundana llamada asignación diaria. La asignación diaria es el acto que tiene lugar, normalmente, entre las 21.00 y las 22.00, por el que los cirujanos internos pasan sus pacientes al residente que va a estar de guardia esa noche. En el traspaso, el interno hace un resumen rápido al residente de la situación de cada paciente para que el residente esté preparado para solventar cualquier emergencia que se pueda producir durante la noche.

Pero el problema era que, en realidad, los internos no pasaban su trabajo, y éste era uno de los motivos por el que tenían que trabajar 120 horas a la semana. Cada tres noches, no delegaban en nadie. Los internos se quedaban toda la noche de guardia. Y las otras noches, se quedaban a trabajar hasta tarde para terminar el papeleo pendiente. Lo peor del caso es que, normalmente, los residentes del turno de noche se negaban a hacer ningún tipo de papeleo, de forma que los internos tenían que llegar muy pronto por la mañana —a las cuatro de la madrugada, por ejemplo— para completarlo antes de empezar su turno de trabajo normal a las seis de la mañana.

Para favorecer el objetivo de conseguir una semana laboral de 80 horas, los hospitales tenían que empezar a tomarse las asignaciones en serio, pero no era tan fácil como parecía. La resistencia emocional a la reforma era muy intensa tanto en Alpha como en Beta y, de hecho, en muchos hospitales del país. La asignación diaria estaba en conflicto con prácticas culturales muy arraigadas. Por ejemplo, un oponente dijo, «En realidad aprendes estando aquí. Hay mucha información que circula de manera informal a las dos de la madrugada cuando el residente y tú estáis intentando aumentar la presión de un paciente o ponerle una vía. Para aprender, tienes que estar ahí, practicando, haciéndolo tú mismo». (En otras palabras, los internos estarán poniendo en peligro su educación médica, por... estar durmiendo.)

Otros oponentes resaltaron la importancia de «la continuidad del cuidado», de minimizar el número de veces que los pacientes eran referidos a otros médicos. Como dijo un residente, «el problema de pasar pacientes es que se pueden pasar por alto muchas cosas». Una última objeción, básicamente, era que si los internos no cumplían sus cuotas, sería injusto para los que ya hubieran dedicado tiempo al papeleo: «estos tipos han estado ahí y ha cumplido... Entenderás lo difícil que puede ser para un residente de cuarto año que le digan que hagan el trabajo del interno una y otra vez».

Afortunadamente, tanto en Alpha como en Beta, hubo bastante apoyo de los superiores de los internos y de los residentes seniors y los jefes de residencia para cambiar los turnos. En Alpha, 13 de cada 31 superiores eran reformistas que apoyaban el cambio; en Beta, 12 de cada 18. Gracias a este apoyo, las circunstancias parecían apropiadas para el cambio real. Todas las señales indicaban que se podía seguir adelante. Por fin se iba a abolir la semana de 120 horas.

Sólo había un problema: los internos no iban a aceptar. Como dijo un interno, «ser considerado un buen interno no tiene nada que ver con lo que sabes o con lo bien que tratas a tus pacientes. Es algo que depende totalmente de trabajar muchas horas y de no delegar trabajo. Es tu actitud, no tu habilidad... Vivo aquí. Sólo voy a casa a dormir. Puede que parezca una locura, pero esta gente es mi familia. Lo peor que me podría pasar es que no me respetaran».

Para los internos, estaba en juego su estatus social. Los internos pensaban que si aceptaban los turnos no les respetarían. El cambio estaba entrando en conflicto con la cultura y afrontémoslo, una nueva regla no es fácil de encajar en una cultura.

¿Podrían los hospitales cambiar su cultura? Aquí es cuando sus caminos difieren: 15 meses después de la investigación de Katherine Kellogg, Alpha había conseguido ganar la batalla a la cultura, y Beta la había perdido. El que quiera crear un cambio organizativo tiene que saber por qué.

7.

Kellogg descubrió que el cambio se había articulado en los equipos más pequeños del hospital, que cada día se reunían para hacer las rondas de la tarde. Cada equipo estaba compuesto por tres o cuatro residentes internos y otros más senior, y en las rondas de la tarde, discutían de los pacientes que estaban a su cargo y de otros temas importantes. Las rondas de la tarde de los dos hospitales eran muy diferentes:

- En Alpha, las rondas eran largas (una hora aproximadamente) y tenían una tasa de asistencia elevada. Los equipos solían reunirse en lugares tranquilos, y pasaban por todos los pacientes de la planta.
- En Beta, las rondas eran más informales. Eran más cortas —20 o 30 minutos—, y los miembros del equipo solían llamar por teléfono o mandar un mensaje en lugar de acudir en persona. Los equipos de Beta no se reunían junto a la cama de sus pacientes; se reunían en la sala de ordenadores, a la que los residentes acudían entre turnos. (Piense unos minutos en los diferentes comportamientos que se podrían fomentar con los distintos formatos de estas rondas.)

Los equipos se cambiaban una vez al mes, y de este modo, según lo que les tocaba, todos podían ser reformistas que apoyaban las semanas de trabajo más cortas. En Alpha, los equipos con mentalidad reformista encontraron mucho apoyo y fuerza en sus rondas. Dedicaban una hora a mantener discusiones privadas con un grupo de sus seguidores. Pero en Beta, el formato de las rondas de la tarde bloqueaba cualquier impulso o intento de reforma. Los equipos se reunían muy brevemente, y muchas veces faltaban algunos miembros. Peor aún, los equipos se reunían en la sala de ordenadores, en la que muchos de los que se oponían a la reforma podían oír su conversación, lo cual hacía que los partidarios de la reforma se autocensuraran.

Conclusión: En Beta, las rondas de la tarde fueron irrelevantes para el cambio. En Alpha, se convirtieron en el desencadenante y básicamente se convirtieron en reuniones de resistencia clandestinas.

8.

Los investigadores que estudian los movimientos sociales llaman a las situaciones de este tipo «espacios libres»: reuniones a pequeña escala en las que los reformistas se pueden reunir y preparar para la acción colectiva sin ser observados por los miembros del grupo dominante. Los espacios libres suelen desempeñar un papel fundamental en la facilitación del cambio social. Los líderes de los derechos civiles, por ejemplo, pudieron utilizar las iglesias de la comunidad negra sureña como espacios libres para prepararse para la acción.

Kellogg estuvo presente, a diario, en Alpha y Beta mientras un movimiento de reforma florecía y el otro se marchitaba. Asistió a 31 reuniones de espacio libre en Alpha y a 22 en Beta. A las reuniones de Beta asistieron un número de reformistas comparable pero no se celebraron en un espacio libre.

En Alpha, el 77% de las reuniones incluyeron discusiones sobre la legitimidad del proceso de asignación diaria, y el 8% de las reuniones definieron las fronteras entre el «nosotros» y el «ellos», reformistas frente a resistentes. En Beta, en ninguna de las reuniones hubo este tipo de discusiones.

Durante las reuniones de espacio libre de Alpha, los reformistas empezaron a desarrollar un lenguaje para hablar de las ventajas de la reforma. Por ejemplo, en una reunión, el jefe de residentes desmontó la argumentación de los que se resistían al cambio:

«Es importante asumir la responsabilidad personal. Pero creo que podéis preservar este compromiso personal sin necesidad de que haya una persona allí todo el tiempo. Algunos son de la vieja escuela y dicen, «lo haré yo mismo». En mi opinión, es el equipo el que tiene que ocuparse de todo. Cada uno tiene que ser responsable de que la atención que reciban los pacientes sea la mejor posible, pero *eso no significa que tengamos que hacerlo todo nosotros*». [Énfasis añadido]

Este residente estaba desarrollando lo que Kellogg denomina «identidad rebelde». Cada cultura, ya sea nacional u organizativa, está muy condicionada por su lenguaje. Entre los equipos reformistas de Alpha, se incubó un nuevo lenguaje que reflejaba una nueva serie de valores. Vieja escuela frente a nueva escuela. Confiar en tu equipo frente a hacerlo todo tú. Ser eficiente frente a vivir en el hospital.

En Alpha, los reformistas tenían el espacio y el lenguaje necesarios para desarrollar una nueva identidad. En Beta, no. Las lecciones están claras. Si quieres cambiar la cultura de tu organización, tienes que mantener a los reformistas unidos. Necesitan un espacio libre. Necesitan tiempo para coordinar fuera de la vista de los resistentes.

Sin embargo, por extraño que parezca, tienes que dejar que la organización tenga un conflicto de identidad. Durante un tiempo, al menos, tienes que permitir que se produzca una lucha «nosotros frente a ellos». Sabemos que esto viola nuestro principio de «todos estamos en el mismo equipo». No es deseable, pero es necesario. Véalo como «una muda de piel» de la organización.

Para fomentar esta muda de piel en su cultura, piense en todas las herramientas que definimos en la sección del Camino. Primero, hay que modificar el entorno para poder ofrecer un espacio libre para la discusión. En Alpha, los equipos rotacionales tenían un lugar privado en el que podían reunirse y eso creó un espacio libre en el que podía crecer una nueva identidad. ¿Tienen sus reformistas un espacio privado en el que pueden reunirse y coordinar?

En segundo lugar, hay que crear buenos hábitos. Recuerde la idea de los desencadenantes de la acción; visualice cuándo y dónde va a hacer algo importante. Los internos de Alpha establecieron, esencialmente, desencadenantes de la acción. Pensaban en lo que iban a decir y en cómo iban a actuar cuando llegaran las 21.00 y se iniciara el proceso de cambio de turno. Mentalmente anticipaban y ensayaban cómo iban a responder si surgía algún problema con el residente de la noche. ¿Han anticipado y ensayado los miembros de su equipo cómo van a reaccionar cuando se encuentren con algún tipo de resistencia por parte de la «vieja guardia» de la organización?

Por último, hay que aprovechar la fuerza del grupo. En Alpha, los líderes ayudaron a los reformistas a reunirse y los reformistas crearon un lenguaje —como vimos en los ejemplos del conductor designado y de Fataki— que les permitió hablar de sus valores con los demás. Como líder, puede darles un empujón para ayudarles a crear este lenguaje, a encontrar maneras de articular lo que hay de diferente y mejor en el cambio que está buscando.

9.

Empezamos la sección del Camino hablando del error fundamental de atribución, la tendencia a atribuir un comportamiento al carácter de las personas en lugar de a su situación. Vuelva a echar un vistazo al ejemplo del hospital universitario. En Alpha, el 42% de los superiores apoyaban el cambio; en Beta, el 66%. Casi todos hubiéramos apostado por Beta. No muchos de nosotros, a la luz de los datos, hubiéramos pensado espontáneamente, «Sí, ¿pero qué hay de las fuerzas situacionales?».

En los dos hospitales, el carácter individual estaba en conflicto con las fuerzas situacionales, y las fuerzas situacionales ganaron. Esto nos lleva de nuevo al estudio de la campaña de recogida de alimentos, en el que un malvado con instrucciones claras fue más caritativo que un santo con instrucciones genéricas. La línea entre los santos y los malos no estaba tan clara como podíamos pensar. Ni tampoco lo estaba la línea que separaba los que apoyaban la reforma del hospital de los que se resistían a ella.

Si el Camino correcto puede transformar un malvado en un santo, entonces el Camino correcto también puede transformar a un enemigo del cambio en un aliado.

11

Seguir adelante con el cambio

1.

«Un viaje largo empieza con un solo paso». Como cliché no está mal.

Pero ¿sabe qué más empieza con un solo paso? Un plan mal concebido que se abandona en unos minutos.

Un viaje largo empieza con un solo paso, pero un solo paso no garantiza que acabe completándose el largo viaje. ¿Cómo conseguir que se siga avanzando, que se sigan dando pasos?

Lo primero que hay que hacer es reconocer y celebrar este primer paso. Reconocer y celebrar que lo que has hecho ha funcionado. Has dirigido al Jinete, has motivado al Elefante, has allanado el Camino, y ahora tu equipo, o tú, estáis avanzando. Cuando se identifica un movimiento, hay que reforzarlo. En este sentido, podemos inspirarnos en una fuente un tanto extraña: los adiestradores de animales exóticos.

La escritora Amy Sutherland estudió a unos adiestradores que enseñan a los delfines a saltar a través de los aros y a los monos a ir en monopatín.[1] Se trata de unos viajes realmente muy largos. ¿Cómo empiezas a enseñarle a un mono a ir en monopatín?

La respuesta no incluye los castigos. Actualmente, los adiestradores de animales raramente recurren al castigo. Puedes castigar a un elefante hasta que llega un momento en que te destroza. Lo que hacen los adiestradores, sin embargo, es empezar definiendo un tipo de comportamiento y a continuación utilizar «aproximaciones», es

---

[1] **El mono que va en monopatín.** Partes de la sección sobre Amy Sutherland y el adiestramiento de animales exóticos aparecieron en nuestra columna *Fast Company* (abril 2008), «Your Boss Is a Monkey», http://www.fastcompany.com/magazine/124/your-boss-is-a-monkey.html (publicado el 14 de junio de 2009).

decir, recompensar cada pequeño paso hacia el destino. Por ejemplo, la primera hora del primer día de adiestramiento, el futuro mono patinador recibe un trozo de mango por no perder los nervios cuando el adiestrador mete la tabla en su jaula. Más adelante, recibe un trozo de mango por tocar la tabla, luego por sentarse en ella, luego por dejar que el adiestrador le empuje hacia delante y hacia atrás. Mango, mango, mango. Centenares de sesiones después, tienes un mono hinchado de mango preparado para hacer una acrobacia con el monopatín.

Mientras Amy Sutherland estudiaba a los adiestradores de animales, tuvo una revelación: se preguntó qué pasaría si utilizaba estas técnicas con esas «especies testarudas pero adorables que son los maridos estadounidenses». Inspirada por esta idea, escribió un divertidísimo artículo en la página web del *Times* en 2006,[2] que llevó a la publicación de un libro sobre el mismo tema.

Frustrada por los pecadillos de su marido, Sutherland empezó a utilizar la técnica de las aproximaciones con él: «no puedes pretender que un mono aprenda a dar vueltas en una sola sesión, del mismo modo que no puedes pretender que un marido estadounidense empiece a recoger los calcetines sucios del suelo, con regularidad, sólo por haberle elogiado por haber recogido un solo calcetín en una ocasión. Con un mono, primero premias un salto, luego un salto un poco más grande, luego un salto todavía más grande. Con Scott, el marido, empecé a elogiar cualquier gesto, por pequeño que fuera, cada vez que lo tenía; si conducía un poco más despacio, si echaba los pantalones al cubo de la ropa sucia, o si llegaba puntual a una cita». Y Scott, regodeándose en la apreciación, empezó a cambiar.

Esta teoría contrasta con una parte importante de la teoría de la mejora de las relaciones en el trabajo. Por ejemplo, seguro que alguna vez habrá tenido que hacer un test psicotécnico para un trabajo. La

2 «**Lo que me enseñó Shamu**». El artículo del *New York Times* es del 25 de junio de 2006 y se puede encontrar en http://www.nytimes.com/2006/06/25/fashion/25love.html (publicado el 17 de mayo de 2009). Ver también Amy Sutherland (2008), *What Shamu Taught Me About Life, Love and Marriage: Lessons for People from Animals and Their Trainers*, Nueva York: Random House. La cita sobre el «galanteo verbal» y otros detalles son de una entrevista entre Dan Heath y Amy Sutherland en enero de 2008.

idea es que si conoces el carácter de tus colegas, es mucho más fácil que te lleves mejor con ellos y ellos contigo. Para algunos puede resultar muy útil. Pero observe que se parece mucho a la teoría del error fundamental de atribución. Para mejorar tus relaciones, no tienes que saber si tu colega es un mandón o si le gusta complacer o si es un jefe pasivo-agresivo. Basta con apreciar y reforzar los comportamientos positivos de tus colegas —como hizo Sutherland con su marido— y confiar en que hagan lo mismo contigo. Al fin y al cabo, aconsejar la alienación de estilos y expectativas no puede ser la respuesta a todo. Un adiestrador de California enseñó a seis elefantes a ponerse de pie en fila y a orinar cuando les daba la orden, y no habían hecho ni un solo test psicotécnico.

El refuerzo es el secreto para dar el primer paso de un largo viaje y luego el segundo, el tercero, y el centésimo paso. Y es un problema, porque a muchos se nos da terriblemente mal. Se nos da mucho mejor quejarnos que elogiar. En el trabajo, nos encanta unirnos a nuestros colegas por una queja común. (Sutherland llama a este comportamiento «galanteo verbal».) Pero está mal; tenemos que buscar las excepciones, lo que funciona, lo que va bien, ¡por pequeño que sea!, y recompensarlo. Si quiere que su jefe o su equipo cambie, más vale que sea un poco menos tacaño con el mango.

Para poder identificar y celebrar las aproximaciones, hay que estar escaneando el entorno constantemente, hay que buscar pequeños rayos de sol, y no es fácil. Nuestros Jinetes, por naturaleza, se concentran en lo negativo. Los problemas son fáciles de identificar; el progreso, no tanto. Pero el progreso es maravilloso. Shamu no aprendió a saltar a través del aro porque su adiestradora se portara como una bruja con ella. Aprendió porque su adiestradora era paciente y dedicada y porque reforzaba cada uno de los pasos que daba en el camino.

El psicólogo Alan Kazdin[3] prescribe una serie de técnicas prácticamente idénticas para los padres. Kazdin urge a los padres a «sorpren-

---

3 **Psicólogo Alan Kazdin.** Ver Kazdin (2008), *The Kazdin Method for Parenting the Defiant Child: With No Pills, No Therapy, No Contest of Wills*, Nueva York: Houghton Mifflin. Las citas son de la p. 34.

der a sus hijos con un buen comportamiento». Dice, «si quieres que tu hijo haga sólo dos horas de deberes cada día, no guardes tus elogios y recompensas hasta el día en que lo haga sin que se lo pidas». Lo que tienes que hacer, es marcarle pequeños objetivos e ir aumentándolos poco a poco. Y cuando un niño no hace algo bien, Kazdin aconseja: «pregúntate, "¿puede que se deba a que, en realidad, era algo que yo quería que hiciera?". Si la respuesta es sí, y casi siempre lo es, olvídalo y dile: *"fue genial que hicieras X"*».

Kazdin subraya que en ciertas situaciones, los padres hacen este tipo de refuerzo instintivamente; por ejemplo, cuando un niño está empezando a andar: «le llenas de alabanzas cuando se pone de pie. Le das la mano y le ayudas a dar unos pasos, animándole y exclamando, *"¡fíjate! ¡Estás andando! ¡Ya eres un chico mayor!"*. Evidentemente, todavía no anda... pero estás modelando ese comportamiento al reforzar las etapas que tenía que superar para andar».

Hablemos claro, no le estamos diciendo que trate a sus colegas o a sus conciudadanos como si fueran monos o niños —*«¡Roger, el mes pasado gastaste menos! ¡Eres un chico grande!»*—. El refuerzo no tiene que ser condescendiente, y no tiene que venir acompañado de una dinámica de poder. Piense cómo le anima un amigo en el gimnasio: «Buen trabajo. ¡Venga, ánimo, una serie más!». Pero el refuerzo exige tener una visión clara del destino, una visión que sea lo suficientemente inteligente para reforzar los comportamientos brillantes cuando se produzcan.

La lección más importante que podemos aprender de Kazdin y de los adiestradores es ésta: el cambio no es un evento puntual; es un proceso.[4] No hay un momento en el que de repente un mono aprende a ir en monopatín; hay un proceso. No hay un momento en el que un niño de repente se pone a andar; hay un proceso. Y no habrá un momento en el que, de repente, su comunidad empezará a invertir más en su sistema escolar, o a reciclar más, o empezará a cuidar sus espacios públicos; habrá un proceso. Liderar un proceso requiere persistencia.

Un largo viaje requiere mucho mango.

---

4 **El cambio no es un evento puntual; es un proceso.** Chip Heath le da las gracias a Bo Brockman por enseñar esta idea.

2.

En la sección del Elefante, contamos la historia de Steven Kelman,[5] el hombre que aceptó la ambiciosa tarea de reformar la política de compras del gobierno federal. En su libro *Unleashing Change*, observó una dinámica alentadora en los esfuerzos de cambio: una vez que el cambio se puso en marcha, parecía alimentarse a sí mismo.

Hemos visto este efecto de bola de nieve muchas veces. Los habitantes del condado de Miner, deseosos de revitalizar su comunidad, iniciaron sus esfuerzos desenterrando los tocones de los árboles. Al cabo de unos años, consiguieron aumentar la base impositiva de toda la comunidad. En Rackspace, el equipo de atención al cliente eliminó el sistema de respuesta automática de llamadas. Fue un cambio sencillo pero, al poco tiempo, la nueva ética de atención al cliente echó raíces y llevó a la compañía a un período de crecimiento espectacular.

Kelman, el gurú del aprovisionamiento, atribuyó el efecto bola de nieve a varios fenómenos. Los psicólogos llaman a uno de ellos *efecto de mera exposición*, que significa que cuanto más te expones a algo, más te gusta. Por ejemplo, cuando se construyó la Torre Eiffel, los parisinos la odiaban. Pensaban que era una especie de esqueleto sin terminar situado en medio de su hermosa ciudad, y respondieron con una oleada de protestas. Pero a medida que fue pasando el tiempo, la opinión pública fue evolucionando del odio a la aceptación y a la adoración. El principio de la mera exposición garantiza que un esfuerzo de cambio, que inicialmente parece poco grato y extraño, poco a poco va siendo percibido con mejores ojos, a medida que nos vamos acostumbrando a él.

Además, la *disonancia cognitiva* juega a nuestro favor. A nadie le gusta actuar de una manera y pensar de otra. Por lo tanto una vez que has dado un pequeño paso y que has empezado a actuar de una

5 **Steven Kelman.** En las pp. 22-24, Kelman explica por qué la mera exposición y la disonancia cognitiva pueden hacer que la gente se resista al cambio. Luego en el interesante análisis de las pp. 123-127, demuestra cómo los mismos factores pueden hacer que el cambio sea difícil de detener una vez que se pone en marcha. Ver Kelman (2005), *Unleashing Change: A Study of Organizational Renewal in Government*, Washington, DC: Brookings Institution Press.

forma nueva, cada vez te resulta más difícil que no te guste tu forma de actuar. De forma parecida, a medida que empiezas a actuar de una forma diferente, empiezas a pensar en ti de una forma diferente, y a medida que tu identidad va evolucionando, va reforzando la nueva forma de hacer las cosas. (Piense en los «inventores» de Brasilata.)

Kelman subraya que estas fuerzas no dependen del éxito de los esfuerzos de cambio: no se trata de las compensaciones que se obtienen al conseguir pequeñas victorias. Estas fuerzas, se desencadenan automáticamente a medida que va pasando el tiempo. Por lo tanto, aunque la inercia puede suponer un freno muy fuerte en los inicios de un esfuerzo de cambio, en un momento dado, pasará de dificultar el cambio a apoyarlo. Los pequeños cambios pueden acabar sumándose y convirtiéndose en grandes cambios.

3.

Éstas son conclusiones muy alentadoras: los grandes cambios pueden empezar con pasos muy pequeños. Los pequeños cambios tienden a ir sumándose. Pero esto no es lo mismo que decir que el cambio es fácil. Si lo fuera, no habría tantos alcohólicos, matrimonios con problemas, compañías con pérdidas y esfuerzos de cambio social fallidos, a nuestro alrededor. El cambio no siempre es fácil, pero tampoco siempre es difícil. En ciertos sentidos, el cambio es ubicuo; en otros es poco probable.

Podemos decir esto con seguridad: normalmente, cuando el cambio funciona, suele seguir un determinado patrón. Cuando una persona cambia, tiene una dirección clara, mucha motivación y un entorno facilitador. En otras palabras, cuando el cambio funciona, es porque el Jinete, el Elefante y el Camino están alineados en su apoyo al cambio.

Pensemos en el hecho de ser padre, por ejemplo. Si cree que el cambio organizativo que está contemplando es desgarrador, olvídese, no tiene nada que ver con todo lo que hay que cambiar al tener un hijo. Por mucho que tenga que cambiar para poner en práctica una idea nueva en el trabajo, no es en absoluto comparable con la paternidad.

Criar a los hijos es un cambio absolutamente masivo que funciona bastante bien, y la razón de que así sea no tiene mucho misterio. Por una parte, se trata de un destino claro y vivo. Todos hemos sido niños y todos hemos visto padres —los nuestros y los de los demás— en acción. Hemos recibido décadas de formación indirecta en el cuidado de los hijos. Por lo tanto, el Jinete sabe en qué dirección tiene que ir y qué tipos de comportamientos conducen al éxito. (Recuerde, en la ruta hacia nuestro destino, todavía hay mucha improvisación.)

Tenemos hijos por nuestros sentimientos, no por la información que tenemos. Una pareja optimista está deseando tener un hijo. Piensan cómo será tener su propia pequeña fuente de alegría. De este modo, al Elefante le emociona iniciar un largo y arduo viaje que, en otras circunstancias, podría producir pánico. Además, la identidad de padre resulta atractiva; empiezas a tomar tus decisiones basándote en lo que es bueno para el niño y no en lo que es más cómodo para ti. La identidad tiene tanto peso que, de hecho, tu Elefante empieza a aceptar sacrificios a corto plazo por el bien de los niños.

Cuando somos padres, nuestros amigos y familiares encuentran la forma de reducir la dimensión del cambio, especialmente en los primeros meses: tu madre viene a ayudarte las primeras semanas, tus amigos te traen comida, tu jefe te da la baja por maternidad, y tus familiares están muy pendientes de ti.

Y piense en cómo la sociedad ha preparado el Camino para nuestros hijos: desde pequeñas cosas, como poner tronas en los restaurantes, hasta grandes cosas, como conceder la baja por maternidad y crear sistemas escolares y barrios especialmente construidos para favorecer la educación de los hijos.

Puede que le parezca que todas estas cosas son de sentido común. Pero si es así, entonces se trata de un sentido común que queda limitado al «área de ser padres» de nuestros cerebros. Porque si realmente hemos entendido por qué un cambio extremo, como tener un hijo, funciona, mientras que los cambios pequeños suelen fracasar; si realmente hemos entendido que el cambio raramente se produce a menos que esté motivado por los sentimientos, o que el entorno puede actuar como freno o acelerador potentes de nuestro comportamiento; entonces, afrontémoslo, la Pirámide de los Alimentos no existiría, los directivos nunca lanzarían las iniciativas de cambio con presentaciones en

Power Point, y los activistas del calentamiento global no hablarían del número de partículas de carbono en la atmósfera. Si fuera sentido común, ni siquiera hubieran dado el salto a la acción.

Cuando se produce un cambio, suele seguir un determinado patrón. Hay que dejar de ignorar ese patrón y empezar a abrazarlo.

4.

Cuando Mike Romano fue a Vietnam y se encontró rodeado de drogas, empezó a consumir opio, y cuando volvió a casa, y se encontró rodeado de sus familiares y amigos, dejó de consumir. Cuando los empleados de Rackspace tenían el sistema de respuesta automática de llamadas, no respondían las llamadas de los clientes, y cuando el sistema fue eliminado, empezaron a responder. El cambio sigue un patrón.

Cuando nosotros dos empezamos a manipular nuestros ordenadores para combatir las distracciones del correo electrónico, estábamos librando la misma batalla que los que se habían comprado el Clocky, decididos a no volver a dormirse. El cambio sigue un patrón.

Cuando a algunas de las camareras del hotel les dieron la identidad de buenas deportistas, incrementaron su nivel de actividad. Cuando los «inventores» de Brasilata se enfrentaron al problema de la falta de electricidad, desarrollaron tantas ideas para ahorrar energía que la empresa acabó teniendo excedente. El cambio sigue un patrón.

Cuando Jerry Sternin fue a Vietnam, el gobierno le dio seis meses para acabar con el problema de la desnutrición. No hablaba una palabra de vietnamita, pero sabía cómo buscar los puntos de luz, las excepciones y muy pronto las madres aprendieron técnicas de cocina que acabaron con la desnutrición. Cuando los conservacionistas de Rare vieron cómo los habitantes de Santa Lucía se habían unido para defender a su loro, se dieron cuenta de que tenían una excepción, un punto de luz en sus manos y, desde entonces, han difundido campañas de orgullo por más de cincuenta países. El cambio sigue un patrón.

Lo que no tiene nada que ver con el patrón es el tipo de persona que está haciendo el cambio. En este libro, hemos hablado de varios directores generales, hemos hablado de muchas personas con títulos menos impresionantes y con poco dinero en su haber: profesores, enfermeras, cuadros intermedios, funcionarios del gobierno, rectores y padres. Sus esfuerzos de cambio han sido desde excéntricos hasta épicos. Hemos visto un profesor que redujo el tamaño de los contenedores de palomitas de los espectadores, dos personas que doblegaron a Atila el Contable, una mujer que reformó a los que maltrataban a menores, y un hombre con un equipo de 75 personas que salvó 100.000 vidas.

Sus situaciones eran diferentes, y la magnitud de sus cambios era diferente, pero el patrón de comportamiento fue el mismo. Dirigieron al Jinete, motivaron al Elefante y prepararon el Camino. Ahora es su turno.

¿Qué va a cambiar?

¿CÓMO HACER UN CAMBIO?

Para que algo cambie, alguien, en algún lugar, tiene que empezar a actuar de forma diferente. Tal vez sea usted, tal vez su equipo. Imagínese a esa persona o personas.

Todos tenemos un lado emocional, Elefante, y un lado racional, Jinete. Tiene que llegar a ambos. Y además tiene que facilitarles el camino hacia el éxito. En resumen, tiene que hacer tres cosas:

DIRIGIR al Jinete.
Identificar y seguir las excepciones. Investigar lo que funciona y clonarlo. (Jerry Sternin en Vietnam; terapia centrada en las soluciones.)
Redactar los movimientos críticos. No pensar en la situación general, pensar en términos de comportamientos específicos (leche con un 1% de materia grasa; cuatro reglas en la red ferroviaria brasileña).
Apuntar al destino. El cambio es más fácil cuando sabes adónde vas y por qué vale la pena cambiar. (Pronto estaréis en Tercero, «prohibidos los pozos secos» en BP.)

MOTIVAR al Elefante.
Identificar el sentimiento. No basta con tener información para provocar un cambio. Hay que sentir la necesidad del cambio. (Apilar los guantes sobre la mesa, el videojuego de la quimioterapia, las demostraciones de Robyn Waters en Target.)
Reducir la dimensión del cambio. Fragmentar el cambio hasta que no atemorice al Elefante. (Los cinco minutos en la habitación de rescate, la reforma del abastecimiento.)
Hacer que se sientan orgullosos. Cultivar un sentido de identidad e infundir la mentalidad de crecimiento. (Los «inventores» de Brasilata, el cambio de los alumnos de ESO en matemáticas.)

ALLANAR el Camino.
Modificar el entorno. Cuando la situación cambia, el comportamiento también cambia. Así que cambie la situación. (Eliminar el sistema de atención telefónica de Rackspace, sistema de pedidos con un solo click, simplificar la hoja de tiempos *online*.)
Crear hábitos. Cuando el comportamiento es habitual, es libre, no supone ninguna carga para el Jinete. Busque maneras de fomentar los hábitos. (Definiendo desencadenantes de la acción; tomarse dos boles de sopa al día durante el régimen; utilizar listas de tareas.)
Aprovechar la fuerza del grupo. El comportamiento es contagioso. Ayude a expandirlo. (Fataki en Tanzania; espacios libres en los hospitales; el bote de propinas.)

Superar obstáculos

A continuación incluimos una lista de los problemas más comunes con los que se puede encontrar a la hora de introducir un cambio, así como algunos consejos para superarlos. (Tenga en cuenta que estamos hablando en código; estos consejos no tendrán ningún sentido para los que no hayan leído el libro.)

Problema: No ven la necesidad del cambio.
Consejo: **1.** No va a resolverlo hablando al Jinete. Lo que tiene que hacer es apelar al sentimiento. ¿Puede hacer una demostración impactante como la de los guantes, o como las de Robyn Waters en Target? **2.** Crear empatía. Describa y demuestre los problemas derivados de no cambiar (piense en Atila el Contable). **3.** Modificar el entorno en el que la gente ve irrelevante la necesidad de cambio. Recuerde, los empleados de Rackspace no veían la necesidad de mejorar el servicio al cliente, pero una vez que el sistema de respuesta automática de llamadas hubo desaparecido, tuvieron que contestar el teléfono.

Problema: Tengo el problema del «no inventado aquí»: la gente se resiste a mi idea porque dicen que «nunca lo hemos hecho así».
Consejo: **1.** Subrayar la identidad: ¿Hay algún aspecto de su idea consistente con la historia de su organización? (Por ejemplo, *siempre hemos sido los pioneros de la industria*). O ¿es su idea consistente con una identidad profesional que la gente comparte? **2.** Identificar algo positivo que se haya inventado ahí y clonarlo.

Problema: Deberíamos hacer algo, pero estamos estancados con el análisis.

Consejo: **1.** No analizar en exceso y apelar a las debilidades del Jinete. En su lugar buscar un sentimiento que conmueva al Elefante. **2.** Crear una tarjeta de destino. De este modo, el Jinete empezará a pensar en cómo llegar hasta allí en lugar de si se puede hacer algo. **3.** Simplificar el problema, redactando los movimientos críticos: ¿Cuál es su equivalente a la campaña de la leche con un 1% de materia grasa?

Problema: El entorno ha cambiado, y hemos de superar nuestros viejos hábitos de comportamiento.

Consejo: **1.** ¿Puede crear un nuevo hábito para que el Jinete no tenga que estar constantemente luchando con el Elefante? **2.** Definir un desencadenante de la acción. Anticipe su decisión imaginando el tiempo y el lugar en el que va a actuar de forma diferente. **3.** Utilice la estrategia de Natalie Elder de crear una rutina para la mañana que elimine el viejo comportamiento negativo. **4.** El viejo hábito tiene mucha fuerza, por lo tanto tiene que asegurarse de redactar bien los movimientos críticos, porque la ambigüedad es el enemigo. La compañía ferroviaria ALL desarrolló cuatro reglas simples para salir del caos financiero en el que estaba inmersa.

Problema: La gente simplemente no está motivada para el cambio.

Consejo: **1.** ¿Hay un conflicto de identidad que se interpone en su camino? Si es así, tendrá que vender la nueva identidad (piense en los inventores de Brasilata). Anime a la gente a dar un pequeño paso hacia la nueva identidad, como en el estudio de «conduce seguro». **2.** Crear una tarjeta de destino que haga el cambio más atractivo (como el profesor que dijo a sus alumnos de primero, «a final de curso seréis de Tercero»). **3.** Bajar el listón para que la gente siga moviéndose, como los cinco minutos en la habitación de rescate. **4.** Utilizar la presión social para fomentar el cambio (como cuando Gerard Cachon colgó los tiempos de revisión del diario de operaciones en Internet). **5.** ¿Puede allanar el Camino para que incluso una persona desmotivada pueda recorrerlo sin problemas? Recuerde, incluso los malos de la residencia participaron en la campaña de recogida de alimentos cuando les dieron una invitación específica y un mapa.

Problema: Ya cambiaré mañana.
Consejo: **1.** Reducir la dimensión del cambio para que se pueda empezar hoy mismo. **2.** Si no se puede empezar hoy, defina un desencadenante de la acción para mañana. **3.** Hágase responsable de alguien. Haga a sus colegas o seres queridos partícipes de lo que está intentando cambiar, para que su presión le ayude.

Problema: La gente no deja de decir «no funcionará».
Consejo: **1.** Busque algo positivo que demuestre que puede funcionar. No hay ninguna situación que sea un fracaso total al 100%. Como el terapeuta enfocado en las soluciones, busque los destellos de éxito. **2.** Piense en Bill Parcells y en cómo anima a los jugadores a conseguir pequeñas victorias en la práctica. ¿Puede pensar en un éxito que podría cambiar la actitud de su equipo? **3.** Seguramente algunas personas creen que funcionará. Reserve un espacio libre para ellas, donde puedan catalizar el cambio sin tener que enfrentarse a una oposición directa.

Problema: Sé lo que tengo que hacer, pero no lo hago.
Consejo: **1.** No basta con saber. Tiene un problema de Elefante. **2.** Piense en los cinco minutos en la habitación de rescate. Empezar por poco le puede ayudar a superar el miedo. ¿Qué es lo más trivial que puede hacer, en este momento, que podría representar un paso muy pequeño hacia el objetivo? **3.** Busque soluciones de Camino. ¿Cómo puede modificar su entorno para que se vea obligado al cambio? **4.** El comportamiento es contagioso. Busque alguien que le ayude, para que se puedan reforzar mutuamente.

Problema: No conoce a los míos. Odian el cambio.

Consejo: ¿Cuántos de los suyos están casados o tienen un hijo? El cambio que está proponiendo es menos drástico. (Y, por cierto, vuelva a leer la sección sobre el error fundamental de atribución. Lo está cometiendo.)

Problema: Al principio estaban emocionados con el cambio, pero tuvimos algún momento difícil y perdieron impulso.

Consejo: **1.** Concéntrese en crear hábitos. Cuando creas hábitos, consigues el nuevo comportamiento de forma gratuita (piense en las reuniones de pie), y tienes menos probabilidades de tener un desliz. **2.** Motivar al Elefante recordándoles lo mucho que ya han conseguido (como poner dos sellos en sus tarjetas del lavado de coches). **3.** Enseñar la mentalidad de crecimiento. Cualquier esfuerzo de éxito va a pasar por momentos difíciles. Recuerde el ejemplo de IDEO, que advirtió a la gente de no entrar en estado de pánico cuando las cosas se ponían difíciles.

Problema: Simplemente es demasiado.

Consejo: **1.** Reducir la dimensión del cambio hasta que no sea demasiado. No dé al Elefante una excusa para rendirse. **2.** Empiece a desarrollar la mentalidad de crecimiento. El progreso no siempre es fácil de conseguir; en el camino hacia el éxito, hay que tener varios fracasos por el camino. No se castigue cuando estos fracasos se produzcan.

Problema: Parece que todo el mundo coincide en que hay que cambiar pero no pasa nada.

Consejo: **1.** Recuerde, muchas veces lo que parece resistencia es una falta de claridad. Los habitantes de Miner County empezaron a moverse de verdad cuando los alumnos de bachillerato pusieron por escrito el movimiento crítico de invertir un 10% de dinero más en el condado. **2.** No olvide el Camino. ¿Hay obstáculos al cambio que puede eliminar? **3.** ¿Puede encontrar algún punto positivo, alguna excepción, que pueda servirle como modelo para el comportamiento adecuado? Piense en las madres del pueblo Vietnamita. Siempre habían querido que sus hijos estuvieran bien alimentados, pero no cambiaron hasta que ocurrieron dos cosas: (1) Aprendieron lo que tenían que hacer exactamente de las madres que tenían buenos resultados (p. ej., utilizar camarones de salmuera y brotes de batata); (2) ver los éxitos de las madres que habían tenido buenos resultados hizo que se sintieran esperanzadas y con deseos de actuar.

Próximos pasos

Si ha terminado *Switch* y se ha quedado con ganas de más, puede visitar la web del libro:

www.switchthebook.com/resources

En ella, encontrará, en inglés, recursos como éstos:

- **Resumen de una página.** Descargue e imprima el resumen de una página (ver p. 259) y compártalo con sus compañeros. (Formato PDF)
- **La serie de *podcast* de *Switch*.** Una serie de *podcasts* breves, muy adecuados, en los que los autores ofrecen sus ideas sobre cómo aplicar los conceptos del libro a diferentes tipos de cambio.

  - Cambio para empresas
  - Cambio para los vendedores
  - Cambio para el sector social
  - Cambio para el cambio personal

- **Materiales del club de lectura de *Switch*.** Acceda a una guía de ayuda diseñada para ayudar a liderar las discusiones del club de lectura de *Switch*. (Formato PDF)
- **Cambio del perfil organizativo.** Utilice este recurso para guiar los esfuerzos de su equipo para cambiar su empresa u organización no lucrativa. (Formato PDF)

Lecturas adicionales recomendadas

Mientras estábamos escribiendo *Switch* leímos toneladas de libros sobre el cambio. Estos son algunos de nuestros favoritos, sin ningún orden particular:

- *La hipótesis de la felicidad* (Gedisa, 2006), de Jonathan Haidt (Psicología, filosofía, felicidad). Haidt propuso la analogía del Elefante/Jinete que utilizamos en *Switch*. Si quiere ser más feliz y más listo, debería leer este libro.
- *La actitud del éxito* (Ediciones B, 2007), de Carol Dweck (Psicología, cambio individual). Si nuestra discusión sobre la mentalidad de crecimiento (en el Capítulo 7) le ha parecido interesante, no debería perderse la fuente. Todo el mundo debería tener este libro.
- *Las claves del cambio* (Deusto, 2003), de John Kotter y Dan Cohen (Empresa y cambio organizativo). Este libro, nuestro favorito de Kotter, será muy útil si está intentando cambiar una gran organización.
- *Mindless Eating*, de Brian Wansink (Dieta). ¿Quiere perder unos kilos, o simplemente siente curiosidad por saber por qué todo el mundo engorda? Este libro contiene estudios muy interesantes, como el de las palomitas que describimos en el primer capítulo.
- *Un pequeño empujón* (Taurus, 2009), de Richard Thaler y Cass Sunstein (Toma de decisiones y política pública). Los autores sostienen que se puede «empujar» a la gente para que tome mejores decisiones, y proponen algunas soluciones de Camino magníficas.
- *El camino del Kaizen: un pequeño paso puede cambiar tu vida* (Zeta, 2008), de Robert Maurer (Cambio individual y organizati-

vo). Si le ha gustado el capítulo sobre reducir la dimensión del cambio, éste es su libro. Maurer demuestra cómo pequeños pasos pueden llevar a grandes cambios.

- *Divorce Busting,* de Michele Weiner-Davis (Relaciones). Todo el que tenga una relación puede beneficiarse de este libro, escrito por una profesional de la terapia centrada en las soluciones.

- *Influencia positiva* (McGraw Hill, 2008), de Kerry Patterson y cols. (Cambio social y organizativo). Los autores de *Crucial Conversations* escribieron este excelente libro sobre el cambio del comportamiento.

- *Unleashing Change,* de Steven Kelman (Gobierno, cambio organizativo). Kelman revisa su experiencia en la dirección de la reforma de la política de compras del gobierno federal. Si está buscando un libro sobre el cambio riguroso y que contenga muchos datos, eche un vistazo a éste.

Agradecimientos

Algunos lectores nos dieron su opinión de un primer borrador del texto. Nos ayudaron a separar el trigo de la paja y nos salvaron de una importante pifia con el Clocky. Gracias a Hans van Alebeek, Elissa R. Allen, Lance Andersen, Cassie Anderson, Mark Dyar, Alex Estrada, Bruce Fuller, Lisa Hoashi, Tom Jansen, Brett Jenks, Anne Kennedy, Ray Kilmer, Ken Kozek, Russ Krieger, Ron Misak, Timothy J. Moreau, Shashank Patel, Andre Piazza, Joanne Quan, John Sankovich, Sam Sears, Karla Shearer, Mike Short, Jim Spina, Happy Webberman y Patty Williams.

Un agradecimiento especial a algunas personas que nos dieron muy buenos consejos sobre el manuscrito: Fred y Brenda Heath, Brian Lanahan, Justin Osofsky, Mark Schlueter, Sim Sitkin y Glen Sommer.

Un agradecimiento especial también a Jon Haidt por compartir su analogía con nosotros. (Imagínese el horror de un marco de trabajo que obligue a «dirigir el sistema reflexivo» y a «motivar el sistema inconsciente».) Gracias a los alumnos de Chip que participaron en el curso «Cómo cambiar las cosas cuando el cambio es difícil» en Stanford para ayudar a perfeccionar el marco de trabajo (y enseñarnos a hablar de los puntos positivos y de descubrir el sentimiento), y a todos los que asistieron al seminario que dio Dan en la Wake Forest University, y gracias también a Bill Davis por haberlo hecho posible. Gracias a Elaine Bartlett por habernos contado la historia de Mike Romano.

Hemos trabajado con unos colaboradores y amigos realmente maravillosos; nunca se lo agradeceremos bastante: Bob Safian, David Lidsky, y Chris Osekoski y el equipo de *Fast Company*; Les Tuerk y Tom Neilssen y todo el equipo de BrightSight; Kevin Small y su equipo de ResultSource; y Mark Fortier y Liz Hazelton de Fortier PR. Nuestra eterna gratitud a Christy Fletcher (por hacernos autores y por *Switch*), así como a su fabuloso equipo de Fletcher &Co.

El equipo de Broadway Books ha sido increíble: Tara Gilbride, Meredith McGinnis, Whitney Cookman, Songhee Kim y Robert Siek. Y un agradecimiento muy especial con todo nuestro cariño a Michael Palgon y nuestro editor, Roger Scholl: sois los mejores.

Y finalmente, ninguna palabra parece lo suficientemente apropiada para agradecer el apoyo que hemos recibido de nuestras familias, pero en cualquier caso, queremos darles las gracias: Mamá, papá y Susan y nuestras mujeres, Susan y Amanda.

Índice

TAMBIÉN EN VINTAGE ESPAÑOL

CÓMO GANAR AMIGOS E INFLUIR SOBRE LAS PERSONAS
de Dale Carnegie

Publicado por primera vez en 1936, *Cómo ganar amigos e influir sobre las personas* es considerado uno de los libros de negocios más importantes de la historia. En este práctico manual sobre relaciones humanas, Dale Carnegie explica las técnicas fundamentales para tratar a otros, tales como saber criticar de manera agradable, admitir errores, expresar agradecimiento, acordarte de los nombres de las personas y saber escuchar. Centrándose en lo positivo y en lo sincero, Carnegie escribió este libro para ayudar a los profesionales a triunfar en sus carreras, ayudándoles a mejorar sus habilidades y su capacidad de comunicación.

Autoayuda/978-0-307-47540-4

EL MILLONARIO AUTOMÁTICO
Un plan poderoso y sencillo para vivir y acabar rico
de David Bach

¿Quieres vivir rico y jubilarte aun más rico? *El millonario automático* comienza con la impactante historia de una pareja típica estadounidense —él es administrador de bajo nivel y ella, esteticista— cuyo ingreso combinado nunca sobrepasa los $55,000 al año, aunque se arreglan para ser propietarios de dos viviendas libres de deudas, pagar los gastos del *college* y retirarse a los 55 años con ahorros de más de un millón de dólares. A través de su historia ustedes conocerán que no hay manera de hacerse rico con un presupuesto. Tienes que tener un plan que te pague a ti primero y que sea totalmente automático, un plan que automáticamente asegure tu futuro y pague por tu presente.

Autoayuda/978-0-307-27546-2

EL MONJE QUE VENDIÓ SU FERRARI
Una fábula espiritual
de Robin S. Sharma

El monje que vendió su Ferrari es la sugerente y emotiva historia de Julián Mantle, un súper abogado cuya vida estresante, desequilibrada y materialista acaba provocándole un infarto. Con la esperanza de descubrir los secretos de la felicidad y la iluminación, emprende un extraordinario viaje por el Himalaya para conocer una antiquísima cultura de hombres sabios. Allí descubrirá un modo de vida más gozoso, así como un método que le permite liberar todo su potencial.

Inspiración/978-0-307-47539-8